尊享版

Jack Welch with Suzy Welch

WINNING

[美]杰克·韦尔奇 苏西·韦尔奇◎著

余江 玉书◎译

中信出版集团·北京

图书在版编目（CIP）数据

赢：尊享版 /（美）杰克·韦尔奇，（美）苏茜·韦尔奇著；余江，玉书译 . --4 版 . -- 北京：中信出版社，2017.7 (2019.1重印)
书名原文：Winning
ISBN 978-7-5086-7406-3

Ⅰ . ①赢… Ⅱ . ①杰… ②苏… ③余… ④玉… Ⅲ . ①通用电气公司 (美国) －工业企业管理－经验 Ⅳ . ① F471.266

中国版本图书馆 CIP 数据核字（2017）第 063751 号

赢（尊享版）

著　　者：[美] 杰克·韦尔奇　苏茜·韦尔奇
译　　者：余　江　玉　书
出版发行：中信出版集团股份有限公司
（北京市朝阳区惠新东街甲 4 号富盛大厦 2 座　邮编　100029）
承 印 者：北京诚信伟业印刷有限公司

开　　本：880mm×1230mm　1/32　　印　　张：13　　字　　数：226 千字
版　　次：2017 年 7 月第 4 版　　印　　次：2019 年 1 月第14次印刷
京权图字：01-2011-1889　　广告经营许可证：京朝工商广字第 8087 号
书　　号：ISBN 978-7-5086-7406-3
定　　价：58.00 元

服务热线：400-600-8099
投稿邮箱：author@citicpub.com

编者的话

WINNING

2001 年，《杰克·韦尔奇自传》简体中文版的引进出版，在国内掀起了阅读热潮，至今已经多次再版重印，创造了 200 多万册的销售佳绩。随后，中信出版社陆续引进出版了《赢》《赢的答案》，并于 2016 年推出了杰克·韦尔奇的最新作品《商业的本质》。这些优秀管理著作始终延续着畅销神话，已经成为读者心目中的商业经典读本。

在今天读到韦尔奇的作品之前，我们也许会问：当工业时代走向终结，互联网浪潮强势来袭，我们为何还要读杰克·韦尔奇？当一切都被颠覆，一切都被重新定义，究竟哪些东西是我们依然需要坚持的？如何才能在这个时代，始终处于“赢”者的地位？

而这位管理巨匠一针见血地指出："尽管科技革命给市场带来了诸多杂音，然而你不能迷失商业中最核心的东西。这一点在1960年是真理，在今天是真理，等到2060年仍然会是真理。"

是的，在当今的新商业环境下，要想"赢"，就必须遵从商业的规则，回归商业的本质。增长依然是王道，如何选拔人才、做好营销、应对危机也依然是管理者们关心的问题。如今将杰克·韦尔奇的经典图书重装再版，不仅是因为这些书依然能够为今天的管理实践提供参考和借鉴，也是希望通过这位商业领军人物的经历，及其在所处时代中发挥的影响与推动作用，为中国的企业家和创业者提供更多关于市场变革、经济大背景与企业成长等层面的启发。

中信出版秉承的理念是"从中国看世界，把时间变成历史"。我们坚信，只有提供优质的知识，才能在时间的长河中留下有意义的印记，正如我们向您奉上的这套中信十余年来最经得起时间考验的著作。我们非常欣慰地看到，不仅众多商业领军人物正在阅读我们的出版物，更多管理者、创业者，甚至那些身处各个岗位的普通员工和广大高校学生，都在阅读和支持我们的图书。我们相信，如此庞大的智力资源才是中国企业乃至中国经济最强劲的引擎之一。

编者

2017年5月

我把本书献给那些热爱商业生活、渴望把事情做好的人，献给那些每天一醒来就期盼在事业和生活中取得成功的人。

目录
WINNING

第二部分
公司如何才能赢

第三部分
如何赢得竞争

“每天都有一个新问题”

2001 年，我利用工作的间隙完成了自传[①]的写作，那是一次有趣却艰难的经历。那以后，我曾发誓，再也不写书了。

但我猜，自己恐怕还会写。

如果需要为本书找什么借口的话，那就是创作的想法不是从我自己的脑海里冒出来的，而是别人给予我的。

可以说，这是一份退休礼物。离开 GE（通

① 《杰克 · 韦尔奇自传》中文版由中信出版社于 2001 年 11 月出版。——编者注

用电气）以后，我遇到了成千上万了不起的人——他们有抱负、充满活力、富有好奇心、不满足于现状、热爱商业生活——是他们给了我这份礼物，向我提出了无数千奇百怪的问题。为了给他们满意的答复，我必须把自己所知道的梳理清楚，撰写出来，编辑成册，把故事讲给他们听——本书就是这样付梓，呈现在您面前的。

人们第一次向我提出那些问题是在2001—2002年，当时我正为自传的发行在世界各地做巡回宣传。看到很多人与GE有着深厚感情，我感慨万分。无论是在美国，还是在其他国家，人们告诉我许许多多关于他们，以及他们的兄弟姐妹、父辈甚至祖父辈在这家公司工作的故事。

在这些故事之外，我还非常吃惊地看到，人们是多么迫切地希望了解如何才能把生意做好。在电话讨论会中，有人要求我介绍一下GE的业绩考评体系，想知道我们如何把员工的工作划分为三种业绩类型，并给予相应的奖惩。而那些参加签名售书仪式的人则希望知道，我曾说过任何公司的人力资源负责人都应该至少与CFO（首席财务官）同样重要，我是否在夸大其词。（其实没有，我是发自内心的。）在访问芝加哥大学商学院的时候，一位来自印度的MBA（工商管理硕士）学员请我完整地解释，一个真正出色的业绩考评结果应该是什么样的。

巡回宣传之后，提问的狂潮并未消退。无论是在机场、餐厅，还是在电梯间里，各种问题继续向我涌来。比如，有一天，我正在迈阿密的海滩上小憩，谁知有一个小伙子从水里游过来，说他有个特许经营的机会，问我有什么看法。不过，大部分问题还是在我 2002—2005 年参加的大约 150 场讨论会中提出来的。从纽约到上海，从米兰到墨西哥城，这些会议的听众人数从 30 人到 5 000 人不等。通常，我会和主持人——往往是某位财经记者——一起坐在台上，回答听众从四面八方抛来的问题。

这些提问可谓五花八门，包括如何应对来自中国的竞争，如何管理那些才华出众但爱惹麻烦的员工，如何寻找适合自己的工作，如何开展六西格玛品质改善计划，如何组建优秀的工作团队，如何在复杂的商业环境中担当领导职责，如何对付并购，以及如何设计“杀手战略”。

还有人问，如果我的工作业绩卓著，老板却总是熟视无睹，我该怎么办？如果整个公司只有我一个人认为有改革的必要，如果我发现自己公司的预算漏洞百出，如果我希望推动一种伟大的新产品的开发，但总部却不愿意提供足够的权力和资源支持……我又该怎么办？

有些问题是：如果我发现公司的经理们讲话并不实事求是；如果我喜欢某位员工，但他的业绩却始终不尽如人意，使得我必须解雇他；如果我需要领导自己的组织从持续一年多的危机状态中走出来——我能够做些什么？

另外，还有关于教育孩子的问题，关于职业生涯规划的问题，以及其他一切可能的问题，例如打高尔夫球、装修房屋、通过步行马拉松来募捐等。此外，还有如何才能实现自己的梦想，又不至于让别人产生敌意的问题，关于宏观经济走势、新兴产业和汇

具体的问题成千上万，不过绝大多数可以归结为一句话：怎样才能赢？

率波动的问题等。

具体的问题成千上万，不过绝大多数可以归结为一句话：

怎样才能赢？

这正是本书要谈的主题——赢。或许没有其他话题能让我有兴趣再写一本书了！

因为我认为赢不仅仅“好”，而且是真正的“伟大”。

在商业生活中，取得赢的结果是伟大的，因为当公司赢利的时候，人也取得了长足进步。对成功企业的每个员工来说，他们在市场上有了更多的工作机会和创业机会，他们对未来更加充满自信，有钱送自己的孩子上大学，能得到更好的医疗服务，买得起度假别墅，退休生活也有了更好的保障。企业的赢利还让他们有机会回报社会，除了纳税之外，还有许多其他的方式——因为他们可以把更多的时间和资金奉献给慈善机构，比如到社区学校去当辅导员等。赢的结果可以惠及周围所有的人——让世界变得更美好。

相反，当企业亏损和失败的时候，每个人都会遭受打击。人们变得忧心忡忡，私人的财务状况更加脆弱，能帮别人做事情的时间和资金也更为有限。他们做的事情让家人感到担心和难过。还有，一旦失业，他们也很难再给国家缴纳更多的税款。

这里简单地谈谈税收，或者更普遍地说，谈谈有关政府的作用问题。

显然，政府是社会的重要组成部分。首要的一点是，政府要保护我们所有的人，因为不管是现在还是可预见的将来，那些对国家安全的恶意袭击有可能还会不断出现。政府要做的还远远不只这点，它需要提供司法体系、教育、治安、消防、公路、港口、福利和医院等，不一而足。而在念及政府的好处的同时，我们不能忘记，政府的一切服务都需要有某种形式的税收作为支撑。政府本身并不赚钱，它为经济增长的发动机提供帮助，但自己并不充当发动机。

我认为赢不仅仅“好”，而且是真正的“伟大”。因为当公司赢利的时候，人也取得了长足进步。对成功企业的每个员工来说，他们在市场上有了更多的工作机会和创业机会。

其实，赢利的企业及其员工才是健康的国民经济的发动机。他们为政府创造了税收，从而构筑了自由和民主社会的基石。

所以我说，赢是伟大的。

自然，不消说企业争取赢的手段必须是光明正大的——应该很干净、遵守规则，这是先决条件。那些用不公平的手段去竞争的公司和个人没有资格谈赢。同时，由于公司内部管理和政府监管不断完善，那些坏家伙通常都会被找出来，扫地出门。

不过，对于那些诚实的公司和商界人士来说（他们是商界的主流），还必须找到怎样去赢的途径。

本书就是他们的指南。

顺便说一下，这个指南并不是为企业的高层经理人服务的。当然，如果他们也认为本书有所帮助，那我自然喜出望外。本书主要是为身处业务第一线的人们创作的，他们是小企业主、中层经理、车间主任、技术工人、正在找寻自己第一份工作的大学毕业生、考虑职业生涯的 MBA 以及新公司的创立者。我为本书设计的主要目标是帮助那些胸怀大志、热血沸腾的人们，不管他们在为何种性质的组织服务。

你会在书中看到很多人的故事，有的能让你看到自己的影子，有的可能让你感觉似曾相识。

有位 CEO（首席执行官）为公司制定了一系列崇高的价值理念——高品质、客户服务、尊重个人等，却从来不曾解释过实践它们有什么现实意义。有一位中层经理在与本公司其他部门开会的时候大发雷霆，因为他发现，只要他的同事们少浪费点嘻嘻哈哈的时间，就能多完成很多工作。有的员工多年以来一直业绩低下，但待人很好，你无法下决心让他走人。有的同事让你无法直面他，因为他仿佛是“活死人”一般，动作迟缓，做他的上司真是让人痛苦。还有，那些每天都聚集在“幻灭团队”餐桌上吃午饭的员工，总是对公司和上司充满敌意。有位工程师在 15 年的职业生涯中兢兢业业，突然有一天认识到自己的生活和工作都是在自欺欺人，她让所有的人满意，只有自己除外，于是她决心全都推倒重来。

当然，你还会遇到另外的许多人，他们是创新、睿智和坚忍的典范。

比如百胜餐饮集团年轻的CEO戴维·诺瓦克，他把百胜公司超过33 000家连锁餐厅变成了新经营思想的实验室，让整个组织变成了学习机器。又如完美的创新者丹尼斯·内登，他从来不知满足，总是充满燃烧的激情。吉米·邓恩用友爱、希望和对任何事情都不放弃的态度，在世界贸易中心的废墟上把自己的公司重建起来。苏珊·彼得斯是一位上班族母亲、GE的第二号人力资源高层经理，有关她在工作与生活之间寻找平衡的传奇故事，完全可以写成一本书。克里斯·内夫塔是美国钢铁公司的子公司科西策的CEO，他帮助斯洛伐克一个没落的城市成功实现转型，把破败的国有钢铁厂变成了蒸蒸日上的赢利企业。肯尼思·尤是3M公司（明尼苏达矿务及制造业公司）中国业务的负责人，他抛弃了传统的形式主义预算管理程序，代之以扁平式的关注发展机遇的直接对话，让公司业务实现了高速增长。马克·利特尔在GE虽曾受到降级的打击，却通过自己的勇气、坚持和突出业绩重新获得了晋升。

谈到赢的时候，人是决定一切的因素。因此本书要谈到许多关于人的故事，谈到他们犯过的错误，而更多的则是谈他们的成功。然而，本书最主要的内容还是关于人的思想和把思想付诸实践的力量。

看到这里，可能有些读者会表示怀疑。他们在想，如何去赢的话题恐怕太微妙、太复杂了，短短20个章节能讲清楚吗？我才不在乎这本书里谈到了多少人和思想呢。

是的，如何去赢是微妙的、复杂的，不用说更是极其艰苦的。但是，赢是可以实现的，你能够赢。不过要想赢，你首先应该知道赢需要哪些条件。

本书并没有提供什么魔法，事实上也没有这样的魔法。

然而，通过本书的各个章节，我将给读者介绍一些需要遵守的原则、值得参考的规律、可以采纳的假设以及应该避免的失误。关于“战略”的章节推荐了一个“三步走”的程序。关于如何找到合适的工作的章节介绍了好工作的信号和坏工作的警告。还有一些主题，你会在书中反复看到：由最好的选手组成的队伍能赢，因此你要发现和留住最好的选手；不要思虑过头，以致延误行动；不管你处在什么业务部门，都要不断与别人分享自己的学习经验；保持积极向上的态度，并要感染他人；永远不要把自己当作受害者；还有很重要的一点，那就是保持快乐。

保持积极向上的态度，并要感染他人；永远不要把自己当作受害者；还有很重要的一点，那就是保持快乐。

是的，保持快乐。

做生意不过是游戏而已，而赢得游戏就是最快乐的事！

准备工作

在进入正文之前，先谈谈本书的结构和内容。全书包括五个部分。

第一部分，名为“基础篇”，主要是概念性的内容。其中所包括的经营哲学，当然要比绝大多数商界人士在一天里可以消化的内容多，也显然不是我在自己的工作岗位上一朝一夕就能总结出来的。但是我发现自己的经营方式有四条最基本的原则，于是把它们放到了全书的第一部分中。

简单地说，这四条原则分别是：认识到强烈的使命感和切实的价值观的重要性；在经营和管理的任何环节都绝对需要保持坦诚的态度；发挥业绩评估的力量，建立精英化的组织；让每个人都得到发言权和尊严。

第二部分是“公司如何才能赢”，内容涵盖组织的内部结构和机制——包括人、办事程序和企业文化。其中的章节涉及领导力、招聘、人事管理、解聘、变革管理、危机管理等。

在“公司如何才能赢”之后是“如何赢得竞争”，涉及组织之外的世界。第三部分将讨论如何创造战略优势，如何设计有实际意义的预算，如何实现有机成长，如何通过并购去扩张。我还试图阐明一个长期以来困扰人们的问题——六西格玛品质改善计划。

第四部分是“个人职业生涯如何才能赢”，涉及职业生涯的艺术和质量。首先是关于如何寻找合适的工作，这不是单指找第一份工作，而是在职业生涯中的任何时候所需要的合适的工作。接下来的内容则是，如何能够得到晋升，如何应付艰难的环境——例如每个人都可能经历过，如何在一个糟糕的老板手下工作。最后一章将探讨人类的奢望，那就是一切都能为自己所拥有——而且是同时拥有，但你也知道，那实际上并不现实。尽管如此，你可以知道自己的老板是如何考虑这个问题的，而且也应该知道——这正是该章内容的一部分。

本书的最后一个部分名为“有关赢的其他问题”，我在这里将解答一些与前面的内容有所区别的问题，包括如何应对“中国威胁”、多样化经营，如何应对《萨班斯–奥克斯利法案》[1]（Sarbanes-Oxley Act）等新的监管措施所带来的影响，以及企业如何应对艾滋病这类社会危机等。还有关于我的继任者杰夫·伊梅尔特的表现（简单地说，就是“棒极了”）、我还打不打高尔夫球、我觉得自己能否上天堂等问题（这可是个曾让我不知所措的问题！）。

但是与本书中所解答的其他问题一样，这些问题也没有真正难倒我，它们只是向我发出了挑战，促使我深思：自己信仰什么，以及为什么拥有这样的信仰。

本书提供了许多答案，但并非全部的答案，因为商业生活总是在变化，世界也是如此。

就像一位荷兰企业家在2004年对我说的那样，“生活中的每一天都会有新的问题，这正是激励我们前进的动力”。

---

① 《萨班斯–奥克斯利法案》：2002年由美国国会颁布，旨在将公司治理正式纳入联邦法律的管辖。——编者注

新问题出现了，也就出现了新的答案。实际上，与自己在 GE 工作的岁月相比，在离开 GE 以后，我所学到的东西同样很多。从人们提出的每个问题中，我都学到了新的东西。

反过来，我也希望自己的回答能帮助读者去学习。

第一部分 WINNING

基础篇

第 1 章

使命和价值观

常被谈及却很现实的话题

我又要谈论使命和价值观了，读者们，原谅我吧。

之所以这样说，是因为这两个词已经被用滥了，成了商业生活中最抽象、用得最多，也最容易被误解的词。和听众交谈的时候，常有人问我有关使命和价值观的问题。问话中常带有某种程度的恐慌，从而掩盖了提问者的真实意图和中肯态度。（例如在纽约的时候，就曾有人问我："你能够解释使命和价值观之间有什么不同吗？还有，这种不同又能造成哪些差异？"）商学院也是制造混乱的根源之一，它们经常让学生写文章，阐述使命的含义，然后对价值观进行讨论。这其实是一种极其无用的训练方法，毫无针对性。许多公司也这样来培训他们的高层管理人员，通常的做法是杜撰一条听起来很崇高的标语，并悬挂在公司大厅里。

这样做的结果往往是老生常谈，只会让员工感到无所适从，或者愤世嫉俗。他们实在搞不明白，使命为何那么伟大。大家都见过这样的口号："本公司高度重视产品质量和售后服务"，或者"本公司顾客至上"。那么请告诉我，又有哪家公司不重视质量和服务，或者不以顾客为焦点呢？还有，谁都知道有许多公司把无数的时间花在动情的讨论上，只是为了总结出一套所谓的价值观。尽管很多人用意良好，但最后得出的结论却似乎都是从那些放之四海而皆准的大道理上提取的说辞，例如"诚实、质量、卓越、服务以及尊重"等。其实，大凡正派的公司无一例外地都赞成这些品质！坦率地讲，所谓诚实是参与商业游戏的基本要求，如果你连这一点都做不到，恐怕早就被封杀出局了。

相比之下，正确的使命和价值观可以让你切身感受到它的实实在在。使命将指引你前进，价值观所描述的则是引领你到达目的地的行动。在这里，我甚至宁愿放弃"价值观"一词，而使用"行动"来代替它。但是，由于传统的缘故，还是让我们坚持使用统一的术语吧。

确立企业使命

依照我的经验，对于使命的描述主要应该回答一个问题：我们的业务如何才能赢？

你需要回答的并不是在过去的辉煌岁月中我们有哪些优势，也不是我们该怎样描述自己的业务，以免招致某个单位、事业部或者高层管理人士的恼怒。

相反，“我们的业务如何才能赢”这个问题有明确的定义，它要求公司在人员、资金和其他资源等方面做出取舍、选择，避免自己陷入常见的盲目出击的陷阱中。这个问题能促使企业搞清楚自己的优势和劣势，明白自己能够在哪种竞争中赢。

是的，赢——这才是关键。即使是本捷利（Ben & Jerry's）这家位于佛蒙特州、以嬉皮士文化著称的冰激凌公司，也把“赢利增长”和“提高股东价值”作为公司的三大使命之一。因为公司管理层都明白，如果在经济效益上不能取得成功，那么其他任何社会目标都将是奢谈。

有效的使命需要在可能的目标与不可能的目标之间寻求一种平衡。

但这并不是说，使命就不能带有冒险精神或者理想主义色彩。例如，在本捷利公司的使命中，还包括出售“纯天然的冰激凌和令人愉悦的食品”，进而“提高本地区、全国和全世界人民的生活质量”。这类语言是极其崇高的，它能够让员工们振奋起来，产生催人上进的力量。

总之，有效的使命需要在可能的目标与不可能的目标之间建立一种平衡。它既要给大家一个清晰的方向，以赢得商业利益为导向，也要让人们充满壮志雄心，感觉到自己是伟大事业中的一部分。

再以 GE 的使命为例。1981—1995 年，我们提出的目标是成为“世界上最有竞争力的企业”，让公司的每个业务领域都能在市场上占据第一名或第二名的位置，任何不能达到该要求的业务都必须整改、出售或关闭。毫无疑问，这样的使命具有非常清晰的含义，非常具体，表述准确，没有任何抽象的东西。同时，这个使命又是壮志凌云的，它表明了 GE 征服全球市场的雄心。

这样的使命以一连串不同的方式进入了我们的生活。首先，在当时的环境中，人们还习惯于把公司的商业战略封存在总部的信封中，而关于它的任何信息都来自公司上下的流言。但我们却决定公开讨论哪些业务已经进入市场头一二名的位置，哪些业务必须迅速补救，甚至放弃。如此坦诚的态度使整个公司大为震惊，然而，把公司的使命真实地呈现给全体员工却带来了良好的效应。在某些业务被出售的时候，尽管许多人可能并不希望如此，但他们至少明白了其中的道理。

此外，在公司大大小小的会议上，我们持续不断地重申有关企业使命的问题，每个决策或项目都要同企业使命挂钩。我们公开地奖赏那些表现出使命感的人，请走那些由于各种原因不能认同企业使命的人（通常，不认同的情况都表现为对老业务模式的怀念）。

回过头来看，在 1981 年时，为了给 GE 确立与以往完全不同的奋斗使命，我们曾进行了充分的准备，比如，事前进行了大量的讨论，对技术优势、竞争对手以及消费者做了深入分析。在此基础上，我们决定成为世界上最具创新能力的电气产品设计商。或者说，我们最能赚钱的办法，就是把自己的各项业务尽可能快速和彻底地实现全球化，无论它们的市场在什么国度。

这些使命是革命性的，它们都可以把 GE 推到与过去完全不同的发展道路上。它们要求我们通过收购和出售来改造业务结构、招聘和解雇不同的人员等。表面上，把这些要求称为“使命”或许有些牵强，因为它们都过于具体和明确了。但是毫无疑问，把电气产品设计列入公司的使命会使大多数 GE 员工感到欣慰，符合他们长期以来的信念。而全球化的使命或许会及时唤醒一些人，迅疾的变革往往都能产生类似的效应。

确立使命始终是企业高层管理人员的职责。除了最终需要对此负责的人之外，企业使命的确立既不可能，也不应该授权给其他任何人。

最后一个相关的问题与使命的创建有关：应该怎样确定自己的使命？

对我而言，这并不需要太费脑筋。你可以从任何地方得到有关的信息，你可以倾听各方精明人士的意见，但是，确立使命始终是企业高层管理人员的职责。除了最终需要对此负责的人之外，企业使命的确立既不可能，也不应该授权给其他任何人。

实际上，确立企业使命是考验公司领导力的关键时刻。

这是真正的挑战。

企业价值观的形成

如我先前所述，价值观体现为人的行动，是具体的、本质的、可以明确描述的，它不能留给大家太多的想象空间。大家必须像执行军事命令那样运用它们，只因它们是完成使命的办法、实现最终赢利目标的手段。

与企业使命的制定相比，在价值观的问题上，公司里的每一个成员都应当有机会发表自己的看法。是的，这将是一项棘手的任务。在一些小公司里，大家可以通过各种会议对价值观进行讨论。但在规模较大的公司里，听取多方意见就要困难得多。不过，你还是能够利用全公司大会、培训课程和其他类似的手段，尽可能多地让人们表达自己的见解，也可以利用公司内部网征求更广泛的意见。

让员工真正深入地参与进来将产生迥然不同的效果，它能够提高你的洞察力，使你更有想法。而且到头来，最为重要的一点是，这个过程本身就能让价值观获得更大的认同。

补充一句，价值观的形成应该是个反复实践的过程。公司的领导层可以就这个问题草拟出第一个版本，但那只不过是最初的版本。草案出来后，你需要把相关的文件分发给全公司的人，让大家公开讨论、共同切磋，并且反复多次。同时，企业管理层需要打破陈规，创造出一种氛围，让员工体会到，在探讨企业价值观的话题上，贡献自己的才华是每个人的责任。

如果你现在所处的公司没有这种氛围，在那里仗义执言往往会受到打击，那么以上介绍的推进价值观形成的方法就行不通了。我也知道存在那种情况，要想在那些公司继续待下去，你就不得不遵照公司大厅里悬挂的标语所规定的那样去做事。

但是，如果你所在的公司欢迎员工参与有关价值观的辩论（很多公司都是这样），而你却不愿意加入这个互动的过程，那你应该感到惭愧。假如你希望奉行一套自己能真正理解和接受的价值观与行动纲领，那你就必须亲自参与全公司的讨论。

具体而明确地阐述价值观

在最初成为 CEO 的时候，我对自己发布的那些含糊不清、意思隐晦的价值观感到相当内疚。例如，1981 年，我在年度报告中写道，GE 的领导者应该“面对现实”“实现卓越”“建立主人翁意识”。这些陈词滥调听上去不错，却难以对行动纲领提供具体的描述。

到 1991 年时，我们已经取得了很大的进步。在此前的三年多时间里，有 5 000 多名员工花费时间参与了对公司价值观的讨论。我们取得的成果是相当具体、实在的。后来，我们把这些思考印制在薄薄的钱夹卡片上，发给全体员工。上面的内容包括许多强制性的语言，例如：“不拘一格的行动风格——不断寻求和推行最佳实践经验，无论它们来自何处”；“抵制官僚主义作风”；“关注变革带来的发展机遇”等。

当然，某些行动纲领还需要做进一步的解释和阐述。而我们也一直在为此努力，不论是在会议室、考评现场还是饮水机旁。

离开 GE 之后，我才认识到，有关推进企业价值观和行动纲领的讨论还有可能走得更远。2004 年，波士顿第一银行和摩根大通银行合并组建了一家新公司，我注意到杰米·戴蒙和比尔·哈里森联手为企业创建了新的价值观和行动纲领。为了推动对话的展开，他们从第一银行借鉴了一套基础文案。那上面列举了各种价值观念及其相应的行动纲领，其内容之详细、明确，是我以前从未见过的。

例如其中的一条“将心比心，竭诚为顾客服务”，就显得非常生动。但是第一银行并不满足于此，他们明确制定了大约 10~12 条行动纲领，让以上的观念进一步具体化，使之更接地气。在此摘录如下：

◎绝不能让利润中心产生的冲突妨碍对顾客的优质服务。

◎对待顾客要友善、公平。建立强大的客户关系需要时间。不要以破坏同客户的持久关系为代价去追求短期利益的最大化。

◎不断寻求各种办法，让顾客感觉到与我们之间的交易简单易行。

◎每天都要同顾客进行交流，让顾客一旦同我们建立了联系，就不需要再去找我们的竞争对手了。

◎不要忘记说“谢谢”。

另一条价值观显得有些含混，第一银行写道：“通过有效与卓越的运营，成为低成本的供应商。”接下来做了很多具体阐述，举例如下：

◎虚心学习。

◎消除官僚作风。

◎无情地消灭浪费现象。

◎运营应当快速简洁。

◎珍惜彼此的时间。

◎对基础设施大力投资。

◎对自己的业务了如指掌，不需要顾问来告诉我们该怎么做。

如果这种细致入微的描述让你感到意外，甚至觉得有些教条主义，我是能够理解的。当我第一次见到杰米提交的密密麻麻、长达 5 页的关于价值观和行动纲领的基础文件时，差点晕过去。可是在仔细阅读以后，我看到了其中蕴含的能量。

2000—2005 年，我从世界各地公司的员工那里听到了该方面的各种故事。这使我深信，在确立企业的价值观及其相关的行动纲领时，多一分具体和细致是永远不为过的。

实践中的贯彻

价值观与行动纲领的清晰表述是重要的，但如果不能在实践中坚决贯彻，那也没多大用处。要想让价值观真的被大家所重视，公司应该奖赏那些品行突出、实践了价值观的员工，而“处罚”

那些与之相悖的人。请相信我，这有助于企业的成功。

之所以这样说，是因为我们曾多次要求那些业绩辉煌，但不遵守企业价值观的经理人离开公司，而且我们会对此尽量做出公开解释。每次发生类似的事情，都会给全公司带来意外的良好影响。在历次年度调查中，员工都反映，我们的公司正在日复一日实践自己所奉行的价值观。这种大环境也会使得每个人都更加忠于企业的理念。随着员工满意度的提高，我们的财务绩效也同样稳步增长。

使命和价值观的关系

为企业制定明确的使命很重要，具体描述行动纲领和价值观也同样如此。除此以外，公司的使命与价值观必须融为一体、共同发挥作用，才能奠定成功之本。这二者应该是相互促进的。

最普遍的情形是，公司的使命与价值观之间出现偏离，是因为商业生活中出现的各种小危机。

这是显而易见的，难道不是吗？公司的价值观理应支持其使命。但令人吃惊的是，使命与价值观的冲突在现实中屡见不鲜，并非特例。公司各组成部分之间出现相互不配合的现象，可能更多的是由于疏忽所造成的，而不是有意为之，但是出现的频率并不低。

最普遍的情形是，公司的使命与价值观之间出现偏离，是因为商业生活中出现的各种小危机。比如，竞争对手进入我们所在的城市，并降低了产品售价，导致你不得不跟着降价，从而削弱了你原定的通过优质的客户服务实现竞争力的使命。或者由于宏观经济低迷的冲击，你削减了广告预算，而忘记了自己当初制定的提高和传播品牌知名度的使命。

使命和价值观相背离的这些情况听起来也许不要紧，是暂时性的，但如果放任不管，它们会真正损害公司的利益。事实上，在最糟的情况下，这种背离完全可以毁灭我们的事业。

在我看来，著名的安达信会计师事务所与安然公司所发生的一切，就属于这类危机。

安达信会计师事务所是在差不多一个世纪以前成立的，它把成为世界上最受尊重和最可信赖的审计公司作为自己的使命。这是一家以有勇气说“不”为傲的公司，即使这意味着要失去客户也在所不惜。它成功地聘用了许多最能干、最正直的注册会计师为自己工作，给他们丰厚的回报，也获取了世界各地的企业与监管机构的信任。

接着，20 世纪 80 年代的繁荣时期到来了。而安达信也决定进军咨询行业，这项事业让很多人感到新鲜、兴奋，不必说也将给公司带来巨大的利益。他们开始聘用更多的 MBA 毕业生，并不断地给这些人加薪，因为这是咨询业的规律。1989 年，公司实际上分成了两个部分：一个是传统的审计事务所，名为安达信会计师事务所；另一个则是安达信咨询事务所。二者都在同一个公司品牌下运转——安达信全球事业。

与会计师行业崇尚正直诚实不同，咨询公司更鼓励创新，大力奖赏积极进取的推销员精神，它的顾客类型也因项目的不同而不同。尤其是到了90年代，咨询部门的牛仔精神日盛，与此同时，安达信的审计部门也感受到了来自另一方的冲击。一些会计师显然是被新的商业机会冲昏了头脑，他们开始动摇了长期以来一直坚持的审计业务正直、诚实的使命，放松了对自己的严格要求。

在90年代的绝大部分时间里，安达信不过是一家自己同自己较劲的公司。咨询部门一直在补贴审计部门，当然他们并不乐意这样做。同样，你可以确信审计部门对于咨询部门那种虚张声势的作风也不感冒。面对如此矛盾的状况，大家该如何回答企业的根本问题呢？“我们的使命究竟是什么？”“什么样的价值观才是最重要的？”“我们应当采取什么样的行动纲领？”员工岗位不同，他们的答案也迥然相异。所以，安达信才会发生合伙人之间为了公司的利润分配而闹上法庭的事情。

终于到了2002年，事务所倒闭了。在这个过程中，公司使命和价值观之间存在的冲突是个十分重要的因素。

在许多方面，安然公司的覆灭具有跟安达信相同的特点。在早期的时候，安然是一家很单纯的、从事不起眼的管道和能源业务的公司。公司员工都把焦点集中在具体事务上，研究怎样能又快又便宜地把天然气从一个地方输送到另一个地方。他们的使命完成得非常出色，在能源采掘与输送领域占据了权威的位置。

后来的发展与安达信一样，安然公司改变了自己原来的使命。有人提出，安然应该向着贸易公司的方向发展。同样，其目标是为了实现更快的增长。

在安达信，那些辛苦核对报表的审计师们突然发现，自己要与一帮身着笔挺的阿玛尼名牌套装的 MBA 们分享公司的办公室。在安然公司也是一样的情形。

安然公司的新目标意味着，它首先会把精力集中在能源贸易方面，然后就会拓展到其他商品的贸易中。在当时，这种改变的出现可能是相当振奋人心的，但是除此以外，显然没有人停下来好好想一想，为了支撑这样伟大的新目标，公司应该树立和传播什么样的新价值观以及行动纲领。于是，贸易谈判桌成了公司一切业务的核心，而管道、能源生产业务则被挤到了次要的位置上。不幸的是，对于众多从事原来业务的员工，公司并没有采取任何措施来检查和处理他们的问题。就在这样的背景下，突然之间，安然倒闭了。

跟安达信的结局一样，公司使命和价值观的冲突最后让成千上万无辜的人丢掉了工作。这是一出怎样的悲剧！

在本章开始的时候，我们注意到，商业生活中的人们谈论了太多关于使命和价值观的事情，但结果常常是说得热闹，却没有什么实际行动。没有人希望得到这样的答案，然而，这两个术语显得既高深又含糊，导致那样的结局仿佛也是自然的。

可是，如果不能为企业确定正确的使命，不能树立明确的价值观，将付出极其巨大的代价。我不是说你们的公司必然会像安达信或安然那样，顷刻之间就土崩瓦解——它们是因为企业使命和价值观的矛盾而彻底坍塌的极端例子。但我要说，假如你们的公司除了悬挂在大厅里中看不中用的标语之外，并没有真正指导自己前进的目标，那就永远不能充分挖掘企业的潜力。

诚然，我自己也知道，要确定好的企业使命，并建立支撑它的价值观，离不开时间和艰苦的努力。你会碰到漫长的、争执不休的会议，让人真想立刻起身回家。在你打算投入实际工作的时候，却有人发邮件来同你讨论工作方案。还有一些令人痛苦的时刻，有的员工你明明很喜欢，但他们恰恰没能肩负公司的使命，或者遵循既定的价值观，因此不得不跟他们说再见。在那些日子里，你或许会希望自己企业的使命和价值观干脆变得模糊不清、毫无特色。

那可不行。

请拿出自己的时间和精力吧，让企业的使命和价值观变得真实起来。

第 2 章

坦诚

缺乏坦诚是商业生活中最卑劣的秘密

我一直都看重“坦诚”。实际上，这个话题我给 GE 的听众们宣讲了足足 20 多年。但是直到自己从 GE 退休以后，我才意识到自己低估了“坦诚精神”的罕见程度。事实上，我甚至想宣称，缺乏坦诚是商业生活中最卑劣的秘密。

这是一个严重的问题！缺乏坦诚精神会从根本上扼杀敏锐创意、阻挠快速行动、妨碍优秀的人贡献出自己的才华。它简直是一个杀手。

相反，假如你做到了坦诚——尽管永远不可能做到绝对坦诚——你就能发现，一切都会运转得更快、更好。

我在这里所说的“缺乏坦诚”，并不是指那种恶意的欺诈，而是指有太多的人、在太多的时候不能真诚地表达自己的想法。他们不愿意直截了当地同你交流或者无所顾忌地发表意见，以激起真正的讨论。他们不喜欢开诚布公。相反，他们把自己的意见或者评论保留起来，他们闭上嘴巴，让别人感到更舒服或者避免发生冲突；他们甚至粉饰坏消息，以维护自己的体面。他们把事情放到自己的背后，隐瞒了真实的信息。

所有这些都是缺乏坦诚的表现，其影响绝对是毁灭性的。

然而，缺乏坦诚的行为却渗透到了商业生活中的每一个领域。

在退休后的旅行中，我听到了数百家不同公司的员工们讲述的故事。他们说，自己日复一日地生活在缺乏坦诚的氛围中，尤其是在各种议题的会议上，从预算计划到产品评估，再到战略规划。大家谈到了官僚作风、层级制度、公司政治和虚伪的礼数，所有这些都是缺乏诚意的产物。大家都问，怎样才能使自己的公司改变模样，成为一个可以把问题摆到桌面上的地方，一个可以谈论世界的真实情况，可以从不同的角度来辨析各种观点的地方？

缺乏坦诚精神会从根本上扼杀敏锐创意、阻挠快速行动、妨碍优秀的人贡献出自己的才华。它简直是一个杀手。

我最常听到的情况是，业绩考评的过程尤其缺乏坦诚。

实际上，这样的提问出现得过于频繁了，以至于我会经常在讨论会上进行现场调查。我问听众们：“在过去一年里，有多少人接受过面对面的、坦诚的业绩反馈谈话？这些谈话的目的是让你弄清楚，自己还需要做哪些改进，自己处在公司的什么位置上。

接受过的人请举手。”

运气好的时候有 20% 的人举手，而绝大多数时候，这个比例只接近 10%。

有趣的是，当我再次反问听众，他们是否经常与自己的手下进行这种开诚布公的业绩讨论时，举手的人并没有增加多少。

因此，请先忘记外界的竞争吧，因为你最大的敌人就是企业内部人与人之间不良的交往方式。

坦诚的作用

让我们来看看坦诚是怎样引导企业走向成功的，主要有三种途径。

◎**首要的一点是，坦诚将把更多的人吸引到对话中。**如果你使更多的人参与对话，那么显而易见，你能获得的想法也将变得多姿多彩。我的意思是，如果保持坦诚相待的作风，就会有更多的想法冒出来，并可以加以讨论、展开批评，进而得以改进。与过去人人都闭口不谈相反，现在大家会敞开心扉、互相学习。任何一个组织、机构或者团队，如果能把更多的人和他们的头脑吸引到对话当中，马上就能获得一种优势。

◎**其次，坦诚可以提高效率。**大家一旦把想法开诚布公地表达出来，就能够迅速地展开讨论，进行补充和改进，然后予以落实。这一套快速落实的办法——表述、讨论、改进和决策——不只是一种优势，还是在全球市场环境中生存下去的必要条件。要知道，在大街两旁、在上海、在班加罗尔，那些三五个人新创办的企业在采取行动时都比你的公司更加敏捷，要想跟上别人的步伐，坦诚是必需的方法。

◎**最后，坦诚可以节约成本。**虽然说，你可能无法精确地算出最终的数字，但可以想到的是，有了坦诚精神之后，我们可以少开多少形式主义的会议，少费多少精力去完成大家都已经知道结果的报表。再想一想，有了这样的精神，在探讨公司战略、新产品或者个人业绩的话题时，我们可以少做多少耗费精力的幻灯片，少做多少令人昏昏欲睡的演示，少开多少乏味的秘密会议，而用简单真实的对话取而代之。

把以上各种益处和效率结合起来，你将认识到，失去坦诚精神的代价是令人难以接受的。

所以，为什么不坦诚一点呢？

既然坦诚能带来各种优势，那么人们就不免感到疑惑，在现实生活中，我们如此缺乏坦诚精神，又是因为什么呢？

其实，我们很小的时候这个问题就产生了。

实际情况就是如此。从儿童时代起，我们每个人就开始学得世故起来，我们要知道如何掩饰不好的消息，在令人尴尬的场合装得若无其事。无论是在哪种文化背景、哪个国家或者哪个社会阶层中，这个道理都是相似的。不管你身处冰岛还是葡萄牙，情况都没有什么不同，你不能讥笑自己的妈妈做的饭菜不好吃，不能管最好的朋友叫胖子，也不能告诉自己的姑姑，你不喜欢她送的结婚礼物。你就是不能这样做。

从儿童时代起，我们每个人就开始学得世故起来，我们要知道如何掩饰不好的消息，在令人尴尬的场合装得若无其事。

我们在一场乡村鸡尾酒会上就遇到了类似的事情。在白葡萄酒和寿司卷上过之后，有五个人开始围在一起聊天，其中一位女士说，当地的小学里有位音乐老师正承受着可怕的精神压力。其他客人也随之附和，大家一致同意，给那帮调皮的四年级小学生们教课，足以将人送进精神病院。幸好，就在音乐老师将继续得到过分同情之前，另外一个客人加入了谈话，她说：“你们这些人都疯了吗？那个老师一年里休假的时间长达 15 周啊！”接着，她指向一位站在人群里一直唯唯诺诺的医生说：“罗伯特，你每天都要为病人的生老病死做出判断，你应该不会相信这个悲惨的故事，是吧？”

她的话毁掉了这场优雅的聊天。这位新客人把大家驱散了，人们纷纷向着吧台走去。

坦诚会使人感到紧张。

当然，这是一个相对来说比较轻松的例子。但是当你探索坦诚的含义时，你实际上是在设法了解人类的本质。数百年来，无数的心理学家和社会学家都在研究，为什么人们所说的与他们真正所指的存在区别；而哲学家思考同样的问题已经有数千年的时间了。

我有一个很好的朋友叫南希·鲍尔，她是塔夫茨大学（Tufts University）的一名哲学教授。当我向她请教关于坦诚的话题时，她告诉我，对这个课题，大多数哲学家所得出的研究结论，与绝大多数普通人随着自己年龄和经验的增长而得到的认识，并没有太多的不同。最终，你会认识到人们之所以不说出自己的想法，是因为这会给自己带来更多的便利。如果实话实说，你很容易制造混乱的局面——人们会为真相感到愤怒、痛苦、困惑、悲伤或憎恨。事情弄糟之后，你可能不得不自己去平息这场混乱，而这可是件可怕、艰难和费时费力的事情。因此，人们会自觉或不自觉地为自己的不坦诚寻找理由，比如这样做可以不使别人难过或痛苦，或者说一点没有恶意的谎话是友善而得体的行为等。但实际上，南希说，古典哲学家伊曼纽尔·康德早就曾雄辩地证明过，不坦诚实际上是一种自私的表现，是为了让你“自己的”生活更加轻松。

最终，你会认识到人们之所以不说出自己的想法，是因为这会给自己带来更多的便利。

南希告诉我，康德还有一种观点。他说，人们往往容易掉入掩盖敷衍的陷阱，也是因为大家都缺乏远见。很多人担心，如果把自己的真实想法或者不好的消息说出口，就要冒得罪别人的风险。可是，他们并没有想到，不坦诚其实是最糟糕的得罪别人的做法。“康德认为，这是一个巨大的讽刺，”南希说，“他相信，如果为了拍别人的马屁而不坦诚做人，那将毁掉彼此的诚信，而且也将由此腐蚀整个社会。”

我告诉南希，那也会腐蚀公司的事业。

从过去到现在

实际上，在美国商界，坦诚精神的重要性是一种新的认识。在 20 世纪 80 年代初以前，像 GE 这样的大公司并没有在经营中推崇坦诚精神，其他成千上万各种规模的企业也同样如此。那些庞大的公司都是第二次世界大战后成长起来的军事与工业的联合体，它们基本上没有面临世界性的竞争。还有，同一个行业内部的工业企业都非常类似，它们之间的关系更像有合作关系的寡头，而不是彼此竞争。

以钢铁产业为例。大约每过三年，几家大公司的工会就会提出增加薪水和福利的要求。各大公司则会满足那些要求，并把增加的成本转嫁给汽车工业，而后者又把增加的成本再转嫁到消费者头上。

这是一个不错的游戏，直到日本人来敲门的时候。最初，日本人带来的是一些质量一般、成本低廉的进口汽车，几年之后，又变成了质量上乘、成本同样低廉的汽车，并且许多都是在美国本土的工厂制造的。不过在日本企业的工厂里，并没有工会。

在外来威胁蔓延开来之前，大多数美国公司依然循规蹈矩，既没有实事求是地讨论问题的习惯，也未表现出与坦诚作风一致的快速反应。在这方面，它们似乎没有什么迫切的需求。于是，企业仍然被重叠的层级制度和旧式的行为规范所累，与绝大多数组织一样，束缚在强迫式的礼仪和规范当中。很少有人公开挑战公司的经营战略或价值观，几乎所有的决策都是关起门来搞定的。等到进行业绩评估的时候，公司里同样表现出一种彬彬有礼的冷漠气氛。业绩突出的员工能得到表扬，但同时，由于公司的经济实力十分雄厚，那些表现不佳的人也可以安全地留在各个部门中，直到退休。

没有了坦诚之后，人人都可以保全面子，公司则笨拙地向前发展。大家接受了这种现状。办公室的每一天都充满了伪装的举止。相反，那些有主动性、进取精神，不满足现状的人却会被贴上标签，甚至有更糟糕的后果。

你也许会预言，既然坦诚精神能够给企业创造那么多的竞争优势，随着日本人给美国企业带来的竞争压力，众多公司必然会热心接纳它。但是，来自日本的竞争没有产生这样的结果，国际市场上现有的几个新兴势力，例如爱尔兰、墨西哥、印度或者中国的竞争也都没有导致变革的发生。相反，在全球化的压力面前，大多数公司仍然依靠常规的手段来应付，例如大规模裁员、压缩成本，在最好的情况下，会想办法促进创新。

坦诚精神尽管已经被一些企业注意到了，但还远远不够。

坦诚是能够做到的

现在我要说一条真正的坏消息，那就是坦诚精神虽然是取胜的关键因素，但要给任何一个组织灌输这种精神，无论该组织的规模如何，都是一项艰难而费时的工作。

说艰难，是因为你要同人类的本性做斗争，同公司里根深蒂固的传统做斗争；说费时，是因为需要年复一年地坚持下去。在 GE，我们花费了将近 10 年的时间才使得坦诚精神成为一件理所当然的事情。但即使在整整 20 年之后，这种精神也不能说得到了普及。

要普及坦诚精神，你就必须激励它、赞赏它、时刻谈论它。你自己还要充满激情地，甚至夸张地把这种精神展现出来，证明给大家看。

但它仍旧是能够做到的。在推行的过程中没有太多的科学规律可言。要普及坦诚精神，你就必须激励它、赞赏它、时刻谈论它。你可以把表现出坦诚精神的人塑造成大众的英雄。最主要的是，你自己还要充满激情地，甚至夸张地把这种精神展现出来，证明给大家看——哪怕你并不是老板。

设想你正在参加一个会议，主题是关于某个老生产部门如何实现利润增长。大家围桌而坐，有礼貌地逐次发言。他们说，要在这个特殊的市场或者行业中取得胜利是多么艰难。他们谈论了严酷的竞争，列举了同以前一样的理由，说明自己为什么难以实现增长，为什么现有的业绩在这种环境下已经算非常不错了。实际上，到会议结束时，他们已经给自己贴上了“在这种情况下”取得了“成功”的标签。

你在内心里真想爆发，你对自己说：“事情又是这样。我知道，在这间屋子里，鲍勃和玛莉同我有类似的感受——骄傲自满的态度将毁灭我们的公司。”

但是在表面上，你们三个人都在做敷衍了事的游戏。你们都点头同意了会议的决定。

现在再想象一个场景，你们担负起了坦诚的责任。你、鲍勃或者玛莉会提出这样的问题：

“难道在这个产业里面，就不存在某种我们未曾想到过的新产品或新服务的创意吗？”

“我们能够通过并购来推动这项事业的发展吗？”

“这个业务占用了如此多的资源，我们为什么不干脆放弃它？”

那会是多么不同的一个会议啊！它能带来更多的乐趣，对每个人都更有好处。

另一种情形是，有的业务正处于高速增长的态势中，其负责团队也表现出一种自鸣得意的满足。在一些长期规划会上，这种事情是常见的。经理们在炫耀高达两位数的业务增长率——比如，达到了 15%——他们播放一张张幻灯片，说明自己的工作做得有多么好。公司的高层管理者坐在旁边，点头表示赞许。但是你深知，这个产业还有更加广阔的发展前景。另外，为了加大问题的难度，我们再假设，正在进行业务介绍的人是与你职位相同的同事。还有，公司里有一个秘而不宣的传统：你不要挑战我的业务，我也不会给你制造麻烦。

老实说，我知道只有一个办法能带你走出这样的困境，同时又能弘扬坦诚精神，那就是用轻松的、没有威胁的方式把建议提出来：

“杰西，好样的。很了不起，这是我们所有业务中做得最好的。那么为什么不投入更多的资源，争取更好的业绩呢？”

“以你现在的出色团队的实力，再收购 10 项业务应该是没有问题的。你不想把业务推向全球市场吗？”

这类问题将发挥作用，它们将把会议从自我夸耀中挽救出来，变成实实在在的工作讨论。

真相和结果

现在，你可能在想，我可不能提出这类问题，我不想被看成一个出格的人，我希望继续成为团体的一员。

的确如此，在最开始的时候，开诚布公地直陈己见将被别人视为异类。实际上，你所在的组织越有礼貌、越是官僚气或者循规蹈矩，你的坦诚精神就越容易让人感到害怕和不安，而且，那的确有可能毁掉你自己。

那是一种冒险，只有你自己才能够决定是否真的愿意那样做。

不必说，如果你处在企业高层领导的位置，那么在组织里开创坦诚作风，情况应该会好一些。但如果不是这样，在公司里缺乏坦诚气氛时也没有必要责备你的老板或者 CEO——公开的自由对话在任何地方都能开始。我最早开始倡导坦诚相待的管理风格，是在自己负责 Noryl[①] 事业部的时候，那是公司里最小、最年轻的部门，只有 4 名员工。而它上面是完全没有开放气氛的庞大层级组织。

的确如此，在最开始的时候，开诚布公地直陈己见将被别人视为异类。

我本人那时也非常年轻，没有任何资历。但由于我们部门的业务取得了飞跃式的进步，我得到了认可。

虽然说我们希望做到坦诚，但当时的想法却没有如此明晰——我们并不知道所谓的坦诚应该包括哪些内容。我们只是觉得，开诚布公地交谈、辩论、讨论，尽快地把需要做的事情落实下来，这应该是很自然的。如果说我们有什么过人之处的话，那就是疯狂地创造竞争力。

每当我得到晋升之后，在第一次开业务讨论会时——不管是做预算计划，还是业绩评估——常常都感觉很尴尬，很不愉快。绝大多数我所接管的新团队对我的要求还不习惯，他们没有自由开放地探讨一切问题的传统。例如，我们曾经对某个直接下属进

① Noryl：GE 开发的一种工业塑料。——译者注

行业绩考评，在大家口头交换意见时，我们都认为那个人的表现很不理想。然而，书面上的评语却把他变成了一个王子。当我对这种弄虚作假的风气提出质疑的时候，同事们的解释是："是的，是的，可是我们究竟为什么非要把那样的话写下来呢？"

我会给他们解释为什么，那就是要做到坦诚正直。

这样到下一次讨论会上，我们就会看到，坦诚精神产生了正面影响，塑造了一个更优秀的团队。如此循环往复地坚持下去，就会有越来越多的人站过来，支持我对坦诚精神的理解。

尽管如此，我还是感觉到自己的追求在公司里缺乏共鸣。从我加入 GE 的那一天，一直到被任命为 CEO 的时候，在整整 20 年的时间里，我的老板们经常告诫我不要过分直率。我被归入粗暴无礼的类型，总有人警告我，过分直率很快就会妨碍自己的事业。

> **我的老板们经常告诫我不要过分直率。现在，我在 GE 的生涯结束了，但我要告诉你，是坦诚精神帮助 GE 获得了巨大的成功。**

现在，我在 GE 的生涯结束了，但我要告诉你，是坦诚精神帮助 GE 获得了巨大的成功。是这种精神把更多的人、更多的声音、更多的活力吸引到了 GE 的事业中来。我们相互鼓励，让每个人都能更开放、做得更好。

在这一章里，我们围绕着一个词做了很多文章。其实道理是非常简单的——坦诚精神能行得通，就是因为它有化繁为简的力量。

是的，我们都要承认，坦诚精神与人的本性存在冲突。同样，为了每天能乘上6点10分的地铁，你必须在早晨5点就起床。为了不错过下午1点钟召开的重要会议，你需要在办公桌旁边对付着吃午饭。所有这些，都是违反人性的。但是，为了你的团队和你的公司，你必须完成许多并不容易的任务。幸运的是，坚持坦诚精神虽然有违自然倾向，却是一件值得做的事情。

要想把这个世界变得彻底的坦坦荡荡，让每个人在任何时候都能自由地表达自己的思想，恐怕是不可能的。而且你也不见得希望那样——因为那要处理的信息就太多了！但假使我们能朝着这个方向走上一半的距离，那么缺乏坦诚的问题就不再是商业生活中最卑劣的秘密了。

那将是最大的改善。

第3章

考评

力求公平和有效

按照我奉行的价值观，如果要找出一个真正有推动力的做法，那就是有鉴别力的考评。

有的人喜欢这种做法，他们发誓要依靠它来经营自己的公司，而且要告诉你，这是他们取得成功的根本。另一些人憎恨它，说它是低劣、残酷、不切实际、消极、政治化或不公平的，或者以上全部。有一次，在我为宣传自己的第一本书[①]做广播谈话节目时，一位洛杉矶妇女把自己的车驶下了高速公路，她打进电话，指责我介绍的区别考评制度是“残酷无情的、达尔文主义的”。那仅仅是她一连串批评的开始！

---

① 此书是指《杰克·韦尔奇自传》。——编者注

显然，我是一个区别考评制度的狂热支持者。我曾亲眼看见，它把一些公司从默默无闻提升到卓越的层次。作为一种管理系统，它有非凡的道德意义。当然，最重要的还是它发挥了实际作用。

公司的经理人面临这样的任务：他们要清楚地辨别出，哪些员工或哪些业务取得了出色的成绩，哪些表现最差；他们要扶持强者的成长，把缺乏效率的部分剔除出去，只有这样，公司才能争取“赢”的结局。反之，如果对每一项工作和每一位员工都不做区分，像天女散花一样随意分配企业的资源，则只会让公司遭受损失。

公司只有这么多资金和精力，因此，想要赢的负责人必须将资金投放到回报最丰厚的地方，同时尽可能减少不必要的损失。

归根结底，所谓的区别考评制度不过是指资源配置而已，这正是企业领导者要做的事情，而且也是他们赢得报酬的首要原因之一。公司只有这么多资金和精力，因此，想要赢的负责人必须将资金投放到回报最丰厚的地方，同时尽可能减少不必要的损失。

如果有人把这也叫作“达尔文主义”的话，那么我想补充说明一点：我深信，区别考评制度不但是提高公司经营效率的最佳方法，同时也是最公正、最仁慈的方法。最终，它会使胜利者脱颖而出。

我在 GE 的时候，区别考评制度曾经是公司争论的焦点之一，但几年过去以后，绝大多数人都成了它的热烈拥护者，愿意把这项制度作为我们开展工作的方式。到我退休的时候，区别考评制度已经不再是热门话题了。但在我们公司之外，话还不能这样说。毫无疑问，当我在世界各地巡回演讲和参加会议的时候，区别考评制度是听众们问得最多的问题。我曾说过，有很多人喜欢它，也有很多人厌恶它，但还有相当大的一部分人被这个问题搞糊涂了。如果我能够对自己的第一本书做一点修改的话，那我一定会在区别考评制度上面花费更多的笔墨，阐明它的内涵和外延，并且强调，这个制度不可以，也不必过快地实施。在 GE，我们首先花费了大约 10 年的时间来建立坦诚和信任的企业文化，为实施区别考评制度打基础。

但是，本章的主要目的不是说明这个制度的实施，而是阐述我为什么信任区别考评制度，你为什么也应该相信它。

定义

对区别考评制度的一个主要误会是以为它只同人有关，那样会漏掉另一半的内容。其实，区别考评制度既是对人的管理，也是对业务的管理。

大体来说，这个制度把公司分为两个部分——软件和硬件。

软件很简单，就是指员工。

硬件要视情况而定。如果是一家大公司，那么硬件就是指公司资产组合中的各种具体业务；如果是一家规模比较小的公司，那么硬件就是指生产线。

让我们首先来看对硬件方面的区别考评。相对而言，这要简单、直接一些，不容易引发激烈的冲突。

每家公司都有优势业务、拳头产品，弱势业务和产品，以及其他介于两者之间的业务或生产线。区别考评的目标是让经理们对此有透彻的了解，并决定相应的投资规模。

要做到这样，当然，你得对“优势业务”有一个鲜明的定义。在 GE，“优势业务”意味着某项业务在其市场上占据第一或第二的位置。否则，经理们就要改进它、卖掉它，或者在无可奈何的情况下，关闭它。其他公司也依据各自不同的体制来做投资决策。例如，有的企业只把资金和时间投入能够保证两位数的销售增长率的业务或生产线中，或者，只投到能保证 15% 以上的贴现利润率的业务或产品线中。

其实，我并不喜欢以财务数据作为投资决策的主要依据，像贴现利润率等，因为在一项投资计划中，通过改变设备残值或任何其他假定的数据，投资分析的结论可以非常容易地被改动。然而我的观点是一致的：要对企业的业务领域或生产线实施区别考评制度，就应该建立一个公司里人人都能够理解的透明的体制。大家可能不喜欢它，但是他们必须了解它，并根据它来指导公司的运作。

实际上，对业务部门和生产线的区别考评制度是总体性的、至关重要的管理原则。在 GE，我们制定了“达到行业里数一数二”的目标考核体制，从而终结了几十年来四处撒钱的盲目行为。过去，GE 的大多数经理人虽然明知投资过于分散是没有意义的，却很容易重复这样的错误，因为公司里总是有这样或那样的压力——为了分到投资的蛋糕，经理们搞欺骗、进行政治游说。为了避免冲突，你分给每个人一小块蛋糕，希望能带来最好的结果。

公司有时还会出于感觉或情绪的因素而平均配置资源。例如，GE就曾在一项利润微薄的中央空调业务中坚持了20年，只是因为大家都认为，我们的家电部门应该拥有产品比较齐全的生产线。事实上，公司总部恨死了空调业务，因为这项业务的成功非常依赖安装人员。而那些独立承包商常常是马马虎虎地把我们的空调机搬进顾客家里，然后就一走了之，让GE完全失去了对品牌的控制。更糟糕的是，我们占据的市场份额很小，不能在这个领域有太多发展。在确立了“数一数二”的标准之后，我们终于可以把这部分业务卖出去了，买方是一家在空调行业里游刃有余的成功企业。工厂转手之后，原来为GE服务的那些雇员发现自己到了一家令人自豪的公司！此外，我们自己的管理层不需要再为效益不好的空调业务发愁了，我们的股东也得到了更好的回报——人人都成了赢家。

在面临的竞争压力比较小的时候，对自己现有的产业部门或者生产线不加区分是有可能让业务继续运转下去的。但是伴随着全球化和数字化时代的来临，就请忘记这种可能吧。任何层级的经理人都必须对自己的业务做出艰难的选择，才能保住参与游戏的资格。

对人员的区别考评

现在让我们谈谈更有争议的话题——对人员的区别考评。它是这样一个过程，要求经理人根据业绩把自己的员工划分为以下三个类别：最好的 20%、中间的 70% 以及最差的 10%。接下来，关键的问题是经理人需要采取相应的行动。我强调“行动”这个词，是因为所有的经理人都会很自然地对手下做区分——不过只是在自己的头脑中加以区分，而很少落实到行动上。

如果把员工的区别考评政策落到实处，那么最拔尖的 20% 就应该大加奖励，包括奖金、期权、表扬、重用、培训机会以及其他各种各样的物质和精神财富。在公司的区别考评中，绝对不能怠慢明星员工。他们是最优秀的人，应该得到相应的待遇。

对中间的 70%，应该采取不同的管理方法。

这群人对任何公司都有巨大的价值，如果离开他们的技能、活力和责任心，经理人恐怕难以履行自己的职责。毕竟，他们是整个员工队伍中占多数的群体，在 20–70–10 的比例划分中，他们构成了对经理人的主要挑战和风险——保持中间 70% 的能动性和工作激情。

因此，对这 70% 的人适用的管理方法更多是培训教育、积极的反馈和有周全考虑的目标设定。如果发现这个群体当中的某些个人具有特别的潜力，那么可以把他们调动到不同的业务或职位上，以增进他们的经验和知识，并检验其领导才能。

要明确的一点是，管理这 70% 的员工不只是把他们与最差的

10% 区别开来，也不是要庇护那些表现差的员工，那将是错误的投资决策。其实，区别考评制度要求经理人认真考察这 70% 的中间人员，分辨出哪些人有提升的潜力，并进行栽培。当然，在这 70% 的人中，人人都需要被激励，需要有真正被接纳的感觉。你并不希望失去作为中间 70% 的大多数人，而是愿意提高他们。

对考评结果最差的 10%，那将没有二话可说，他们不得不离开。说比做容易多了，解雇员工其实是非常可怕的——我甚至憎恨“解雇”这个词。但是，“如果”你有一支坦诚的员工队伍、有明确的工作期望和科学的工作评价程序——在这里，“如果”是个重要的前提条件，但显然这也应该是每一个人所追求的目标——那么表现最差的 10% 的员工通常都会有自知之明。当你找到他们的时候，往往不需要开口，他们就会主动要求离开，因为没有人希望待在一个不被别人认可的组织里。考评政策有一个最好的优点，那就是团队中最差的 10% 的员工在离开之后，常常能找到自己真正归属、真正擅长的公司或者事业，从而获得职业生涯的新生。

简而言之，这就是区别考评制度发挥作用的基本原理。人们有时会问我是怎么想出这个主意的，我的答案是，区别考评制度并非我自己的发明。当我还是个孩子的时候，我就从操场上学到了这一切。那时，我们要组织一个棒球队，最好的选手往往会被放到显眼的位置上，比如第二垒或者右外场，而运动天赋最差的孩子只能在场外做观众。大家都知道自己的位置在哪儿。那些最好的运动员总是渴望保持自己的主力位置，以享受观众的尊敬和胜利的欢乐。水平中等的孩子则要改进自己的弱项，前进一步，有时候他们做到了，并且提高了整个球队的水平。而那些不能入选的孩子通常会转移到其他的运动、嗜好之中，寻找自己喜爱和擅长的别的项目。不是人人都能够成为伟大的棒球手，也不是每个伟大的棒球手都能够成为著名的医生、计算机程序员、木匠、音乐家或者诗人。我们每一个人都有自己所擅长的方面，而我也坚信，当我们找到自己最适合做的事情时，将是最快乐、最满足的。

区别考评制度并非我自己的发明。当我还是个孩子的时候，我就从操场上学到了这一切。

在体育竞技场上是这样，在商业竞技场上也同样如此。

憎恨以及不憎恨该制度的原因

我可以在下面几页中详细解释很多人喜爱区别考评制度的各种原因，可是恰恰相反，我将要列出对这个制度提出的最常见的批评。在这里，我会把对“硬件”因素的区别考评放到一边，因为人们最主要的攻击对象是人员考评方面的“20–70–10”原则。

下面有许多对员工区别考评制度的批评，其中有一些是有道理的，但更多的情况则是无理取闹。请看后面的解释。

区别考评制度是不公平的，因为它总是被公司政治所腐蚀："20–70–10" 原则的结果，就是把那些拍老板马屁的人与不会阿谀奉承的人区别开来。

毫无疑问，的确有这种情况。在一些公司里，区别考评制度被任人唯亲和偏袒照顾的风气腐蚀了。最好的 20% 是老板的密友和对他点头哈腰的人，最差的 10% 是那些直言不讳、提出尖刻问题、挑战现状的人，中间的 70% 则躲躲闪闪、得过且过。这种情况是有的，而且臭名远扬，它证明领导层缺少智慧，或者不够正直，或者二者兼而有之。

对于这种丝毫不重视基本价值的体制，我唯一能够说的"好消息"就是，它往往会走上自行毁灭的道路。它会因为不堪重负而崩溃，或者被变革所清洗。只不过，缓慢的自杀对企业来说并不是什么好事。

幸运的是，"腐败的区别考评制度"通常是可以避免的，这要依靠坦诚的业绩评估体系——有清晰的期望值、目标和时间表——以及一个稳定可靠的评价流程。实际上，只有当这样的一个体制到位以后，区别考评制度才能得到良好的贯彻。我们将在"员工管理"那一章里对这个体制做更细致的讨论。

区别考评制度是刻薄的、专横的，是最糟糕的运动场——弱小的孩子被当成傻子排斥在外，成为受嘲弄的对象。

这样的抱怨我听过至少100次。这真的把我逼疯了，因为区别考评制度最显著的一个优势就是它的善意和公平——对每一个人都是如此！

当区别考评制度发挥作用以后，大家对自己所处的位置就能有自知之明。你可以知道，在下一次重要的晋升机会面前，自己有很大的成功机会，或者自己需要在公司内部或外部另寻发展。最开始，某些消息可能很难被人接受，而且是的，“坏”消息经常会伤人。但是很快，就像所有的知识一样，这些信息也会发挥自己的力量——实际上，这是解放你的力量。只有明白了自己所处的位置之后，你才能够掌握自己的命运，还有什么比这种结果更公平的呢？

有趣的是，当人们在演讲会上向我提出这一批评时，我通常会反问他们一个问题。我问大家：“你们在上学的时候是否得到过评分？”很自然，大家都说“是的”。然后，我再问道：“你们认为，这种评分制度过于刻薄了吗？”

“当然不是。”他们通常这样回答。有时候，评分的标准是非常严格的，但孩子们却必须在这种考验中成长起来。评分、评级的好处都是把问题说清楚。有的人在毕业之后当上了宇航员、科学家或者大学教授，另一些人成了销售经理、广告经理，还有一些人成了护士、厨师甚至职业冲浪运动员。实际上，考评引导了我们，把很多需要知道的东西告诉了我们。

那么，为什么我们应该在成年以后停止这种考评、评比呢？是为了免得大家尴尬吗？请不要这样！

我为人太好了，没有办法推行“20–70–10”制度。

通常，对区别考评制度持批评态度的人会断言，作为一种管理体制，区别考评制度没有重视那些给企业增添无形价值的人，比如，它没能带给员工一种“家的感觉”“人性化的感受”，或者创造一种“历史感”。我们都知道，有的公司会长期雇用那些表现不佳的人，主要是因为这些人都很友善。

我完全理解这种心情——人们难以下狠心解雇那些好人。

但事实是，保护表现不佳的员工总是会产生反作用力。首先，他们不能做出足够的贡献，却把每个人能分到的饼变小了，这足以引起企业中的怨恨情绪。这也不能算是真正的公平，而一种不公平的文化绝不能帮助公司取得成功，它只会极大地破坏内部的信任和坦诚。

保护表现不佳的员工总是会产生反作用力。最糟糕的事情是保护那些表现不佳的员工反而会使他们自己受到伤害。

其次，最糟糕的事情是保护那些表现不佳的员工反而会使他们自己受到伤害。在很长的时间里，他们都会被别人“另眼相看”。每当评议的时候，他们都会被含糊地告知，自己的表现很“杰出”，或者“做得不错”，大家会感谢他们对企业的贡献。

最后，当经济形势发生逆转之后，大规模裁员成了必然的选择。那些“友善”而表现不佳的人几乎总是第一批要离开公司的，也总是最感到吃惊的，因为在此之前，从来没有人告诉过他们，他们在企业里的真实表现如何、有哪些缺陷。可怕的事情在于，当这种情况发生时，那些表现差劲的员工往往已经40多岁或者50多岁了，在自己大部分职业生涯中，他们得到的都是赞许。然后突然，在一个从头开始将非常困难的年纪，在毫无准备或计划的情况下，他们被辞掉了，这种打击恐怕让他们永远也恢复不过来。他们感到自己被出卖了，而且也的确有理由这么想。

相反，区别考评制度虽然一开始看起来可能很无情，却可以阻止这种悲剧的发生，因为它实行的基础是真正有意义的业绩标尺。所以，当人们说自己无法推行“20–70–10”原则时，我认为他们绝不是“为人太好了”，而只是太怯懦了。

区别考评制度挑拨人们之间的斗争，削弱了团队精神。

把这个观点告诉乔·托尔[①]会怎么样呢？

纽约扬基棒球队在这一点上做得非常好，作为一个团队来说，他们有非常合理、高度透明的考评制度。（不得不承认，对于像我这样的波士顿红袜队的许多球迷而言，那是令人感到沮丧的。）明星们可以得到丰厚的酬劳，不能达到标准的球员只好走人。如果说这还不足以建立一套完全清晰的区别考评制度的话，那么该队

① 乔·托尔：1996—2007年纽约扬基棒球队的教练。——译者注

另有一记撒手锏——球员们的薪水是公开的！有一些队员可以拿到 1 800 万美元的年薪，而其他穿同样球衣的队员只能拿全美棒球协会规定的最低年薪——30 万美元，其中的区别就毋庸置疑了。

当然，需要所有队员的共同努力，球队才能走向成功。亚历克斯·罗德里格斯可能非常喜欢打出一个痛快的本垒打之后兴奋地奔跑，但是我相信，如果扬基队能够取得胜利，他会感到更加高兴。2004 年 7 月，德里克·杰特成了那一年最抢眼的人，他撞到架子上，眼睛青肿，脸庞都变了形。一时之间，他成了纽约各大报纸的热门人物。然而，当扬基队历经 13 局的艰苦鏖战，赢得了有史以来最伟大的比赛时，他感觉到自己的伤痛都减轻了很多。

毫无疑问，这两位明星都喜欢由于自身的出色表现而受到奖赏的感觉。但是我敢打赌，当球队获胜后，他们获得的快乐和兴奋会更多。

他们的团队表现还为另外两件事情提供了证明。

第一，杰出的领导能力。乔·托尔显然善于对球队进行区别考评。

第二，扬基队以及其他许多运动队所表现出的凝聚力证明，建立在坦诚的业绩评价和相匹配的奖罚基础上的开放而诚实的管理体制可以给团队建设带来积极影响。因此，区别考评制度并不会削弱团队精神，而是会加强它。

在商业生活中，如果某个公司要公布所有员工的薪水，那可能会天下大乱，而我在这里也并不提倡那样做。然而，人们其实知道自己的同事工作干得怎么样，难道不是吗？所以，当他们发

> 区别考评制度只奖赏那些值得受到奖励的团队成员。

现，自己部门里的工作只有少数几个人在干，所有的人却得到了同样的奖励时，他们一定会愤怒，感到自己受了欺骗，并惊讶为什么管理层就看不见明显的事实——在团队里，并不是所有成员都是平等的。

区别考评制度只奖赏那些值得受到奖励的团队成员。顺便说一下，对这样做感到不满的只有表现不佳的人。对其他的任何人来说，这个制度都是公平合理的。一个公平的环境能够提升团队精神。更好的一点是，它可以激发人们在工作中尽其所能，而那正是你所希望的。

> 区别考评制度只在美国才可能被执行。虽然我也希望采用这一制度，但由于不同于美国的文化价值观，这里的人们不会轻易地接受它。

区别考评制度最早在GE推行的日子里，我就听到过这样的评论。我们的一个经理人认为，“20–70–10”原则不可能在日本顺利落地，因为在他们的文化传统里，相互客气要比坦诚相待更有价值。此后，我又听到了来自许多国家的好几百家公司的言论，都是以民族文化为借口。例如，丹麦的一些经理人曾经告诉我，在他们国家，平均主义的价值观根深蒂固，因此区别考评的观念很难被广泛接受。我们也听到了从法国传来的类似说法。还有，

2004 年在阿姆斯特丹举行的一次会议上，某位经理人告诉我们，荷兰人的骨子里有太多“加尔文主义的影响”，因此区别考评制度是行不通的。我猜，那位经理人应该相信，全部的奖赏都只能来自天堂，如果你能有幸被选上的话！而在中国，我们得知，区别考评制度需要很长的时间才能被大家普遍接受，因为在大多数国有企业里还不能够完全做到按能力考评，而会受到各种因素的干扰。

但大致来说，我认为我们所听到的所谓文化障碍都仅仅是借口而已。在 GE 的时候，我们知道，不能只在美国的业务部门推行区别考评制度。首先，我们坚信区别考评制度可以带来显著的效果。其次，我们也非常清楚，只在美国推行该制度将是不公平的，会使员工们感到迷茫，对那些既有美国业务也有全球业务的事业部，以及对那些在世界各地流动工作的人员而言，更是如此。我们很早就下定了决心，要在自己所有开展业务的地方推行区别考评制度，不管碰到什么样的文化问题，都要予以解决。

接着，令人惊奇的事情发生了。并没有那么多的文化问题阻挠我们的前进。一旦我们引进了区别考评制度，并且建立了相应的有坦诚精神的业绩评价体系，则不论是在日本，还是在美国俄亥俄州，事情都进行得同样顺利。实际上，许多起初对该制度的推行感到怀疑的人，在看到这个制度的诚实、公平以及透明之后，都成为它的热烈拥护者。

我曾提到过，许多经理人提出“区别考评制度不能在我们的国家里推行”，而这些人自己往往是支持这种做法的。他们之所以

一旦我们引进了区别考评制度，并且建立了相应的有坦诚精神的业绩评价体系，则不论是在日本，还是在美国俄亥俄州，事情都进行得同样顺利。

“抗拒”这个制度，是因为他们常常“假定”自己的员工会产生抵触。我对他们提出的建议是：慢慢地前进，但在大方向上要坚定不移。他们很快就吃惊地发现，自己并不孤独。因为区别考评制度一旦得到推行，无论在什么样的语言环境里，它都可以产生前进的推动力。

区别考评制度对于最好的 20% 和最差的 10% 的人都有好处，因为他们都明白自己将向何处去。但是，这种制度会使中间 70% 的人失去动力，他们会陷入一种可怕的、不稳定的状态中。

可以说，这种抱怨里也包含了某些真实的成分，中间 70% 的人确实是考评制度下最难管理的一个类型。而且最大的问题出现在 70% 的最上层，因为他们知道，同最好的 20% 的人相比，他们的差距并不大，而与自己同一个“等级”中最差劲的人相比，自己又要优秀得多。因此，的确有这种情况，区别考评制度会产生消极的影响——有时候，在中间 70% 的人员里，那些比较有能力的人会因此离开公司。

要处理这种棘手的问题，一个重要的原则就是：庞大的中间层次的员工将迫使公司提升自己的管理水平。具体来说，它要求领导者能够更细致地体察员工之间的差别，并提供更始终如一、积极的反馈。还有，它要求公司建立真正有效的员工培训中心。例如，在20世纪70年代，推行区别考评制度以前，我们在纽约的克罗顿维尔设立的培训中心经常成为大杂烩，各个业务部门都把自己表现不佳的员工送到这里来。这个中心就像是设立在提前退休大道上的一个休息站。

“20–70–10”原则的严格推行帮助我们改变了这种现象。我们把克罗顿维尔变成了一个交流平台，把全公司最好的20%的员工和中间70%里最好的员工集中到这里，让他们相互认识和了解，让他们谈论观点、商讨工作方法。来自公司最高管理团队的人也要在每个培训班上做几个小时的交流，这给了我们一个大致的概念，让我们知道区别考评制度在下面的各业务部门是否正得到严格的实行。

虽然划分中间70%的做法可能使某些人变得消极，但对于其他许多人来说，却增加了前进的动力。

另外一个优点是，虽然划分中间70%的做法可能使某些人变得消极，但对于其他许多人来说，却增加了前进的动力。例如，对最好的20%的员工而言，中间70%的庞大人群给了他们巨大的压力。为了保持自己所处的高位，他们需要在每天的工作中开足马力，不断做得更好——那将是多么紧迫的事情啊！终究，大多数人都希望自己每天有提高，每天能成长。

对中间70%的许多人来说，做得更好也是一种激励。他们有了一个看得见的目标——进入最好的20%。这能够使他们工作更努力，想法更有创造力，更能与别人分享观点——总之，每天争取打一个漂亮仗。这可以使工作更具挑战性，也更有乐趣。

区别考评制度偏向那些积极向上和性格外向的人，轻视了那些害羞和内向的人，并忽略了他们的其他才能。

我不知道这是件好事还是坏事，但一般来说，这个世界总是偏爱那些积极向上、性格外向的人。人们从很小的时候开始，就应该有这样的印象。在小学、教堂、大学、俱乐部，甚至通常是在家里，这样的印象都会不断得到加强。到你参加工作的时候，如果你仍然害羞、内向、缺乏活力，没关系，要知道在某些专业和岗位上，性格内向的人反而是有优势的。如果你有自知之明，你是可以发现那些机会的。对区别考评制度的这种批评，我经常能够听到，但这种批评并不是针对考评制度的，它所涉及的话题其实是我们这个社会的价值观。

我还想补充一句：在商业生活中，积极向上和性格外向的人通常能做得更好。但是，在区别考评的时候，所有的人都是靠业绩说话的，在这方面人人平等。

如果你希望把最优秀的人才吸引到自己的团队来，

就必须勇敢地执行区别考评制度。据我所知，还没有哪一种人事管理制度能做得更好——有更高的透明度、公平性和效率。这个制度并不是完美的，但就像坦诚精神一样，它可以使商业生活变得更清晰，在各方面都运转得更好。

第4章

发言权和尊严

关注企业中的每一个人

前纽约市市长鲁迪·朱利安尼有一句名言："要明白你的信仰是什么。"我认为他是对的，因此，在结束本书第一部分的时候，我想谈谈自己的一个信仰。提到这个信仰的原因是，它将是一条纽带，可以把你在此前阅读到的全部内容——使命和价值观、坦诚精神以及区别考评制度——都贯穿起来。

这个信仰就是：世界上的每一个人都想得到发言权和尊严，而且也应当得到。

所谓"发言权"，我是指人们希望有机会说出他们的思想，拥有自己的观点、看法，获得被倾听的感受，无论他们的国籍、性别、年龄或者文化背景如何。

所谓"尊严"，我是指人们本能地和自发地希望由于自己的工作、努力和个性而得到尊重。

如果你读过上面的内容之后说，“啊，这是顺理成章的事情”，那么很好，我也希望绝大多数人都会有这样的反应。而且，对发言权和尊严的信仰也许不需要这样郑重地声明，因为它已经被人们广泛地接受了，并且其重要性简直可以说不言自明。但是令我自己感到惊讶的是，过去，在谈到“赢”的时候，我无数次地回到这个价值观上面来。

2004 年在中国的时候，观众中有一位年轻女性站起来问道，在“只有老板才有发言权”的情况下，又有哪个商业人士能够实践坦诚精神和推行区别考评制度呢？

我在中国的时候，观众中有一位年轻女性站起来问道，在“只有老板才有发言权”的情况下，又有哪个商业人士能够实践坦诚精神和推行区别考评制度呢？

“我们这些在基层工作的人有非常多的想法，但很多人甚至想都不敢想能把它们讲出来，除非自己成为老板。”她说，“如果你是一名企业家，并创办了自己的公司，那是没有问题的，因为一切都是你说了算。但是，还有许多人是不可能做到的。”

我告诉她，当 GE 早年在中国开展业务的时候，在我们设立于上海和北京的工厂里，我都曾看到过她刚才描述的那些难处。然而，随着这些工厂的发展和业务的推进，我看到了巨大的进步，那些为 GE 工作的中国经理人开始学会倾听雇员的意见。我说，自己是有信心的，随着中国市场经济的发展和管理实践的成熟，一套更有包容性的经营管理方法将会得到传播。

实际上，虽然这位女士在提问的时候显得非常情绪化，但是她的感受是普遍性的，在我访问过的所有国家里，人们对这个话题都有类似的忧虑和关切。

请设想一下，有的人正在管理一家公司或者某个部门，他很少会想到，员工们没有大声说话的机会，或者没有得到应有的尊重。因为我们这位经理人感觉到周围的人都特别积极，他的时间也被各种强势人物的访问、电话以及字条挤满。可是，这位经理人所得到的是一种被扭曲的感觉。在绝大多数组织里，绝大多数员工都不会说什么话，因为他们觉得自己不能说——或者也没有人来征求过他们的意见。

对我来说，这个事实是在 20 世纪 80 年代末期变得更明朗的，几乎每次都是在克罗顿维尔培训中心举办的马拉松式的培训课程上。通常，作为公司的 CEO，我会被各个业务部门提出的五花八门的具体细节问题所淹没，而所有这些问题原本都应当在他们自己的会议上得到解决。例如，“洗衣机业务正处在困难之中，为什么所有的新设备全都给了电冰箱部门？”或者，“GE90 引擎生产线在美国埃文代尔运转得好好的，突然要搬到英国达勒姆去干什么？”

在对付了几个这样的问题之后，我总是会把培训停下来，反问台下的学员们：“为什么你们不向自己的老板提出这些问题？”

答案是："我不可能提这样的问题，我会被开除的。"

"那为什么你们就敢跟我提呢？"我问。

"因为我们感到在这儿我们是匿名的。"

在这样的意见交换进行了一两年之后，我们认识到，恐怕不得不做一些事情，给自己的企业创建一个更宽松的环境，让各个层级的人们都能够像在克罗顿维尔那样，大胆说出他们的想法。

我们制定了以下的操作办法：世界各地的 GE 机构都会举行两到三天的讨论会，仿效我们在克罗顿维尔的培训形式，员工们组成 30~100 人规模的团队，再配备一名外来的辅导员，一起讨论如何改进做事的方法，如何消除妨碍日常工作的官僚作风和其他障碍。老板会在讨论会开始时出席，讲清楚开这个会的积极意义，同时还要做出如下的两项承诺：对于讨论会最后提出的 75% 的建议，要在现场给出"行"或"不行"的回答；对于剩下的 25% 的建议，要在 30 天之内回答。做出承诺之后，老板将会消失，以免影响公开的讨论，直到会议结束他才会回来，以兑现自己的承诺。

我反问台下的学员们："为什么你们不向自己的老板提出这些问题？"

答案是："我不可能提这样的问题，我会被开除的。"

在接下来的几年时间里，这样的讨论会召开了好几万次，直到它们成为公司生活里自然而然的一件事。此后，这种讨论会就不再是什么大事了，而是成了GE解决实际问题的一个常用的办法。

在肯塔基的路易斯维尔制冷机工厂，我们的雇员们讨论了更快、更好的喷漆作业程序；在佛蒙特的拉特兰县喷气机引擎工厂，我们的雇员们提出建议，缩短了引擎叶片的制造周期；在辛辛那提的信用卡处理中心，员工们想出了提高清算业务效率的方法……在所有这些地方，业务讨论会都带来了生产力的激增。

因为我们使企业里的每一个头脑都融进了事业中。

在一次讨论会上，有位中年仪表工人告诉我："25年来，公司一直为我的双手支付报酬，但实际上，公司完全可以用上我的头脑——而且什么钱也不用花。"他的话代表了成千上万人的心声。

最终，都是因为有了上面的业务讨论会，我们才拥有了员工的头脑。事实上，我相信自己在任期间，GE之所以发生了那么深远的变化，这样的讨论会是一个主要的原因。对绝大多数员工来说，"一切由老板说了算"的企业文化已经一去不复返了。

像GE这样庞大的机构，的确需要一些经过系统组织的业务讨论会来打破坚冰，让人们自由表达。但是，要想为你的团队或者企业创造自由交流的气氛，这并不是唯一的办法。请大家摸索适合自己的具体方法。

当然，我不是说每一个人的意见都应当被采纳，每一个抱怨都需要被满足，这正是管理者需要判断、决策的内容。显然，有的人比别人有更好的主意，有的人更聪明、更有经验或者更有创造力，然而，每一个人都需要被倾听、被尊重。

人们希望得到发言权和尊严，而企业也将从中受益。

第二部分 WINNING

公司如何才能赢

第 5 章

领导力

不只是你自己的事

有一天，你成了领导者。

星期一，你还在做那些自然而然的事情，享受工作的乐趣，推动项目的进展，与同事们笑谈生活和工作，讽刺公司的管理层是多么愚蠢。然后，星期二，你也进入了管理层，成了一名领导者。

突然间，感觉一切都不同了，因为一切确实不同了。作为领导者，需要有不同的行为和态度；而且对许多人来说，他们还是初次接手这样的工作。

在你成为领导者以前，成功只同自己的成长有关。

当你成为领导者以后，成功都同别人的成长有关。

毫无疑问，你有很多途径可以成为一名领导者。现实生活中有许多不同的例子。比如，赫布·凯莱赫是个潇洒随意、做事直截了当的人，他执掌西南航空公司的帅位长达30年之久；而微软创始人比尔·盖茨是个温文尔雅的人。由此你就能明白，领导者有各种各样的类型。在政治上，丘吉尔和甘地迥然不同；在橄榄球界，则有隆巴迪和贝利奇克的区别。

所有的领导者都会给你列出一长串有关领导力的“准则”。

如果有人问我的话，我会给他们列出8条来。但在我把它们付诸实践的时候，感觉上它们并不像是什么准则，而只是关于如何带领别人做事的正确程序。

另外，本书中有关领导力的内容并不是仅此一章而已。事实上，对于这个话题，每一章都会有所涉及，从“危机管理”到“战略”，再到“工作与生活的平衡”。

不过，我还是决定用单独的一章来专门探讨关于领导力的问题，因为这方面的思考总是萦绕在人们的脑海里。过去三年中，我在与学生、经理人和企业家们交谈的时候，总会被问到有关领导力的问题。例如，“什么是一个领导者真正需要做的？”或者，“我刚刚得到了提拔，但我以前从未做过管理。我怎样才能成为一个好的领导呢？”微观层面的操作经常是人们所关心的领域，比如，“我的老板觉得什么东西他都必须亲自控制，这是领导还是

在你成为领导者以前，成功只同自己的成长有关。

当你成为领导者以后，成功都同别人的成长有关。

保姆？”与此类似，有关领导的魅力也是很受关注的，人们会问：“如果你比较含蓄、不爱说话，或者比较单纯、比较害羞，那还能从员工身上得到自己想要的结果吗？”有一次在芝加哥，一位观众说道：“我手下有两名直接下属，他们都比我精明。我是否有资格去考评他们呢？”

这类问题迫使我思考，从自己40多年的领导经验中寻找答案。几十年来，我经历了千差万别的各种情况，从负责3个人组成的团队，到领导有3万人的部门。我执掌过奄奄一息的业务，也驾驭过高速增长的业务，遇到过无数并购与分拆、组织危机的时刻和时来运转的光景，以及起起伏伏的经济状况。

可是在这些情况下，某些领导方法总是能发挥效用，也就成了我的“准则”。

日常的平衡

在我们具体阐述每一条准则之前，我想说几句关于“自相矛盾”的话。实际上，做领导总是要碰到许多自相矛盾的情况。

很古老的一个矛盾是长期与短期之间的矛盾，就像我经常遇到的一个问题：“既要保证每个季度的业绩，又要去做5年以后对公司的事业有利的事情，这样的领导该怎么当呢？”

我的答案是：“欢迎你来当！”

领导者应该做些什么

1. 坚持不懈地提升自己的团队，把同员工的每一次会面都作为评估、指导和帮助他们树立自信心的机会。
2. 让员工不但要怀有梦想，而且还要拥抱梦想、实践梦想。
3. 深入员工中间，向他们传递积极的活力和乐观精神。
4. 以坦诚精神、透明度和声望，建立别人对自己的信赖感。
5. 有勇气，敢于做出不受欢迎的决定、说出得罪人的话。
6. 以好奇心，甚至怀疑精神来监督和推进业务，要保证自己提出的问题能激发员工的实际行动。
7. 勇于承担风险、勤奋学习、成为表率。
8. 学会庆祝。

请看，任何人都能够处理好短期的问题——如果不断地提升公司现有业务的话；任何人也都能处理好长期目标的问题——如果坚持自己梦想的话。而你之所以被选为领导，就是因为有人相信你，认为你既能处理好现有的业务，也能为将来的发展打基础。他们认为你有足够的智慧、经验和毅力，能很好地平衡短期利益与长期利益之间的矛盾。

领导力就是处理好每天的平衡问题。

以上述第 3 条和第 6 条准则为例。一条说，你应当展示出积极的活力和乐观主义态度，用“我也能做好”的信念感召自己的员工；但另一条说，你应当不断地质疑自己的人，不要把他们说的话太当回事。

或者以第 5 条和第 7 条准则为例。其中一条说，你需要表现得像个老板一样，维护自己的权威；而另一条却说，你需要承认自己的错误，支持敢于冒险的员工，特别是在他们遭到失败的时候。

是的，如果领导力只是一串简单的规定，那么事情将变得容易很多。但是，这些自相矛盾的情况是商业生活中的必然。

而这正是领导工作中有趣的一面——正是由于艰难，所以每天都是新的挑战。这将是一次全新的机会。在担任领导者的时候，你无论如何都不可能做到尽善尽美，而只能争取做得更好。

你只能把自己所拥有的一切都投入领导工作中。

办法如下：

准则 1　坚持不懈地提升自己的团队，把同员工的每一次会面都作为评估、指导和帮助他们树立自信心的机会。

当波士顿红袜队终于打破了 86 年的魔咒，赢得职业棒球联赛的冠军时，美国人随便打开电视或者翻开报纸，都能看到关于为什么 2004 年是“红袜年”的事后分析。到处都充满了预示，从中场外野手约翰尼 · 戴蒙的发型到月食的出现！

然而，大多数人却一致认为，赢得冠军的理由一点都不神秘。红袜队有最好的球员，投手们是所有球队中最棒的，接球手和击球手也非常优秀……总之，他们都很了不起。另外，这些优秀的选手都被一种全力夺冠的氛围笼罩着，你非常容易就能感受到这种氛围。

无论哪个赛季，都有幸运的突破，也有倒霉的时刻，但是通常来说，那些拥有最好球员的球队会赢得最终的胜利。原因非常简单，这也就是为什么作为一个领导者，你需要把自己的很大一部分时间和精力花在以下三类活动上。

◎**必须做评估**——让合适的人去做合适的工作，支持和提拔那些表现出色的人，把那些不适合的人员调开。

◎**必须提供指导**——引导、批评和帮助下属，提高他们在各方面的能力。

◎**必须树立员工的自信心**——向员工表达你的激励、关心和赏识。自信心能够增强员工的可塑性、冒险精神和超越梦想的勇气，是胜利队伍的助燃剂。

很多经理人认为，关注员工的成长是一年一次的行动，是业绩考评时才需要做的事情。这根本没有说到点子上。

员工的成长应当是每天都要关注的事情，包括日常工作中的方方面面。

例如，预算讨论会就是一个理想的关注员工表现的时机。对，员工的表现。在预算讨论会中，你要讨论的对象是业务及其目标，但是通过这样的会议，你能够真正看到团队的运转情况如何。在会议中，如果只有领导者严肃地训话，其他人只能围着桌子静静地僵坐，那你就需要做一些费劲的指导工作了。相反，如果大家都能参与讨论，整个团队非常活跃，那你就该抓住这样的良机，表达自己的认同，说你非常喜欢看到这样积极、团结的情形。如果团队中有一个人的表现非常出色，或者有一个人毫无作为，那么你应该尽快把自己的印象告知他们的领导。

即使对那些已经有一定信心的人，你也要把握住每个时机，持续不断地鼓励他们。要毫不吝啬地加以表扬，越具体越好。

在工作中，你随时随地都有促进员工成长的机会。

用户来访可以给你提供检验自己销售队伍素质的机会。到工厂参观时，可以接触那些有前途的新的生产经理，看看他们是否有能力担负更大的责任。会间休息时，可以抓紧时间对某位即将首次做重要报告的团队成员进行指导。

记住，每次与员工面对面时，评估和引导都是重要的，但帮助下属树立自信心可能是你应该做的最重要的事情。即使对那些已经有一定信心的人，你也要把握住每个时机，持续不断地鼓励他们。要毫不吝啬地加以表扬，越具体越好。

除了对提升团队素质的巨大帮助外，利用这种日常的会面帮助员工还有一个最大的好处，那就是它本身是件非常有趣的事情。无休无止的会议会让人感到麻木呆滞，走马观花的工厂参观只能让你看到一大堆不明所以的新设备。相反，如果把每天都看成培养人的过程，那又该是怎样一种心情？实际上，就把自己当作一名园丁好了，一手提着洒水壶，一手提着肥料桶。偶尔，你需要除草，但是大多数时候，只要浇水施肥、细心呵护就可以了。

随后，你就能看到满园花开。

准则 2 让员工不但要怀有梦想，而且还要拥抱梦想、实践梦想。

不必多说，领导者需要为团队描绘一个梦想，而且也应该这样做。但是除了拥有一个梦想之外，还有更多的事情需要做。作为领导者，你必须让大家的梦想变得真实、鲜活起来。

那么，怎样使大家的梦想真实起来呢？首先，不要用术语。目标不能听起来很崇高，其实却很含混。靶子不能模糊不清，以致无法击中。你指引的方向必须具体、旗帜鲜明。要做到即使你半夜叫醒一个员工，问他："我们的方向是什么？"他也能够迷迷糊糊地回答你："我们要不断地提高对零售顾客的服务质量，并争取吸引更多的小批发商，扩大我们的市场。"

2004 年，我就有过这样的经历。我在克杜瑞公司（Clayton, Dubilier & Rice）做顾问，为他们发起建立的一笔投资基金做宣传。在芝加哥的一次晚餐会上，房间里挤了大约 12 位投资商，所有人都非常关心我们的投资准则和预期回报。

西北纪念医院的首席投资官史蒂夫·克里姆考斯基也是其中的一位。就在大家关于投资业务的聊天中，他还谈论起了自己所在的医院。他说，他们医院的使命是提供"卓越的医疗服

有些时候，我自己也曾在一天之中无数次谈论关于 GE 的努力方向的问题，以至于再听到那个话题时都感到恶心。

务——要设身处地地为病人着想”。他举出各种例子说明，有了这个梦想之后，各个层级的员工——包括他本人，一位负责投资的人士——都开始转变自己的工作方式。例如，他就接受了这样的培训：在医院里碰到来问路的病人时，不能给人家指个大概方向就完事，而是要亲自把他们带到要去的地方。在自己的业绩考评会上，大家要求史蒂夫列出几件他亲身参与的、改善了患者在西北纪念医院就医体验的事情。可以说，史蒂夫对于自己在实现企业梦想的过程中需要扮演的角色既有充分的理解，也有激动人心的热情，以至于在同他交谈了 15 分钟以后，如果你在半夜叫醒我，我也能把那些目标说得一清二楚！

很明显，西北纪念医院的领导者把自己组织的梦想以令人惊异的清晰度和一致性传递给了全体员工，这就是问题的要点。你必须坚持不懈地谈论自己的梦想——脱口而出，简直要说到被别人当成废话的地步。有些时候，我自己也曾在一天之中无数次谈论关于 GE 的努力方向的问题，以至于再听到那个话题时都感到恶心。但是我认识到，这个信息对周围的某些人来说依然是新鲜的。因此，你需要不断地重复，而且要对每一个人谈。

组织中最普遍的一个问题是，领导者只同自己最接近的同事交流有关公司的梦想，没有把影响扩大到基层的员工中。我们也许都有过这样的经历：在某家高档次的百货商店，你会碰到一位粗鲁无礼、喜欢闹事的职员；或者在一家以速度和便利为承诺的公司，你的宝贵时间却被呼叫中心的接线员肆意浪费。

不知何故，他们并没有听说过公司有那样的使命。这可能正是因为企业的梦想没有面向他们进行传达，或是传达的声音不够大、次数不够多。

也有可能是，员工的酬劳没有和实现企业的梦想挂钩。

这也是这条领导力准则最后的一个要点。如果你希望自己的员工能拥抱公司的梦想，那么在他们采取行动之后，就要“拿出真金白银来”，可以是薪水、奖金或者其他某种有意义的认同。我有一位朋友叫查克·埃姆斯，是瑞恩电气（Reliance Electric）的前董事长兼CEO。他说：“把一个公司的各种薪酬计划告诉我，我就能知道他们的员工会有怎样的表现。”

梦想是领导者工作中的一个基本要素。但它不过是一张写了字的废纸，除非你能经常同员工进行交流，并以奖赏来强化它。只有这样，梦想才会从纸上跳出来——进入企业的生活。

准则3 深入员工中间，向他们传递积极的活力和乐观精神。

我们知道有句古语：“上梁不正下梁歪。”它主要是指政治斗争和腐败怎样从上至下地渗透到组织中，也可以用来描述，在任何团队中，上层人士的不良作风可能产生或大或小的影响，最终，每个人都会受到感染。

不客气地说，领导的作风是有传染性的。大家都看到过无数次这种活生生的例子：一个整天都保持着积极、乐观态度的经理，不知何故就带出了一个散发着进取、向上精神的团队或组织。相反，一个悲观的、让人讨厌的家伙也莫名其妙地带出了令人不愉快的团队，里面全是他那种类型的人。

你要走出办公室，深入大家中间，真正关心他们在做什么、进展如何，带领大家一起翻越高山。

令人感到不愉快的团队要想获胜是很艰难的。

当然，有时候，意志消沉能找到很好的理由。经济糟糕、竞争残酷——无论什么原因，工作都会很困难。

可是，作为领导者，你的工作就是同消极的力量做斗争。这并不是意味着让你去粉饰大家面对的艰巨挑战，而是说你要呈现出一种克服困难的、积极的、无所不能的态度。这意味着你要走出办公室，深入大家中间，真正关心他们在做什么、进展如何，带领大家一起翻越高山。

现在，你可能会想："与下属建立这样的感情纽带，恐怕不适合我吧。"

有些人的确做不到。我曾见过几个非常有能力的经理人，在管理公司时，他们与自己的员工保持着足够的距离。这些经理人展现出正确的价值观，既有坦诚精神，又能严格要求，并取得了出色的业绩。但是，他们不曾真正深入员工的内心，由此也失去了一些东西。他们为工作而工作。

如果有更好的态度，他们本来可以得到多得多的收获。

但愿你能有。

准则 4 以坦诚精神、透明度和声望，建立别人对自己的信赖感。

对某些人来说，成为领导意味着开始了自己的权力之旅。他们喜欢对人和信息保持控制的感觉。因此，他们会保守秘密，不透露自己对员工及其业绩的想法，把自己关于公司未来发展的想法掩藏起来。

这种举止当然可以让领导建立起自己的地盘，但是，它却把信任排斥在了团队之外。

什么是信任？我可以给你从词典上搬来一个定义，但我知道，你心里明白那是什么。当领导真诚坦率、言出必行的时候，信任就出现了，事情就这么简单。

你的员工始终应当知道自己的业绩表现如何，公司的业务进展怎么样。有时会有不好的消息——比如，马上就要裁员等——而且一般人都不愿意去揭开它。可是，作为领导者，你必须战胜自己的本能，不要试图掩盖或者粉饰那些糟糕的信息，否则，你就可能失去自己团队的信任和支持。

要想获得员工的信赖，领导者还应该赏罚分明、以身作则。他们绝不能霸占自己手下的成就，把别人的好主意窃为己有。他们应该有足够的自信和理智，不需要媚上欺下，因为他们清楚，

> **让你担任领导并不意味着给你授予了王冠，而是给你赋予了一项职责——把其他人身上最好的潜质激发出来。**

团队的成功就是对自己的认可，或早或迟而已。在艰难的时期，领导者需要对做错的事情负责；在收获的时期，他们会慷慨地赞扬部下。

当你成为一名领导以后，有时不免会感到这样的冲动，你想说："请看看我做出的成绩。"当你的团队表现出色时，你希望把功劳都归到自己头上。

毕竟，是你导演的这出好戏。你发了薪水，因此员工会听你的每一句话（或者他们会假装听），他们为你的幽默而发笑（或者假装笑）。在有的公司里，作为老板意味着有一个特殊的停车位或者出行时能坐头等舱。这些都会在你脑中形成印象，你可能真的感觉到自己是个什么人物了。

千万不要那样想。

请记住，让你担任领导并不意味着给你授予了王冠，而是给你赋予了一项职责——把其他人身上最好的潜质激发出来。为了实现这个目标，就必须让你的员工信赖你。假如你能表现出坦诚、守信、实实在在的品质，那么他们会依赖你的。

> 准则 5　有勇气，敢于做出不受欢迎的决定、说出得罪人的话。

有些人是天生的和谐主义者，他们希望自己能被所有人喜爱。

但如果你是一位领导，这样的倾向却会给自己带来麻烦。因为不管你在什么地方工作，或者具体在做什么业务，都有需要做出艰难决定的时刻——让某位员工下岗、削减一个项目的投资或者关闭某家工厂。

显然，过分强硬的要求会招致别人的抱怨和反抗。但是在充分听取意见，并把自己的想法解释清楚的基础上，你必须向前走。不要踌躇徘徊，也不要欺瞒哄骗。

这是因为，作为领导，你的目标不是赢得竞选，而是做好自己的工作。你不需要去竞选自己的职位，你已经被选为领导了。

有时，做决定的困难并不是因为决定不受欢迎，而是由于决定违反你的直觉，与所谓“技术上”得到的结果并不相符。

你的目标不是赢得竞选，而是做好自己的工作。

有很多书写到有关直觉的话题，但那只是一种“模式识别”现象而已，不是吗？有的事情你已经多次遇到了，因此这次再发生的时候，你能感觉到会产生什么后果。你掌握的事实并不完整，数据资料有限，但是周围的环境你却非常熟悉。

领导者总是会感到直觉的作用。例如，你正在考虑投资于一幢新的写字楼，但是参观那个城市的时候，你看见四处吊车林立。别人告诉你，这个项目的各种投资测算结果都是绝对完美的，但你经历过类似的场面，你知道，很快办公用房就会过剩，这个

“完美”的投资至少要打 6 折。你并没有确实的证据，但你的本能告诉你的确如此。

那么你就必须取消这项投资，而不惜得罪其他人。

有时，在进行人员挑选的时候直觉也会发挥作用。你遇到了一名候选人，他拥有所有正面的评价：他的履历是完美的——名牌学校毕业，阅历丰富；他的面试让人印象深刻——有力的握手、坦率的眼神交流、巧妙的回答等等。然而，有些说不清楚的事情让你不放心。可能他跳槽的次数太多了——在短短几年时间里，他换了太多的职位，却没有提供让人可以接受的解释：或者他似乎有点儿精力过剩；或者以前某个老板对他说了些好听的话，但是听起来仿佛有点儿言不由衷。

此时，你的直觉又在说话了：不要雇用那个人。

你被选为领导，是因为你阅历丰富，做对事情的时候更多。因此，要学会倾听自己的直觉，它会告诉你某些东西。

准则 6　以好奇心，甚至怀疑精神来监督和推进业务，要保证自己提出的问题能激发员工的实际行动。

当你独立承担任务的时候，你需要自己去寻找全部答案，那是你分内的工作——成为内行，尽自己的全力，甚至要做整个部门中最聪明的人。

而如果你是一个领导，那么你分内的工作则成了提出各种问题。你必须做好思想准备，要显得是部门中最无用的人。每次对一项决策、一项提议或一条市场信息进行讨论时，你都要一个劲儿地提问：“如果……会出现什么情况呢？”“为什么我们不……呢？”“怎么样才能……”

1963 年，我第一次成为部门经理，负责经营一种刚推出的产品，其销售是通过公司的总分销渠道进行的。我知道，自己的产品并没有引起销售部门的足够注意。因此，每个周末，我会把每次用户回访后整理的销售报告档案带回家——足足有一大堆。到星期一的时候，我就会把自己变成一个讨厌鬼，到处给别人打电话，请销售人员或者工厂经理解释我搞不明白的所有事情。比如，为什么我们卖给一个小批量用户的产品要报大宗买卖的价格？为什么另一个用户得到的产品上有黑色斑点？

这些问题引起了销售团队对我们的产品应有的注意，也让我更全面地了解了产品的销售状况。

然而，只会提问还远远不够。你必须保证自己的问题能引发争论，并且让大家采取相应的行动。

要记住，虽然你是一位领导，但说过的话并不意味着自然就能够实现。

这里有一个案例。在 20 世纪 90 年代后期，我对一种通道更大的核磁共振成像仪产生了浓厚的兴趣。如果你曾做过核磁共振检查，你就会知道我在说什么。你脸朝上躺着，被机器慢慢送进一个通道里，可旋转的磁体将对你进行扫描。

在当时，这些机器中的通道——或者说“孔道”——设计得非常狭窄，在 40 分钟的核磁共振扫描过程中，患者会产生得了幽闭恐惧症的感受。有消息称，日立公司正在生产孔道更宽的设备，但我们医疗设备行业的人不愿意理会这种产品。他们说，医院永远不会接受这种孔道虽然宽敞，但成像质量却比较差的设备。

可是，我自己有过做核磁共振的经历，所以我并没有那么容易被他们说服。那个仪器真的能使人产生窒息的感觉！一有机会，我就会请医疗业务部门的人再次回去考虑一下，难道医院就不愿意牺牲一点点成像质量，换取患者的舒适感受吗，尤其是做那些比较简单的检查，如手肘和膝盖检查的时候？同时，难道成像技术就不能得到改进吗？

面对我的质疑，医疗业务部的反应是商业生活中最常见的敷衍态度："我们会认真考虑这个问题的。"他们向我保证。当然，他们并没有认真对待。我是个无知的外行，爱管闲事罢了，他们只需要稍微抚慰我一番。

一年后，日立公司生产出了宽孔道的扫描设备，并夺取了大量的市场份额。我们花了整整两年的时间才赶上他们的脚步。

"我们会认真考虑这个问题的。"他们向我保证。我是个无知的外行，爱管闲事罢了，他们只需要稍微抚慰我一番。

我绝对不想通过这样一件事情来把自己描绘成一位英雄。

完全相反。

我非常后悔，为什么自己没有付出更大的努力，对下属提出更严格的要求？我原本应当坚持，要及早投入财力开发自己的大孔道设备。可是到最后，留给我们的只有无奈，“我早就知道这个结果”，并且还想说，“我早就告诉过你们，事情会改变的”。

以上两种表态都毫无价值。这或许是显而易见的，然而，我却看见过很多领导者的拙劣表演。在把事情弄糟之后，他们就用事后诸葛亮的态度为自己开脱责任。曾经，我常遇到一位有名的CEO，他为人非常随和，好打交道。但是，每当有消息传出他的公司遭遇某种挫折之后，他总会这样说：“我早就知道下面的人不应该那样做的。”由于某种原因，这样的说法或许能让他有更好的感觉，但这究竟有什么实际意义呢？

在我们所有人的职业生涯中，都有扮演事后诸葛亮自吹自擂的经历，这都是自己犯下的罪行。

这是可怕的原罪。

如果你提出的问题和关心的事情没有让员工采取相应的行动，那将依然没有价值可言。

我很清楚，大多数人不喜欢被别人审查和监督。如果你大力推荐某种产品，或者为某个项目做了漂亮的计划演示，却被老板以各种刁难的问题作为回应，那将是令人愤怒的。

但这就是工作。你需要找到更多、更好的解决办法。而提出问题、开展有益的辩论、采纳决策和付诸行动，才能使大家达到这样的目的。

准则 7 勇于承担风险、勤奋学习、成为表率。

成功的公司都信奉冒险和学习。

但是在现实中，这两个概念经常是空头支票，而没有其他的内容。有太多的经理人极力主张自己的员工大胆尝试新东西，可是等项目失败之后，便把尝试者骂得狗血淋头。于是，有太多的人会选择生活在自己营造的因循守旧的世界里。

如果你希望自己的员工大胆试验、开拓思路，那么你应该自己做出表率。

例如承担风险。在创建一种鼓励勇于创新的企业文化时，你可以讲讲自己曾经发生过的失误，以及从中学到的教训。

已经数不清有多少次了，我总会告诉周围的人自己曾犯下的第一个严重错误，而且是非常严重的错误。1963 年，我们在马萨诸塞州匹兹菲尔德镇的一座试验工厂发生了爆炸。爆炸发生时，我正在马路对面的办公室里。一个小火花引燃了一大罐挥发性液体，随即发出巨大的爆炸声，接着，房顶的木板和玻璃碎片四处飞散，烟尘遮盖了整个车间。不过感谢上帝，总算没有人受伤。

你是老板，但并不意味着你就是全部知识的来源。

尽管我犯下了极大的错误，但我老板的老板，一位前麻省理工学院的教授，名为查理 · 里德的经理人，却没有痛斥我。相反，他对事故原因做了细致入微的科学调查。他为我树立了榜样，使我不但知道了应该怎样改进生产工序，而且更重要的是，我学会了在员工处于困难境地的时候伸出鼓励的双手。

那可不是我职业生涯中犯下的唯一错误，后来我还犯过很多。例如，我买下了投资银行基德尔·皮博迪公司（Kidder Peabody），结果引发企业文化冲突的灾难，我聘用了许多不恰当的人员，等等。

这些经历并不让人感到自豪，但我还是愿意公开地谈论它们，就是为了说明出现失误或偏差也可以是好事，只要你能从中学到东西。

对于自己的错误，你没有必要念念不忘，或者感到伤心郁闷。实际上，你越是幽默、无忧无虑，就越能够从中吸取教训。犯错误不是毁灭性的。

至于学习，同样要带头。你是老板，但并不意味着你就是全部知识的来源。当我在其他公司了解到令人惊喜的先进经验后，我一回到GE就会当众宣传。可能我经常会夸大别人的优点，但我希望大家都知道，对于新的观念，我是如何充满热情——因为我的确充满热情！

作为经理人，你们能够，也应该向自己人学习。还记得芝加哥的那名观众吗？他问我："对于比自己优秀的下属，我有没有资格管理他们？"我给他的答案是："要向他们学习。如果所有的下属都比你本人更优秀，那其实是最好不过的，但这并不是说你就不能领导他们。"

在这世界上并没有什么法令规定人们必须承担风险，或者必须花时间去学习。在大多数情况下，人们表现出惰性的原因是他们的风险与报酬不成比例。

如果你希望改变这种情况，那就把自己树立为榜样。对于自己即将创建的振奋人心的企业文化及其结果，你会感到欣慰，你的团队也一样。

准则 8　学会庆祝。

为什么庆祝活动会让经理人感到不安？可能开庆祝会显得没有职业风范；或者它会让经理人失去权威性；或者，如果办公室里的气氛过于欢快，人们干活儿的时候就不会那么勤奋努力了。

无论人们有多少借口，其实工作中的庆祝永远都不嫌多，任何地方都如此。近些年，在外出做报告的时候，我总会问那些听众，在过去的一年里，他们的团队是否为自己所取得的业绩举行过或大或小的庆祝活动。我不是指那些大家都讨厌的、非常拘谨的全公司大会，这种活动把整个团队拉到当地的一家饭店，让大家强颜欢笑，其实人们宁可回家自己去庆祝。我要说的庆祝活动是很随意的，例如请团队成员带着自己的家人去迪士尼乐园，给每个人发两张去纽约看著名演出的票，或者给每个人发一台 iPod（苹果公司的数字音乐播放器），或类似的什么东西。

工作在我们的生活中占据了太重要的位置，怎能缺少对成绩的庆祝呢？你需要尽可能多地抓住庆祝的机会，让工作变得多姿多彩。

我问大家：“你们会尽情庆祝吗？”几乎没有一个人举手。

即使GE也不例外。我对举办庆祝活动的重要性嚷嚷了20年，但作为一名CEO，在我到克罗顿维尔培训中心参加最后一次讲座时，我问在座的大约100名经理人："你们会在公司里尽情庆祝吗？"即使知道我希望听到他们说什么，仍只有少于半数的人给了肯定的回答。

失去这样的机会是多么可惜呀。庆祝能让人们有胜利者的感觉，并且营造出一种有认同感、充满积极活力的氛围。设想一支球队赢得了职业大赛的冠军，而没有香槟酒来庆贺，那会是什么样子？你可绝对不能够那样！但是在现实当中，许多公司在取得重大胜利时，都忘记了击掌相庆这个仪式。

工作在我们的生活中占据了太重要的位置，怎能缺少对成绩的庆祝呢？你需要尽可能多地抓住庆祝的机会，让工作变得多姿多彩。这样的事情如果领导都不去做，那就没有人会去做了。

要想成为一名出色的领导者，并没有现成的公式，即使有，也绝不会轻松。

做领导就是要面临各种挑战——做好各个方面的平衡，肩负各种责任，承受一切压力。

然而，生活中还是有优秀的领导者——各种各样的类型都有：有默默无闻的，有爱唱高调的；有充满理性的，有容易冲动的；有的人对于自己的团队非常苛刻，有的人则喜欢悉心呵护。从表面上，我们很难看出这些领导者有些什么共同的特质。

然而在更深的层面，你会看到，卓越的领导者总是满怀热情地关注自己的员工——关注他们的成长和成功，他们自己总是表现得充满信心。作为领导者，他们要展示真实的自己，满怀坦诚、正直、乐观和友善的心态。

经常有人问我领导才能是与生俱来的还是后天培养的。当然，我的答案是兼而有之。有些特征，如智商和精力，似乎是天生的。而另一些则是在人生的各个阶段逐渐培养的，例如自信心，在母亲的膝盖上、小学、大学和体育运动当中都可以学到。在工作以后，人们又能学到其他的东西——通过反复尝试，我们学着去做一件事情，结果失败了，然后从中积累了教训；如果获得了成功，则增添了自信心，再次去做时便会做得更好。

对我们大多数人来说，一旦自己成为老板、游戏规则改变之后，领导才能的培养就开始了。

以前，你只需要做自己的工作。

现在，你要学会做别人的工作。

第6章

招聘

赢家是这样炼成的

当我出现在商界人士面前时，偶尔也会遇到把自己完全难倒的问题——几乎是完全束手无策。例如，几年前，在加利福尼亚州圣迭戈的一次保险业经理人会议上，一位妇女站起来问道："在面试中，您可以提一个什么样的问题，以帮助自己决定到底雇用谁呢？"

我摇摇头。"一个问题？什么样的问题？"我说，"我答不上来，您有什么主意吗？"

"这正是我向您请教的原因！"她答道。

观众们大笑起来，当然是因为我被考住了，此外，也因为这个话题让他们产生了共鸣。

招聘到好的员工是件困难的事情。

招聘到优秀的员工更是难上加难。

要让企业能“赢”，没有比找到合适的人更重要的事情了。世界上所有精明的战略和先进的技术都将毫无用处，除非你有优秀的人来实践它。

找到合适的员工是非常重要的事情，同时也极具挑战性，因此这一章包含了很多方面的内容。

首先，在考虑某人有没有应聘资格之前，你需要让他通过三个严格的考验。

然后，我要介绍一套有关人员招聘的办法，即所谓“4E（和1P）计划”。这套办法我使用过许多年，以其所包含的 4 个特质来命名。巧合的是，这几个特质的英文名都以“E”开头，另外还有一个特质以“P”开头。

接着我们会探讨招聘领导者的时候需要寻找的 4 个特质。前一章的内容主要是，在你自己成为领导者的时候应该做些什么，即领导者的准则。本章的内容则是怎样招聘领导者。

最后，我要回答关于人员招聘方面的 6 个常见问题，这些问题都是在我做巡回演讲时听到的。此外，我还要回答自己在圣迭戈的保险业经理人会议上被问到的那个“答不上来”的问题。毕竟已经过去了几年，足够我仔细思忖的了！

严格的考验

在考虑某个人有没有承担工作的可能之前，必须让他们通过三种考验。请记住，这些考验应当在招聘程序开始之前就进行，而不是等到你最后准备签字的时候。

第一种考验——正直。

“正直”是一个含义有些模糊的词，首先让我来讲讲自己的理解。具备正直品行的人要说真话、守信，要对做过的事情负责，勇于承认错误并改正。他们了解自己国家的法律、行业规范以及公司制度——既包括书面规定，也包括法规精神——而且自觉遵守。他们尊重游戏规则，用光明正大的方法争取胜利。

怎样考验一个人是否正直呢？如果应试者来自你的公司内部，那就相当容易。你曾在工作中看见过他的实际表现，或者知道该通过什么人去了解他。如果是从公司以外来的，那就需要了解他们的名声以及别人的推荐。但那些材料不是万能的，你还必须依赖自己的直觉：这个人看上去诚实吗？他愿意公开承认自己的错误吗？他在谈论自己的生活时，是否显示出了与工作中同样的坦诚精神和谨慎态度？

随着生活经验的累积，我们中的许多人逐渐培养出了对正直的本能反应，在需要使用它的时候请不要犹豫。

随着生活经验的累积，我们中的许多人逐渐培养出了对正直的直觉反应，在需要使用直觉的时候请不要犹豫。

第二种考验——智慧。

我不是说，应聘者必须读过莎士比亚的作品，或者能够解答复杂的物理学问题，而是指他们有一种强烈的求知欲，有宽广的知识面，可以在今天这个复杂的世界里与其他优秀的人一起工作，或者领导他们。

有时，人们会把智慧和学历混淆起来。在自己职业生涯的初期，我也同样如此。但随着经验的增长，我发现了许多优秀的人才，他们来自各种不同的学校。我认识许多来自哈佛和耶鲁等名校的聪明人，但是其他一些同我合作的杰出的高层经理人则来自不太知名的地方，例如罗得岛州普罗维登斯镇的布赖恩特大学（Bryant University）、艾奥瓦州的迪比克大学（University of Dubuque）等。

GE 很幸运，它拥有具备各种背景的人。

我要强调的是，应试者的教育程度只说明了一部分问题，尤其在智慧方面。

第三种考验——成熟。

顺便提一句，任何年龄的人都可能很成熟，也有可能还不够成熟。但无论怎么说，都有些可以标志一个人是否长大的特征：能够控制怒火、承受压力和挫折，或者反过来，在自己功成名就的美妙时刻，能够喜悦但不失谦逊地享受成功的乐趣。成熟的人知道尊重别人的情感，他们充满自信但并不傲慢无礼。

实际上，成熟的人通常都有一种幽默感，特别是对自己！

与正直的品行一样，我们并没有检验一个人是否成熟的简单办法。因此，你需要参考推荐材料、名声，以及最主要的——你的直觉。

“4E（和1P）”计划

“4E（和1P）”计划是我花了好几年的时间才确立下来的。毫无疑问，其他人也有自己打造成功团队的好方法，不过我发现自己的计划是非常有效的，年复一年，它经历了不同行业和国别的考验。

第一个“E”是积极向上的活力（energy）。

在关于领导力那一章里，我们就谈到了这一特点，它是有所作为的精神、渴望行动、喜欢变革。有活力的人通常都是外向的、乐观的，他们善于与人交流、结交朋友。他们总是满怀热情地开始一天的工作，同样充满热情地结束一天的辛劳，很少会在中途显出疲惫。他们不抱怨工作的辛苦，他们热爱工作，也喜欢享受。

> **充满活力的人热爱生活。**

总之，充满活力的人热爱生活。

第二个“E”是指激励别人的能力（energize）。

这也是一种积极向上的活力，它可以让其他人快速行动起来。懂得激励别人的人能鼓舞自己的团队，承担起看似不能完成的任务，并且享受战胜困难的喜悦。实际上，人们会因为有机会与他们共事感到万分荣幸。

激励别人并不是只会做慷慨激昂的演讲，而是需要对业务有精深的了解，并且掌握出色的说服技巧，创造能够唤醒他人的氛围。

我知道的一位出色激励者的例子，那就是沙琳·贝格利女士。1988 年，她以财务管理实习生的身份开始了在 GE 的工作。在从事各种工作几年以后，沙琳被选拔出来，负责管理 GE 交通运输产业的六西格玛品质改善计划，从此她的领导才能真正开始展现出来。在她的热情激励下，该部门的六西格玛计划得以顺利开展，受到了公司各方面的关注。

很难详细拆分沙琳的激励能力包含哪些具体因素，这是一种综合能力，混合了各种技能。她是一位出色的交流者，能够把各种目标清晰地表达出来。她对工作绝对认真，但是并不过分在乎自己。实际上，她还有一种不错的幽默感，善于与别人建立互信。她的态度总是乐观向上——无论工作有多么困难，都能做好。

对六西格玛项目团队的出色激励，是沙琳表现出的杰出才能之一，也使她从众人当中脱颖而出，登上了 GE 的人才快车道。在负责了六西格玛以及其他几个项目之后，她被任命为 GE 总部审计部门的领导者，并最终成为GE自动化事业部的CEO。如今，38岁的沙琳成了有30亿美元销售额的GE铁路事业部的董事长兼CEO。

第三个“E”是决断力（edge），即对麻烦的是非问题做出决定的勇气。

请看吧，这个世界充满灰色地带。对于同一件事情，任何人都有自己不同的角度。一些精明的人能够，也愿意无休止地从各个角度来分析问题，但是，有决断力的人知道什么时候应该停止评论，即使他并没有得到全部的信息，也需要做出果断的决定。

有决断力的人知道什么时候应该停止评论，即使他并没有得到全部的信息，也需要做出果断的决定。

在任何层次的经理人中间，最糟糕的那种类型就是迟疑不决的人，他们总是说：“把事情推迟一个月，我们再好好地、认真地考虑一下。”还有另外一类人，他们明明同意了你的建议，但是等其他人来到他们的房间以后，他们的想法又改变了。我们把这些缺乏主见的人叫作“首鼠两端的老板”。

即使是我雇用的最精明的人，其中的一些在做决断时仍遇到了较大的困难。对他们很多人来说，这是个致命伤。

在多年的管理实践中，我也用过一些非常精明的人，其中许多人是从咨询业过来的。不过，我发现有的人在做决断的时候遇到了较大的困难，尤其是在他们进入业务部门以后。因为在许多情况下，他们都能想到太多的备选方案，这反而妨碍了他们下决心。这种优柔寡断的性格把他们的团队带进了不安定的状态，最后甚至成了自己的致命伤。

上面的问题自然把我们引导到第四个"E"上面，那就是执行力（execute）——落实工作任务的能力。

第四个"E"似乎是显而易见的，但是多年以来，我们在 GE 只关注到了前三个"E"。我们以为，具备前三个"E"的人就已经不错了，由此选拔出了几百名员工，并把大多数人归为"很有潜力"的类型。然后，很多人走上了管理岗位。

在那个时期，我常到业务现场去参加人事评议，同行的还有 GE 的人力资源管理主管比尔·康纳狄。在评议会上，我们会查阅一张单页资料，那上面有每一位经理人的照片、他的上司所做的业绩评定，此外还有三个圈，分别代表前三个"E"。这些圆圈会被涂上一定面积的颜色，以代表该员工在相应的指标上所展示出来的实力。例如，有的人在"活力"上面可能得到半个圈，在"激励"上面得了一个圈，在"决断力"上面得到 1/4 个圈。

即使是我雇用的最精明的人，其中的一些在做决断时仍遇到了较大的困难。对他们很多人来说，这是个致命伤。

然后，在为期一周的中西部地区视察结束后，乘着星期五晚上的月色，比尔和我飞回总部。他一页页翻看那些“很有潜力”的员工的资料，发现它们大都有三个被涂满的圆圈。于是，比尔转向我。“杰克，我们肯定遗漏了某些重要的指标。”他说，“以现有的指标来看，这些人都非常出色，但他们中的一些人业绩却很不好。”

被我们遗漏的东西正是执行力。

结论出来了。你可以拥有积极向上的活力，懂得激励周围的每一个人，能够做出明智的判断，但你可能依旧不能跨越终点。执行力是一种专门的、独特的技能，它意味着一个人要知道怎样把决定付诸行动，并继续向前推进，最终实现目标，其中还要经历阻力、混乱，或者意外的干扰。有执行力的人非常明白，“赢”才是结果。

如果某位应聘者具备了以上所有的“E”，那你最后还需要看一点，他有没有那个“P”——激情（passion）。

所谓激情，我的意思是指对工作有一种衷心的、强烈的、真正的兴奋感。充满激情的人特别在乎别人——发自内心地在乎同事、员工和朋友们是否取得了成功。他们热爱学习、追求进步，当周围的人跟他们一样时，他们会感到极大的兴奋。

有趣的一点是，那些富有激情的人并不是仅仅对工作感到兴奋，他们常常对周围的一切都充满激情。他们是体育比赛的忠实观众，是母校的狂热拥护者，或者对政治充满兴趣。

无论怎样，他们的血管里奔流着旺盛的生命力。

招聘高层人士

前面介绍了三个严格考验及“4E（和 1P）”计划，它们对于招聘一个组织里任何层次的人都是适用的。但有时候，你还需要招聘高层领导者——将要负责一个主要部门或整个公司的人。在这种情况下，还有 4 个特征需要考虑，它们也都是非常关键的因素。

第一个特征是真诚。

为什么呢？很简单，一个人如果没有自知之明，没有强烈的自信，那他恐怕难以做出强有力的决策、出任不受欢迎的职位，或者坚持自己的主见。我所指的真诚是有关自信和信念的特质，它能使一个领导者变得勇敢而果断，这在那些需要采取快速行动的时刻是必不可少的。

同样重要的是，真诚可以使领导者显得和蔼可亲——姑且这么说吧。他们的“真”体现在同别人的交流过程中，体现在他们的感情里。他们的话语令别人感动，他们传达的信息能够触动人们内心深处的某种东西。

我在 GE 工作的时候，偶尔会遇到一些非常成功的高级经理人，可是他们到达一定层次之后便很难被提升到更高的职位。起初，我们也对此感到迷惑。这些经理人表现出了正确的价值观，拿出来的报告也无可挑剔，但是手下的人却常常同他们缺乏交流。是哪里不对呢？最终，我们发现这些经理人的行为总是带有一定

那些最出色的领导者在残酷的竞争环境中对市场变化有第六感，也能感知现有的竞争者和后来者的动向。

的虚伪成分。他们装出不符合自己本色的模样——与他们的实际水平相比，他们表现得更有控制力、更乐观向上、更机智聪明。他们不愿意让别人看见自己冒汗，也不愿意声张。他们扮演着自己虚构的角色，内心局促不安。

领导者不能够有一丝一毫的伪装，他们必须保持本色，从而直面众人，激励自己的追随者，以真诚带来的威信去开展领导工作。

第二个特征是对变化来临的敏感性。

每个领导者都应有远大的目标以及预知未来的能力，不过优秀的领导者还必须有一种预见意外变化的特殊才能。在商业生活中，那些最出色的领导者在残酷的竞争环境中对市场变化有第六感，也能感知现有的竞争者和后来者的动向。

GE 的前副董事长保罗 · 福雷斯科先生是一位天才的国际象棋棋手。30 多年来，他把自己的棋技娴熟地运用到自己经手的每一项全球业务中。不知为何，凭借自己的直觉和机智，他总能从对手的角度去思考问题，这让他在每次谈判过程中都占尽了先机。令人惊异的是，保罗总能够看到下一步会发生的事情。没有人能比他做得更出色，因为他知道自己的“敌人”在思考什么，甚至比对手本人都要先想到。

可以说，这样的敏感性就是想象出不可想象的事物的能力。

第三个特征是爱才。这是一种强烈的倾向——领导者希望周围的人比自己更优秀、更聪明。

每当 GE 遇到危机的时刻，我都会迅速召集一群最精明、最勇敢的人，我会从公司内部的各层级发掘他们，甚至有时从公司外面去请，然后充分利用他们的知识和建议。我要确定，房间里的每个人都会从一个不同的角度来看待需要解决的问题，接着，大家会了解所有的相关信息，并就解决方案展开热烈讨论。这样的会议几乎总是争执不休，给我提出的意见都很有说服力，又各不相同。可正是从这些争论中，我找到了最好的决策。争论可以使有意义的问题浮出水面，迫使我们挑战之前的假设。在经历了这样的辩论之后，大家都长了见识，等下一次危机来临的时候，我们的准备就更加充分了。

一位优秀的领导者就要有这样的勇气，他敢于把最优秀的人集中到自己的团队里，而不怕把自己变成会议室里看上去最傻的人！我知道这听上去有点违背常理。人们都希望自己的领导是会议室里表现最出色的人，但如果他真的是那样表现的话，他就不能得到做出最佳决策所需要的员工支持。

第四个特征是强大的韧性。

每一位领导都会犯错误，都会跌倒、摔跤。对于高层领导者而言，一个重要的问题是，他能从自己的错误中得到教训吗？他能否重新振作起来，以更快的速度、满怀理想和自信心继续前进？

我把这种特征称为韧性，它非常重要。作为一个领导者，你必须学会在工作当中保持韧性，否则，到危机来临的时候再去领会就太迟了。也正是出于这样的考虑，在任命新的领导者时，我总是愿意找那些有过一两次挫折经历的候选人。我特别喜欢那些曾经被完全击倒，却又能站起来，并且在下一个回合里能以更强的姿态出现的人。

我特别喜欢那些曾经被完全击倒，却又能站起来，并且在下一个回合里能以更强的姿态出现的人。

今天，全球化的商业形势已经如此严峻，每个企业领导者都有可能不止一次地滚鞍落马。但他必须知道，自己怎样才能重新扬鞭前进。

有关招聘的常见问题

最后，让我们来看看过去几年里我听到过的有关招聘的 6 个常见问题。在本章的最后，我会试着来回答圣迭戈那位保险业经理人所提出的问题，即在面试中最应当提的一个问题是什么。如我先前所说的那样，对于她的疑问，我已经考虑了很长一段时间。

1. 在招聘时，您是如何进行面试的？

我会立即回答：永远不要完全依赖一次面试！

不管你的时间有多紧迫，或者不管某个应聘者的表现有多么积极，你都应该多安排几名公司的人与每一位候选人进行多次接触。随着时间的推移，你会发现在自己的组织中某些人具有识别明星和假货的特殊才能，那么招聘时就要更多地依赖他们。（例如，我的人力资源负责人比尔·康纳狄就是这方面的能手。不论是通过应聘者的一次握手、一个微笑，还是关于自己家庭的一段谈话，应聘者的情况都会一目了然地展现在他面前。）还有，如果某位值得信赖的同事告诉你，他对某个应聘者有不好的直觉，那你应该认真倾听。通常情况下，这种说不清楚的感觉会是一种信号，它告诉你那个候选人其实并不是表面上那样。

在面试过程中，轮到你提问的时候，你可以试着夸大招聘职位的挑战性，描述出最糟糕的情况——艰苦、充满争议、有政治斗争和所有不确定的因素。当你加快语速以后，看看这个应聘者是否不停地说："是的，是的，没有问题！"如果这样，那么这个应聘者恐怕没有其他更多的选择，你可能是他被雇用的唯一希望。

如果这位应聘者开始以尖锐的问题向你反问，例如，"你指望在多短的时间内必须完成任务"，或者"我有充足的人员来展开工作吗"，那就要提高注意了。如果应聘者向你提出有关公司价值观的问题，则更需要对他另眼相看。在面对工作的困难时，优秀的应聘者会激动起来，表现出很强的好奇心和坚定的自信，而不是过于热心地对你所有的话都表示顺从。

最后，在谈话结束后，不要只看应聘者给你的个人资料。你需要给了解应聘者背景的人打电话——这你是知道的。不过，在通电话的时候，千万不要把这样的交谈变成例行公事。你要强迫自己做与本性不符的事情，不能只拣自己喜欢听的好消息。如果对方的回答总是像律师那样平铺直叙，那你一定要向他挑战。准备一个问题清单。在交谈中，不要附和对方的话。如果这样做的话，也许你会像我一样，无数次得到下面的回答："你被那个家伙愚弄了！我们很高兴摆脱了他！"

2. 我只需要招聘有技术专长的人，对方是否具备"4E"的特质重要吗?

显而易见，如果能找到一个既是技术明星，又能具备"4E"特质的人，那将是非常令人开心的！但如果你只是迫切地需要得到某种专业人士——比方说，一位计算机程序员或者研究人员——那么他只需要具备部分特质就足够了，包括活力、激情，不用说还有出色的智慧、漂亮的履历以及正直的品格，其实这也是招聘任何人都必须考虑的要素。

3. 如果有人不具备上述的一个或者两个"E"，那该怎么办？是否可以通过培训来弥补这些缺陷?

在招聘管理职位的时候，所有的候选人至少应该具备前两个"E"，即积极向上的活力和激励别人的能力。我认为它们都属于个人的本性，很难通过培训来弥补。坦白地说，在招聘任何岗位的时候，无论是不是经理人，你都最好不要雇用那些缺乏积极活力的人，因为没有活力的人将削弱整个组织的动力。

另一方面，决断力和执行力可以靠经验积累和管理培训来提高。在自己的职业生涯中，我就曾多次看到，经理人学会了做艰难的决定，以及关注最后的结果。

GE 的审计部门就提供了很多这样的例子。他们每年会吸收大约 120 人，主要是来自公司的财务管理培训班的学员，剩下的大约 1/4 是从其他部门调过来的，例如工程部门和生产部门。新加入审计部门的人员通常都已经在公司里有了大约三年的工作经验。

在加入后的第一年，这些新兵会被编入 3~6 人的审计小组，到 GE 设在世界各地的机构中工作。

在经历 12 周左右令人筋疲力尽的财务分析后，他们会带着刚刚完成的工作返回每个事业部的总部，向 CFO 和 CEO 们汇报自己发现的问题。通常，他们有许多要说的事情，其中的一些会是严重的问题。

在早些时候，这些年轻的审计员都比较保守。在更高层的审计人员做报告的时候，他们会保留自己的意见。但随着时间的推移，通常在 3~5 年以后，我会看到某些审计员取得了明显的进步，变得如剃刀般锋芒毕露。这种进步来自对更富有经验的队友的观察、大量的训练和许多的实践。另外，他们也逐渐掌握了让人难以置信的执行力和技巧。这是因为，对于自己所提出的各种建议，他们都需要亲自关注有没有被下面的部门所采纳。如果他们不对自己负责，那么此前的工作就等于白做了——失败会是一位好老师。

这种决断力和执行力的培训效果是明白无误的。如今，GE 规模最大的几个事业部门的 CEO 以及一位副董事长，都是在审计部门培养出来的。

4. 不具备“4E”特质和激情的人能够在事业中获得成功吗？

当然可以。

有的人只是依靠自己的绝顶聪明，或者不顾一切一意孤行的作风，就可以达到了不起的高度。我们都能够想到这些个人的例子，在他们当中，大多数人都是世界知名的发明家或创业家，他们的表演往往是独舞。

但是在一个组织中，那些缺少“4E”特质和激情的人，尤其是领导者，能够持续取得成功的却并不多见。

5. 我喜欢雇用那些工作马上就能上手的人。您认为这是一个决定性的因素吗？

进行人员招聘的时候，往往需要做一些权衡。你是希望找到很快就能把任务完成的人呢，还是更愿意发现有长远成长潜力的人？我的建议是，可以选择第二种类型。

但我自己以前也并不这样认为。

我第一次负责经理人招聘是在28岁的时候，当时我需要建立一支能够拼搏的团队。我雇用了一位博士——此前是我的同僚——担任产品研发经理。在产品销售方面，我找到了一位聪明人，也是该部门的老手。在生产经理的位置上，我的选择同样是一位有丰富经验的人，他在同一事业部的另一个部门有过出色表现。

但我那时并没有想到，这几位经理人除了完成我布置给他们的工作以外，并没有更大的培养前途。我们的业务在迅速成长，可他们却没有显示出同公司一起成长的才干。实际上，当我们的业务运转到第四年的时候，他们全都离开了，我们只好补充更强的人手。

在初次招聘经理人的时候，我没有更多的经验，只希望赶紧找到能够把工作完成的人。可事后我开始明白了，努力寻找那些有极大潜力的、能够与业务共同成长，或者能在公司其他部门得到更高职位的人才是合算的。

一条简单的法则是：在招聘员工时，不要给他们提供职业生涯的“终极职位”，除非这个位置是一个职能部门的负责人或者CEO。

雇用一位技能水平高但没有潜质的人——他们虽然能脚踏实地达到目标，但除了现有的职位以外不会有更多发展——可能是有诱惑力的，因为那可以满足你的现实需要。然而，这些人很快会失去活力，他们对太熟悉的工作感到厌倦，但是又像我原先遇到的情况那样，不能接受新的挑战。这些人不但自己没有发展前途，还会让手下的员工感到气馁，因为那也妨碍了部下的升迁。

那么，我推荐一条简单的法则：在招聘员工时，不要给他们提供职业生涯的“终极职位”，除非这个位置是一个职能部门的负责人或者CEO。

6. 需要多长的时间才能知道你选择的人是否胜任?

通常是在一年以内，最多不超过两年，你挑的人是否能够取得预期的成绩就应该相当明了了。

一个人是否缺乏活力和执行力，相对来说是比较容易发现的。但是，想在一个新环境中判断某个人是否具有足够的激励能力和决断力，则需要花费更长的时间。在激励自己的团队，或者做出艰难的决定之前，人们往往希望能做更充分的准备。但是，如我所说，最多不能超过两年，如果某位仁兄仍旧辜负了你的期望，那就该承认自己的错误，并且开始做让这个人离开的准备。如果你认真履行了自己的领导职责，不断地给他提供反馈，那么该员工应当不会对此感到太吃惊。另外，一个比较公平的了断措施也可以帮助你平息人事变动的影响。

如果你有时候用人不当，不要太为难自己。可是要记住，每次在人员招聘上的失败都是你自己的责任。

找到合适的员工是非常困难的。当我是一名年轻的经理时，我选对人的概率大约是 50%，30 年后，也仅仅提高到了大约 80%。

我的观点是，如果你有时候用人不当，不要太为难自己，尤其在你刚刚起步的时候。

情况是会转变的。员工在变，你也在变。

可是要记住，每次在人员招聘上的失败都是你自己的责任。你一定要亲自把这件事处理好，不能把后果推到公司人力资源部门身上。你应该担负起责任，妥善而公平地安排好结局。

现在来回答在圣迭戈提出的问题。

7.“在面试中，您可以提一个什么样的问题，以帮助自己决定到底雇用谁呢？”

如果在面试过程中我只能了解到应聘者的一个方面，那我希望知道他上一次离职的原因。

是环境？是老板？还是团队？到底是什么原因使他离开原来的公司呢？从那些答案中你可以发现非常多的信息，要不断地发现和挖掘其中的原因。可能是那个应聘者对自己的职位要求太高或者企业要求太高了——他希望老板对自己完全放手不管，同事们也完全赞同自己的意见。可能是他急于得到更高的报酬。或者说，他放弃自己原来的职位是因为他正好具备你所希望的那些东西：活力太旺盛，原来的企业留不住他；有出色的激励才能，渴望管理更多的人；锋芒太露，为老板所不容；拥有强大的执行力，使他需要迎接更多的挑战。

最关键的一点是：仔细倾听，深入应聘者的内心。为什么一个人会放弃自己原来的职位将告诉你许多事情，这可能比其他任何数据都更为重要。

招聘的目标是得到赛场上最合适的选手。

幸运的是，出色的人到处都有，你只需知道怎样去挑选。

要雇用你喜欢的人是非常重要的。毕竟，在自己每天醒来以后的大部分时间里，你需要与他们在一起共事。要雇用具备相应经历的人也是非常重要的，因为他们马上就能完成你所交代的任务。

不过，仅仅能给人好感和具备经验还是不够的。你要招聘的每个人必须具备正直、智慧和成熟的特质。在考察了这些条件以后，再努力寻找那些具备“4E”特质和激情的人。除此之外，对于高层人员，还要期待他们拥有真诚、敏感、爱惜人才和能屈能伸的品性。

把全部因素结合起来，你就会得到能“赢”的人。

第7章

人员管理

你已经得到了出色的选手，接下来怎么办?

你已经得到了赛场上最出色的选手——很好，这是个重要的开始。现在，他们需要共同努力，稳步提高自己的业绩，得到激励，与公司一起发展，并且成长为未来的领导者。

换句话说，他们需要得到管理。

有关人员管理的书籍可谓汗牛充栋，商学院也开设了诸多课程，此外，还有培训计划、杂志、网站，许多都提供了合理的建议。另外就是经验的积累。

这就是本章涉及的主要内容。我在GE期间，自从离开塑料研究实验室以后，人员管理就成了我主要从事的工作。不得不承认，我并不具备设计喷气式飞机引擎、制造CT扫描仪，或者为NBC（美国全国广播公司）创作喜剧节目的能力。显然，作为CEO，我涉及了各种各样的业务：战略、新产品、销售、企业并购等。然而在这样的岗位上，我始终认为有关人员管理的内容是自己对 GE 最大的贡献。

人员管理包含许多方面的行动，大体上可以归结为以下 6 种基本实践。

没有人能够独自完成这些行动——完全不能，所以，我将把它们描述成整个公司需要采取的行为准则。要想把人员管理好，公司应当：

1. 把人力资源管理提升到重要的位置，提升到组织管理的首位，并且相信人力资源管理人员具有应有的特质，能帮助经理人培养领导者、发展事业。实际上，最出色的人力资源管理者既是牧师，又是父母。
2. 采用一套严格的、非官僚化的业绩评价体系，同时认真考察员工的品行，就像《萨班斯－奥克斯利法案》要求的那样。
3. 创立有效的激励机制——通过奖金、认同和培训机会来激励和留住员工。
4. 积极对待与周围群体的关系——包括同工会、明星人物、边缘分子以及捣乱分子的关系。
5. 与惰性抗争，不要忽略中间 70% 的群体，而是把他们看作组织的心脏和灵魂。
6. 尽可能设计扁平化的组织结构，清晰地展示出各种关系和责任。

在几年来的旅行中，我发现有些人可能知道这些准则，但他们怀疑，如果采纳这些办法，是否能把实际工作做好。

我一直以为，这些事情就是实际上需要做的工作！然而许多讨论留给我的印象却是，在许多公司里，只有时间非常富裕的时候，大家才会关心人员管理。

我希望这种情况能得到改变，下面是对各项准则更为详细的描述。

准则 1　把人力资源管理提升到重要的位置，提升到组织管理的首位，并且相信人力资源管理人员具有应有的特质，能帮助经理人培养领导者、发展事业。实际上，最出色的人力资源管理者既是牧师，又是父母。

2002 年，我来到墨西哥城，在一次有 5 000 名人力资源经理参加的大会上做演讲。与通常的讨论会一样，人们在舞台上放置了两把椅子。这次的会谈对象是丹尼尔 · 瑟维杰，他是墨西哥最大的食品公司宾堡集团（Grupo Bimbo）的 CEO，表现得很有思想、风度翩翩。

丹尼尔和我用了开始的 45 分钟来谈论战略、预算、全球竞争以及其他商业话题，然后把麦克风交给观众们。第一个提问的人表明了自己的身份，她是巴西一家制造商的人事经理。她用一种急促的声音问我，在一家公司里，人力资源应该扮演什么样的角色？——我的真实看法如何？

我马上就做出了回答。坦白地说，尽管我公开发表类似的观点已经很多年了，但是考虑到那次会议在座观众的人员构成，我还是认为它会使整个会场掌声雷动。“毫无疑问，人力资源的负责人应当是任何组织中的第二号重要人物。”我说，“从 CEO 的观点来看，人力资源负责人至少应当与 CFO 平起平坐。”

会场出奇的安静，甚至让我有些迷惑不解，我以为是自己浓重的波士顿口音把翻译给难倒了。

“你们公司难道没有那样做吗？”我问道，“我的意思是，让我们来个举手表决。在你们的公司里，CEO 对人力资源负责人与 CFO 同等尊重的请举手。”

有 50 人举手——5 000 人当中的 50 人！因此，没有一个人鼓掌也就不足为奇了！我不小心伤害了 99% 的人的感情。

后来，在讨论结束之后的招待会上，观众中接连有人来找我，告诉我在他们公司里人力资源部门是怎样不被重视的。总共有大约 30 人以同样的口气告诉了我类似的经历。

假如说，让你来管理一支棒球队，你会更关心球队会计的汇报，还是人事经理的？

更糟的是，他们的报告后来证明这并不是一种例外。自墨西哥城那次会议之后，在大约 75 场其他演讲会上，我问过同样的关于人力资源部门地位的问题，结果总是令人不安的相似。

这个事实给了我深刻的印象。即使你的公司太小，没有专门的人力资源部，也应该有人做人力资源管理的工作。

同时，人力资源管理应当与公司里的其他业务同等重要。

那么在现实中，为什么人力资源管理没有受到如财务管理那样的重视呢？假如说，让你来管理一支棒球队，你会更关心球队会计的汇报，还是人事经理的？会计提供的信息当然很重要——他非常清楚需要给一名球员支付多少薪水。然而，他提供的信息显然并不比人事经理的汇报更有价值，因为这名经理知道每一位球员有什么样的水平。在 CEO 制定决策时，这二者是同等重要的。

不幸的是，在许多公司，人力资源管理并没有得到应有的重视。

我认为这里有三方面的原因。

第一，人力资源工作的影响很难量化。你能看见销售和研发对公司业绩的影响、财务拿出的确切数字，可是人力资源管理的对象——员工的技能是“无形的”。员工的技能不但是非常软性的，而且大多数人想当然地认为自己天生就具备它。想想看，有多少次你曾听到过：“我是个天才！”

第二，人力资源管理经常被归入员工福利的类别，例如管理保险计划、监督工作日程安排——休假和弹性工作时间等，还有职业健康、娱乐活动——筹办厂报、组织郊游等。必须要有人来经办这些事情，但如果人力资源部门把所有时间都花在这些工作上，它就不能得到自己应有的地位。

第三，人力资源管理被内部阴谋扭曲了。在 20 世纪 60 年代末和 70 年代初期，GE 就经历了那样一个混乱时期，人力资源管理被流言蜚语、传闻和搬弄是非所淹没。一小撮可怕的人力资源负责人秘密对每一位经理进行评议，如果需要，他们足以把你整黑，叫你永远不能翻身。另一方面，他们也能够让你很快爬上去。他们认为自己是可以创造国王的人。

当那时的CEO雷吉·琼斯任命特德负责人力资源工作以后，局面彻底改变了。特德打开了紧闭的百叶窗，让阳光照了进来。人力资源的评议过程很快变得透明起来，而且更重要的是，开始变得有意义了。到1985年特德退休的时候，公司人力资源部门基本上已经回到了自己的正轨：倾听员工的意见、处理内部矛盾以及帮助经理人培养领导素质、发展他们的事业。

牧师—父母型的人力资源负责人看得出，员工头脑中隐藏着某种等级观念——那是每家公司都有的无形的政治关系图。

因此我说，最出色的人力资源经理是各种角色的综合体：一种角色是牧师，他能倾听你的忏悔和抱怨，丝毫不加以反驳；另一种角色是父母，给你关爱和教育，在你脱离轨道的时候迅速提供援助。

在多年的管理实践中，我发现某些最出色的人力资源负责人在自己的职业生涯中有过直接的管理经验——他们负责过一家工厂、一条生产线或者其他的部门，当然，也有一些直接从人力资源部门提升上来的人。不管属于哪一种类型，他们都拥有超出自己头衔和职位的能量，他们懂得公司的业务——甚至清楚每一个细节，知道销售部门和生产部门之间的紧张关系，知道两位公司高层领导者曾由于角逐同一职位心存芥蒂；他们看得出，员工头脑中隐藏着某种等级观念——那是每家公司都有的无形的政治关系图；他们熟知各个员工及其经历。

除了这样的实力以外，那些牧师—父母型的人力资源经理还显露出了正直的人品，那是不屈不挠的坦诚态度和令人信赖的品质。他们以少有的胸怀去倾听，能大胆说出真相，有强烈的自信。

他们也知道怎样解决争端。

我们都愿意相信，好的公司并不需要调解员，可实际上它们都需要。有人失去了晋升的机会，部门之间的销售引起了利益分配的争论，奖金的发放也总会有人感到缺乏公平。

我很幸运，在自己职业生涯的不同时期，团队里都有几位牧师—父母型的人，最后一位就是比尔·康纳狄，我在本书的前面部分提到过他。比尔是从 GE 的制造业培训班起步的，后来成为位于宾夕法尼亚州格罗夫城的柴油机车发动机工厂的经理。然后，他放弃了机车业务，投身人力资源管理。他是个有天赋的人，不管面对哪一个人——高层经理人，还是一名小时工——也无论是好消息，还是坏消息，他都能有话直说。他又是一位出色的听众，却口风很紧，用上老虎钳也不能从他嘴里挖出任何秘密。

当比尔在飞机引擎事业部担任人力资源负责人的时候，我就非常欣赏他。1989 年，该行业遭遇了一场空前的危机。我们的一名雇员为了得到喷气式飞机引擎的合同，向以色列空军的一位将军行贿，此事后来被曝光。给我留下深刻印象的是，比尔妥善处理了那次麻烦牵涉到的所有人员，有些还是他的同僚和朋友。他必须忍受让人难以置信的痛苦，建议那些人员离开公司。同时，他又能够用坦诚、同情和有外交智慧的手段去完成这项工作，这就是一个牧师—父母型人员最根本的特点。

如果你遇到了人事问题，那些“牧师”们可以随时出面去处理摩擦和危机——开导怒气冲冲的人，寻求妥协办法，或者在需要的时候，通过谈判争取体面的结局。

他们为经理人做好人员管理提供了有益的帮助。

准则 2 采用一套严格的、非官僚化的业绩评价体系，同时认真考察员工的品行，就像《萨班斯－奥克斯利法案》要求的那样。

大家现在请好好牢记，2002 年之前发生的公司丑闻是如何动摇整个美国经济的。政府迅速做出了反应，通过了《萨班斯－奥克斯利法案》，规定对任何一位存心发布虚假财务数据的 CEO 或 CFO 将实行罚款或者监禁。

《萨班斯－奥克斯利法案》对于保证财务报表的可信度以及恢复投资者的信心是一项必要的举措。

我只是希望公司内部的考评体系也获得同样的重视，得到严格执行。要说起来，违反财务制度的规定都是因人而起的。

然而，公司内部的考评体系很多时候都不过是纸上谈兵。

在这本书的开始，关于“坦诚”的那一章，我提到自己经常问观众：“在过去一年里，有多少人接受过面对面的、诚实坦白的业绩反馈会谈？这些会谈的目的是让你们弄清楚，自己还需要做出哪些改进，自己处于公司的什么位置上。接受过的人请举手。”

只有极少的公司拥有真正有意义的考评体系。这不只是糟糕——而且可怕！

再重复一下，运气好的时候，将有 20% 的人举手，而绝大多数时候只有不到 10%。

如果说这种不够专业的调查结果算是大致正确的话，那么可以说，只有极少的公司拥有真正有意义的考评体系。

这不只是糟糕——而且可怕！

如果没有一个正直的、能够给员工持续提供坦诚反馈的考评体系，你是不可能管理好自己的手下，带着他们做出好成绩的。

对员工做正确的评价并没有唯一的方法。每家公司都会创造出不同的形式和不同的方法，但是任何一种好的评价体系都应该具有如下一些共同特征。

◎ **简单明了，摒除那些耗费时间、言之无物的官样文章。**如果对每个人的考评需要两页以上的文件，那你的评价体系一定有些东西弄错了。在 GE 工作时，我经常通过手写的字条来传递自己的评价，我手下的大约 20 位直接报告人接到的字条上一般只包含两条信息：我认为他哪些地方做得很好，哪些地方需要提高。

◎**评价的标准应该是一致的，与员工个人的行为直接相关。**标准应当是可以量化的，其基准是员工在多大程度上达到了目标；也是定性的，其基准是他们表现出了什么样的行为规范。

◎**应当保证，经理人对员工的考评每年至少有一次，最好是两次，采取正式的、面对面会谈的形式。**非正式的评价应当随时进行。但是在正式会谈时，应当让员工知道，与周围的人相比，他们处在什么样的位置上。如果你的企业希望推行区别考评制度，那么一个良好的业绩考评体系将为其奠定坚实的基础。

◎**最后，一个好的评价体系应当包括关于职业发展的内容。**经理人不但应当跟自己的人员谈谈未来的职业发展规划，而且应当提出两三个员工的名字，也就是他们认为在自己高升以后有可能替代他们的员工。

即使有了所有这些特征，一个评价体系还是不能堪称一流，除非它能够不断地接受适当的监督。必须有人来担负起这个义务，并且承担相应的责任，他要追问现有的评价体系是否反映了事实，像优秀的审计团队对待数字一样认真负责。

现有的评价体系是真实反映了公司价值的提升，还是仅仅反映了财务指标？

这个体系是被人们真心接受，还是被当成浪费时间的事情？

在业绩评价体系执行以后，员工们是否能明白，为了改进自己的业绩，他们都需要做些什么？

只有正直的品行，而不是文件上的敷衍，才能使评价体系得到切实执行。我们并没有强迫式的法律，或者进行核查工作的审计组，因此，这个体系依赖每个具体执行评价体系的经理人（在人力资源部门的有力支持下），他们需要亲自承担起责任。

即使不好好执行评价体系，你也不会被投进监狱。但你无论如何也应该认真执行它，因为那将使你本人和自己的团队得到更好的发展。

准则 3　创立有效的激励机制——通过奖金、认同和培训机会来激励和留住员工。

我永远不会忘记那一次会议，主题是关于 GE 应当怎样奖励斯坦梅茨奖（Steinmetz Award）的获得者——这个奖每年颁发给我们公司最杰出的科学家。当时，我是集团的副总裁，在一位有钱又有地位的副董事长站起来发表意见时，我的耳朵都竖起来了。

“这些人并不需要钱，”他说，“他们希望得到认同。”我想，他肯定已经忘记自己是从哪里成长起来的了。

人们当然希望自己取得的巨大成绩被别人认可，奖牌和公众的赞扬的确是不可或缺的。但如果没有金钱，这些东西的影响力会逊色不少。今天，即便是诺贝尔奖和普利策奖都包含了现金奖励。

在人员管理方面做得好的公司总是把好的业绩与奖励紧密联系在一起。你做得越好，得到的就越多——在物质和精神上实现双丰收。

相反，最令人感到灰心丧气的事情莫过于付出了艰苦的努力，达到或超出了公司的期望以后，却发现自己的成就没有引起公司的重视，业绩出色的人没有得到特别的奖励，或者大家都得到了同样的奖励。

要想激励人们上进，就需要在奖励和认同上面表现出差别。同样，要想留住出色的员工，公司也不能在这两方面有任何吝啬。

以我知道的一位女士为例，她毕业于一所常春藤盟校，取得了编剧专业的学位，然后加入了纽约一家著名的零售店，从事采购工作。尽管工作很辛苦，报酬又低，这位女士却很快展现了自己的实力。她为运动服装部门采购的商品连续6个季度打破了销售纪录，她还成功地改善了商店和两家不满意的供货商之间的关系。另外，为了更好地了解自己部门的顾客，她主动承担了更多的职责，又做清洁，又在收银处帮忙——被其他采购员取笑为“多管闲事”。

奖牌和公众的赞扬的确是不可或缺的。但如果没有金钱，这些东西的影响力会逊色不少。

可是两年时间过去了，这位采购员没有因为自己的成绩获得任何公开的表扬。更加糟糕的是，她获得的奖金也只是公司里的普通水平——相当于公司在招聘员工时所描述的“中等业绩”的水平。

她不得不通过辞职来证明自己究竟有多大的价值。当她递交辞职报告时，老板感到震惊。

“你为什么要离开呢？”她问，“你在这儿有非常好的将来呀！”

“这里太令人厌倦了——从来没有人告诉过我，我的工作做得很出色。”

“可是也没有人告诉过我，我的工作做得很出色啊，”她的老板反击道，“这就是我们这里处事的方式，你必须显得谦虚一些。”

零售业的工作环境糟糕是出了名的，但是对业绩不做奖励的坏习惯在许多行业中都存在，也是优秀员工离开的主要原因。一家成功的公司绝不能让优秀的员工因为缺乏认同、物质或者其他奖励而离开公司。

激励和留住员工的另一个关键办法是培训。如果你雇用的都是优秀的人，那他们都是希望得到成长的，他们将流露出想学更多东西、做更多工作的渴望。一名优秀的机械师希望知道怎样操作更多的机器，最终能够管理车间；一名优秀的制造工程师希望到日本去，参观那些他听说过的采用更先进技术的公司；一名优秀的公关人员希望学会怎样在互联网上进行更有效的交流。

> **优秀的人永远不会认为自己已经到达了比赛的终点，而总是渴望继续前进！**

优秀的人永远不会认为自己已经到达了比赛的终点，而总是渴望继续前进！

人员管理做得好的公司能帮助自己的人成长。如果可能的话，公司的内部培训应该请自己的高层经理人来主持，他们不但要以教师的身份为大家服务，而且还可以担任角色扮演者。内部资源较少的公司则可以让员工参加公司外的培训课程。在任何一种情况下，都要保证参加培训是一种对突出业绩的奖赏，而不是打发时间的精神安慰。

公司不能给员工提供终身雇用的承诺。今天，全球竞争非常激烈，经济周期变化无常，因此很难做出这样的保证。

但是公司能够承诺，为员工提供一切机会，培养其职业能力——这样，即使他们被迫离开，手里的技能也会使他们更有吸引力。

像奖赏和认同一样，培训也有同样的激励效果。它能够给员工指引一条成长的道路，告诉他们公司关心自己的成长，并且让他们有一个更好的将来。

准则 4 积极对待与周围群体的关系——包括同工会、明星人物、边缘分子以及捣乱分子的关系。

如果你做得好，员工就会希望与你共创未来。

像大家庭一样，公司有各种各样的人际关系，有复杂的历史，充满相互猜忌。

要把人员管理好，就必须对这些难以应付的关系予以特别的关注，不能任其自由发展，也不能假装视而不见——采取睁一只眼、闭一只眼的态度是很容易的，但最终常常导致混乱。

好的人员管理需要公司坦诚务实地面对各种各样的复杂关系。

让我们从工会说起。

当我在 GE 的时候，就是出了名的对工会没有兴趣的人。我认为工会的存在削弱了企业的竞争力，并且在经理人和员工之间制造了一道多余的障碍。

我用“多余的”这个词，是因为经验告诉我，只有在一家工厂或者一个部门被某个任性、冷淡、缺乏同情心、不关心员工的发言权和尊严的人所操纵时，工会的力量才会崛起。毫无疑问，这样的老板必须改过自新或者被撤换，然而工会运动的发起却是一种过激的反应，它会带来长期的消极影响——对每个人都不利的影响。

在我担任 GE 的 CEO 期间，公司里的确有几个历史很长的工会，但我一直感到我们之间的关系是相互坦诚和相互尊重的，我们公司从未爆发过全国性的罢工。对此我认为有两个原因。

首先，我们一直在宣讲自己做事的原则，并且说到做到。

其次，我们从来不是等到双方坐到谈判桌上以后才去改善彼此的关系。

先说说原则。

有关工会的问题，最重要的事情是记住它是由你自己的员工组成的。你们一起工作，居住在同一座城镇，你们的小孩也常常一起上学、一起玩耍。你们的生活和未来都被拧到了一起。

所以，在与工会打交道的时候必须秉持正直的态度。你们可以在具体事务上展开争论，而且也的确应该那样做。但为了使你们之间的争执更有建设性，你需要始终明白哪些问题是可以谈判的，哪些不可以讨价还价。在谈判过程中，把精力集中到你所界定的可以谈判的议题上，再无其他。否则，你所说的话就将失去意义，双方也可能失去信任。

再回到谈判桌上。你应该尽一切努力，在事前就与工会的负责人建立联系，因为等大家上了战场再互相介绍就来不及了。每次我同比尔·康纳狄外出处理公司业务的时候，我们差不多都会与当地的工会代表座谈。这些座谈的主要目的是让大家有一个更好的相互了解，并确定一些不那么紧迫的长远的发展方向。座谈时，每个人都能得到发言的机会，而且更理想的是，在这种氛围中，大家都愿意倾听别人的意见。比尔和我通过这些座谈了解到很多情况，为他和公司在与工会的全国性谈判中提供了有价值的参考信息。

接下来我们再看看另一种需要认真处理的人际关系——同明星人物之间的关系。

有一件事情是肯定的：要想获得成功，你需要明星。而且我一直提倡，各个公司都应塑造自己的明星人物——最出色的那20%——并且用特别的方式来抚慰和奖励他们。

可是抚慰的方式可能带来反作用，明星人物的自负将是一种危险的东西。我曾看到过这样的情况：有才能的年轻人被提拔得太快了，他们野心膨胀，到了失控的地步。我曾见过那些了不起的财务分析师、工程师和网络主管，他们被上司多次告知，自己的角色是不可替换的，于是他们开始傲慢自大，变成自己团队中的异类。我还看见一些出色的独立工作者，他们感觉自己做事情完全不需要依赖别人，因此渴望摆脱一切束缚，包括公司的价值观。

如果过于放纵，明星可能变成魔鬼。

> **最理想的做法是，在明星离开的 8 小时内任命他的替代者。这个迅疾的行动会把信息明确传递给整个公司——没有人是公司离不开的，没有哪个个人能够凌驾于公司之上。**

因此，必须有人来做监督的工作，也就是当明星人物的老板。如果可以的话，人力资源部门应该提供相应的支持。这样的工作可不能有名无实，而是每当明星人物出现骄傲自大或者失控的苗头时，就需要有人出面，同明星人物就公司的价值观和行为模式问题进行坦诚的谈话。你绝不能害怕自己的明星人物，他们不应该把离开公司当成要挟的筹码。

当然，有时候这会遇到挑战。明星人物的反应可能让你感到意外——他站起来，宣布自己即将离开。那将是一个决定性的时刻。最理想的做法是，在这位明星宣布离开的 8 小时之内，任命他的替代者。不错，8 小时。这个迅疾的行动会把信息明确传递给整个公司——没有人是公司离不开的，没有哪个个人能够凌驾于公司之上。

2001 年夏天的一个早晨，正当杰夫 · 伊梅尔特即将接任 CEO 的时候，我们设备部门的 CEO 拉里 · 约翰斯顿来到总部。他告诉我们，他即将出任艾伯森公司（Albertsons）的 CEO，那是西海岸一家庞大的食品药品连锁企业。拉里是GE的一位重要人物，有着不凡的经历和极好的名声。他即将离开的声明虽然让我们感到失落，却没有干扰大家迅速采取应急行动。当天下午4点，我们就任命设备部门的销售经理吉姆·坎贝尔接替拉里的工作。这样，艾伯森公司得到了一位出色的CEO，但我们也没有遭受太大的挫折。从上任的第一天起，吉姆就有了不错的表现。

要想快速替换明星人物，唯一的办法就是有充足的替补队员。这也就要求公司有良好的业绩评价体系，特别是帮助员工制订长远的职业发展规划。认真做好这样的工作，可以使你在面临任何明星离开的问题时，能够迅速从公司内部找到一两名优秀的候选人。

千万不要等你的明星人物确定要离开之后才开始准备交接的工作。到那个时候，许多事情很可能为时已晚。

第三种复杂关系的对象我称为边缘分子。

有一些雇员曾经取得过好的成绩，但是后来由于某些原因碰了壁，比如所谓的中年危机，或者对工作感到失望等。

这些边缘人物尽管为人不错，却会在工作中表露出负面情绪。大多数情况下，没有人知道应该怎么劝解他们。实际上，他们遇到的情况往往令人感到很尴尬，所以大家也都不闻不问。

他们会在工作中变得麻木不仁，而且会感到越来越痛苦，这种不满的情绪肯定会逐渐感染他们的团队。通常，经理人需要花很长的时间才能下决心让这些人离开，因为他们过去的成绩是相当不错的。但是，一个善于做人员管理工作的公司能够很快把自己的边缘分子拉回游戏中；如果没有起到效果，就会及时告诉他们游戏已经结束。

这些边缘人物尽管为人不错，却会在工作中表露出负面情绪。

最后一种不容忽视的人际关系是与捣乱分子有关的。

他们是一些制造麻烦的人——借各种理由鼓动对管理层的反叛，他们中的很多人为人都不够光明正大。

然而，这些人通常却有优秀的业绩——那可是他们的挡箭牌——因此他们总是能够被企业容忍或者得到安抚。

人员管理工作做得好的公司会正视这些捣乱分子。首先，企业会对他们进行严格的业绩评价，并指出他们有哪些有害的行为，要求限期改正。通常，这个办法不会起作用，因为捣乱分子是很有个性的。如果是那样的话，就设法让他们远离正常业务，把他们当作有害物质清除出去。

如果像上述的准则 4 所建议的那样，经理人认真地处理各种复杂的人际关系，把人员管理工作的重点放在频繁地救助边缘人物或者应付捣乱分子上面，似乎应该是很自然的事情。这其实是一个误解。

准则 5　与惰性抗争，不要忽略中间 70% 的群体，而是把他们看作组织的心脏和灵魂。

在一个组织中，大部分工作都是靠中间 70% 的员工来完成的。这些人的表现非常稳定可靠，虽然不显得十分耀眼，却能够努力和尽责。如果他们能更加细心和投入的话，业绩还可能更上一层楼。

你不能只让这中间的70%默默干活儿，却不加理睬。就如同在一个大家庭中，除了引人注目的天才和喜欢惹是生非的坏孩子以外，那些循规蹈矩、性情温和的普通的孩子也应该得到关怀。

优秀的公司能够解决这个难题。实际上，它们会明确要求自己的经理人把至少50%的人员管理时间放在他们的主要队伍身上，给他们及时的评价和锻炼。除此以外，在考虑奖励、认可和培训机会的时候，也不要忘记中间的70%。

还有一条重要的注解。在较大的公司里，中间的70%可能会是一个差别很大的群体。在某种程度上，其中也有自己最好的20%、有价值的中间部分和最差的10%。你需要认识到其中的差别——而且应该知道，员工们也清楚有这样的差别。事实上，公司里经常发生这样有破坏力的现象，那就是在中间的70%中，最好的那批员工会离开。他们中的很多人已经接近业务明星的标准了——业绩表现差距并不大，但是公司把他们同中间70%的员工混为一体，没有给予特别的关照。于是，他们会在失望中离开，到一家对自己更为赏识的公司去。

那可是真正的损失。

未来的明星们常常埋藏在中间的70%里面，努力而默默地工作。一家好的公司知道这个事实，而且明确宣布，业绩考评的等级评定不过是暂时的结论，由此来鼓励这一群体上进，并且把人力资源管理工具箱中的每种武器都利用起来。

请记住：中间的 70% 关系到公司的成败，对任何企业而言，它都是心脏、灵魂与核心。

如果你想把人员管理工作做好，就不能忽略他们中的大多数。

准则 6　尽可能设计扁平化的组织结构，清晰地展示出各种关系和责任。

2004 年，克杜瑞公司买下了格利根国际——一家拥有 7 亿美元年销售收入、机构遍及 13 个国家、拥有大约 5 000 名雇员的水处理与供应公司。克杜瑞公司的股东之一、前爱默生电气公司的联合 CEO 乔治 · 塔姆克被任命为董事会主席。乔治很清楚，格利根在过去 15 年间更换了 10 位所有者，但是当他跨进该公司的大门时，依然为自己所看到的组织混乱的局面感到震惊。乔治发现，许多雇员完全处于无所适从的状态——不知道自己该向谁汇报，谁又该向他们汇报，以及每个人应该对什么样的结果负责。

很幸运的一点是，在克杜瑞完成并购手续之前，乔治拥有 90 天仔细研究新公司业务的时间，所以，他对如何重新把格利根公司组织起来逐渐有了一个清晰的概念。在 30 天以内，乔治就和格利根公司到任不久的新 CEO 迈克 · 卡奇默，共同设计并实施了一个新的组织框架，消除了以前的混乱情形。暂不谈论他们的改革对格利根公司的财务业绩可能带来什么影响，但是以我过去在 GE 经历的许多案例来看，消除混乱状态和其他不明确的组织结构将产生重要的影响。

很不幸，格利根公司的情形对那些老牌的跨国企业来说并不罕见。我与达拉·霍斯劳沙希就进行过交谈，他是在线旅游公司Expedia的新CEO。在2004年年底接手这个职位时，达拉也陷入了组织结构的沼泽。Expedia这家成立不到10周年、有高度创业精神的企业一直成长得非常快，但没有人花时间去明确工作汇报的对象和责任。达拉把解决这个问题当作自己的首要目标，着手进行了大力整顿。

我说这些话的目的并不是描述怎样才能设计出完美的组织结构图。每家公司都会有自己不同的方法，建立在自己的规模和所涉及的业务基础上，但有一些原则是广泛适用的。如果你希望有效地管理人员，那就要帮助他们明确理解组织结构图，留给大家尽可能少的想象空间。

也就是说，应当画出一幅简单易懂的框架图，明示各种汇报关系，让大家一目了然地看到哪个人应该对哪种结果负责。

不过同样重要的是，组织结构应当尽可能扁平化。

原因在于，在一个组织中，每个层级都会在公司的行动或者事务中掺杂进干扰的因素。就像孩子们玩的“传话”游戏那样，一条消息每经过一个传递者，内容就会发生一定的改变。组织里的层级也会产生那样的作用，当消息在各层级

层级的增加把优秀的人才束缚在森严的层级制度里面，培养不出伟大的将军。

之间来来往往时，人们会添加一些自己的解释和流言进去。所以，解决的办法就是减少中间的环节。

过多的层级设置还有另外的缺陷——增加了做事的成本和复杂性。

层级的增加必然减缓工作的进展，因为这增加了审批的程序，使大家需要召开更多的会议才能推动工作的开展。它以一种讨厌的形式，把新的业务或者小的单位淹没在大公司中，埋葬在官僚作风盛行的巢穴里。它把优秀的人才束缚在森严的层级制度里面，培养不出伟大的将军。

层级制度的可怕对任何人都不新鲜，许多公司还在不断被它所吞噬。对有些公司来说，层级制度似乎是业务发展以后的唯一选择。销售量增加了，那就赶快招聘更多的地区经理；员工人数增加了，那就赶快给总部添加更多的管理职员。

其他一些公司找到的理由甚至更糟：在公司业务没有发展的时候，层级制度可以让员工感觉到发展；有了层级制度之后，你可以对员工进行提拔，而不用给他们加薪。这要比什么都不做更好，对吗？不对！

你的公司应该尽量扁平化。对经理人汇报的直接下属至少应该为 10 个人，如果他们有丰富的管理经验，还可以增加 30%~50%。

由于存在这种被层级制度吞噬的无情力量，所以我建议你的公司应该尽量扁平化，要比你一般认为满意的扁平程度超出 50%。对经理人汇报的直接下属至少应该为10个人，如果他们有丰富的管理经验，还可以增加30%~50%。

如果你拥有出色的员工，又让他们有绝对清晰的汇报对象和责任划分，那就能把他们的潜力最大限度地挖掘出来。提供一个清楚的组织结构图并不是实现该目标的唯一途径，但却是必须走好的第一步。

在招聘到了出色的员工之后，你的工作转变了——要把他们塑造成一支成功的团队。

让人力资源部门真正掌握实权，把一个牧师—父母型的人放到那里掌舵。采用和实施坦诚的业绩评价体系，确保员工都知道自己的工作做得好不好。通过金钱、认同和培训等聪明的办法来激励和留住员工。勇敢地面对复杂棘手的人事关系。对公司最大的支持者——中间70%的员工——给予足够的关注。最终，把组织结构图变得扁平而明确。

执行这6条准则需要时间，这是肯定的。但公司并不是厂房、设备和技术，公司就是人。除了把人管理好以外，还有什么更要紧的事情呢?

第 8 章

“分手”

解雇别人不是件容易的事

现在来谈谈困难的部分。

在前面三章，我谈论了工作中令人兴奋、激动的内容——领导力、招聘出色的员工，并把他们管理起来，组成一支成功的团队。

然而我们都知道，工作并不是一块永恒的乐土。

工作更像是伊甸园。有时候，人们不得不离开。

那种情况将是可怕的，无论是因为表现不好而被解雇，还是因为经济不景气而大量裁员；无论是对于扮演恶人角色的人，还是对于被要求离开公司的人。大多数优秀的经理人发现，真正做这样的事情时，自己将面临让人难以置信的困境——无论是在事前、过程中还是事后，他们都会感到内疚和焦虑。至于被要求离职的员工，那更是有可能成为个人职业生涯中最糟的一天。对有些人来说，工作就是他们的身份，是最主要的日常事务，是他们的第二个家庭，被迫离开无异于被宣布死亡。而对另一些人来说，工作可能没有那么浓厚的感情色彩，但却是自己经济收入的必需，因此，失业的前景令人感到恐惧。

这一章就是关于解雇的办法，我们的目标是把痛苦和伤害降到最小的程度。

但事先要申明一点，并非所有的解雇都是天然平等的。

第一种情况是因为违背诚实正直的品行而遭到解雇——包括偷窃、说谎、欺骗，以及其他违背道德或法律的情况。

第二种情况是由于经济低迷而发生的裁员。

第三种情况是由于业绩不佳遭到解雇。

最后一种情况将是本章讨论的焦点，因为由于业绩表现不佳而导致的解雇常常令人感到更加痛苦和棘手。

但未必不能够避免。

解决的方法其实也非常简单：经理人必须接受这样的事实——员工的离开是不可避免的，不能完全交给人力资源部门就撒手不管，不能靠闭上眼睛来解决；相反，处理这样的问题完全是他们的本职工作，有两条指导原则——不要让人感到惊讶，以及尽量减少羞耻感。

不过，在我们仔细探讨如何实现目标之前，先来谈谈前两种解雇的情形。

违背正直品行而遭到解雇。

处理这样的情况不用费脑子，在做出解雇决定之前，你不必有片刻的犹豫，或者为此感到烦恼，做就是了。当然，你应该让公司上下都明确知道发生这种不幸的原因，让每个人都清楚破坏规矩可能带来的后果。

由于经济低迷而发生的裁员。

这种情形更为复杂一些。

大家都能回想起类似的情形：播放晚间新闻的时候，你看到愤怒的员工在工厂大门外或者办公楼前抗议；裁员的消息宣布了，员工们感到万分震惊，顷刻之间，无异于晴天霹雳。

公司里的每一个雇员，而不仅仅是高层人士，都应当知道公司的经营状况如何。

但我敢保证，公司的高层人士对此并不感到诧异。他们甚至知道，裁员的议案已经讨论了好几个月了。

可是其他人却不知道——这其实并不公平。

公司里的每一个雇员，而不仅仅是高层人士，都应当知道公司的经营状况如何。

当然，财务方面的数据不会那么轻易地得到。例如，你在某家庞大的企业里负责一个有10个人的业务部门，那你恐怕只能得到自己所管理的业务的数据，而不知道其他业务的进展。但反过来，如果你所管理的是一个只有10个人的仪器商店，那所有的员工自然都知道你商店的各种业务表现——如订单的数量、利润的规模、前景以及新出现的低成本竞争对手等。

对大多数经理人而言，可能获得的财务数据的多寡介于以上两个极端情况之间。

你的工作就是尽可能多地搜集这些信息，然后尽可能清晰和及时地传达给自己的员工。如果能这样，那么一旦发生裁员的情况，至少你手下的员工们能有一定的准备。同样的原则也适用于因为具体市场变化而造成的裁员。例如，在互联网产业出现泡沫的时候，很多公司疯狂扩张，大量聘请技术人才。但是当电子商务的热潮逐渐平息之后，事情很快就显而易见了：雇用的人员过剩，一些技术人才必须被裁减。

在当时的情况下，大多数经理人都比较妥善地解决了这个难题，这要感谢媒体对新兴产业发生崩溃的密集报道。然而无论如何，公开的交流应该是首先要做的事情。

去年，我参加了在佛罗里达州的奥兰多举办的一次讨论会，主持人是一位女CEO，她来自新英格兰地区的一家咨询和培训公司。开会之前我问她公司的业务怎么样。她告诉我，在互联网泡沫破灭后，公司遭受了沉重的打击，在全部30名员工中，有一半的人不得不离开。

“解聘的过程顺利吗？”我问道。

“顺利得难以置信，”她回答道，出乎我的意料，“我丈夫和我采取了非常开放式的管理，让员工们对公司的经营状况一清二楚。于是，在裁员的时刻来临时，尽管大家都很难过，然而却能够理解。”

现在，公司又重新兴旺地发展起来，这位CEO以前的许多手下又都毫无抱怨地回来了。

不消说什么，这是一种完美的情况——公司规模很小，而且有关互联网泡沫破灭的新闻报道也让那里的员工有了更多准备。但是，即使你的公司规模很大，经营状况更模糊不清，在宏观经济状况糟糕的时候，你还是应该把自己所知道的信息都摆到桌面上，让员工们有所察觉，这会有帮助的。

由于业绩不佳而遭到解雇。

现在，我们来谈谈最为复杂和棘手的一种解雇：某位员工表现拙劣，因而不得不离开公司。

前面，我用了“简单”一词来描述自己推荐的方法，也就是尽量让员工不要感到意外，尽量减轻他们的羞耻感。然而，我的意思并不是说处理解雇的事情会有那么轻松——绝非如此。

不幸的是，你需要在工作中、在充满压力的环境中学习怎样处理解雇别人的问题，没有办法让你做好充分的准备。经理人不

> **最为复杂和棘手的一种解雇是：某位员工表现拙劣，因而不得不离开公司。**

会坐下来谈论这样的话题，交流彼此的经验。我也不知道有哪家商学院正在讲述这样的课程。还有，公司内部的培训计划可能会安排许多有关业绩考评的内容，但是就我所知，还没有什么培训能够在如何解雇员工的问题上提供太多的帮助。

所以，你可以借助的便只有直觉了。也许有的人天生就会做解雇别人的工作，但我知道自己不行。这样的工作我做过很多年，但一直感到不习惯。在我早年刚做经理人不久的时候，这方面尤其处理得不好。

最令我痛苦的一次回忆发生在皮茨菲尔德，我当时在那里负责塑料事业部。一天，有个男孩登上学校的班车，一拳打在我儿子约翰的脸上。原来在此前的一天，我解雇了那个男孩的父亲，而且显然，那件事我没有处理好。不过，即使我觉得自己把那件事处理得不错，结果也不会有什么两样——那个男孩的家庭肯定不会那样认为。

解雇员工时容易出现的三种严重错误

有时候，某些员工的表现非常令人失望，解雇这样的人不会带给你太多的麻烦。

在负责塑料部门的时候，我手下曾经有一位经理，到岗之后仅仅 90 天，他就不得不离开公司。那是因为，尽管他的简历上有名牌大学的学历，尽管他在闲聊的时候非常讨人喜欢，可是在任何一项交代给他的工作上面，他的效率都非常低。我还有一位朋友，她到一家服装店去做店员，结果在上班的第一个星期就被解雇了。原因是在接待顾客的时候，她总是忘记要求顾客在信用卡结费单上签字，两次结账就会发生一次这样的事情。她本人也感到无可奈何，甚至说如果老板不解雇她，她也会自己解雇自己。

然而在很多时候，解雇那些业绩不佳的人并不是那么黑白分明。关于谁做了哪些工作，谁应该对最后的结果负责，有许多界限不那么清晰的地方。

由于这个原因，经理人在处理解雇的问题时容易发生如下三种错误——行动太匆忙，不够坦诚，拖得太久。

关于第一种情况，可以参见我的一个朋友的例子，他在一家有 300 名雇员的公司工作，负责一个由 60 人组成的部门。公司正在成长，情况普遍不错。那是一家私人持股的公司，有着家庭式的企业文化，这意味着许多业绩平平的人也可以混得下去，大家追求一团和气。在工作日，大家合用汽车，在周末，一起搞聚会，这样的事情并不罕见。与许多小公司一样，业绩考评通常是非正式的活动，穿插着许多常见的幽默。

当我的朋友被提拔为部门负责人之后，她很快认识到自己手下的一名分管销售的副手——暂且称他为理查德——明显跟不上公司发展的要求。更糟糕的是，理查德是一个真正的捣乱分子，正如我在上一章里所描述的那样。他永远不会错过机会，挑战自己的新老板甚至老板的老板的权威。通常，他会在公司走廊中与同僚们相遇时，通过挖苦和幽默的形式把自己的消极评论发布出来。

理查德的行为并不可怕，可是让人相当恼火。

另外，他总是不能按时完成发货，对于日益复杂的物流管理也显得力不从心。我的朋友与理查德说过好几次有关他的缺点的问题，但都没有用，理查德又在走廊发表自己的特别评论了。终于有一天，一位重要的客户打电话过来，抱怨他的出货日期被推迟了一周。我的朋友终于下了决心——理查德必须离开。

正式发布解雇通知的时候，事情非常糟糕。理查德的表现不能说是惊讶，而是勃然大怒。他叫喊道："你疯了，这家公司从来没有解雇过员工！你要为此付出代价。"然后，他咆哮着出去了，跑回这幢楼另一侧自己的办公室，召集了一场紧急会议，与会者是他的8个手下。尽管理查德最后还是在几个小时之内清理了自己的办公桌，离开了，但一种对公司管理层的仇恨运动却已经被发动起来。单位的一些员工——特别是理查德朋友圈子里的人——感到他在遭到解雇之前并没有得到过足够的警告，于是他们也开始抱怨，不再相信老板或公司。在接下来充满抱怨的几周时间里，生产率显著下降，因为员工们花了太多的时间关起门来聚众议论——关

理查德的表现不能说是惊讶，而是勃然大怒，他叫喊道："你疯了，这家公司从来没有解雇过员工！"

于理查德的离开，关于事情是如何发生的，以及谁可能会是下一个。

我朋友花费了大约三个月的时间去恢复大家的心理平衡，使她的部门重新运转起来。

第二种解雇错误是这类事件的变形，它与缺乏坦诚精神以及对公平的误解有关。

假定你雇用了一名叫盖尔的员工，她不能完成自己的销售定额，而且因为某种原因，她的工作伙伴们感到实在不敢指望她。她影响了部门的业绩，还削弱了大家的士气。可是盖尔对所有的人都很友好，她也在尽自己最大的努力，她在这家公司已经有好些年了。每次当你试图告诉她，她的工作业绩有多么不好时，她却显得很愉快而且健忘，经常打断谈话，迫使你最后不得不收起自己的恶劣情绪，强装笑颜地结束交谈，只给她一个含糊的提醒：“工作时要多动点脑筋。”

然后，情况发展成了危机。盖尔真的把事情弄糟了，在盛怒之下，你宣布解雇她。她感到万分震惊，并开始提醒你，过去那些年里你给了她那么多正面的评价。你提出给她一笔解雇费，与她的实际表现相比，这样高的赔偿可以说是非常慷慨的了。

可是她却憎恨那样的遣散费。那是对她的侮辱，她说，并且愤怒起来。你同样怒火中烧，因为你不能相信她竟然会生气。你已经容忍了她这么长的时间，她应当感激涕零才对！接下来的事情你是知道的，当盖尔走到门外的时候，她经历了由震惊到愤怒，再到痛苦的可怕过程。

这也许还不是你最后一次听说盖尔。回想一下吧，不久之后你损失了一个有前途的雇员，或者失去了一个潜在的客户，他们都可能和盖尔见过面，因为她从离开后已经成了到处宣扬你们公司丑陋面目的“形象大使”。

每一位离开公司的雇员都会继续代表你的公司。

在接下来的5年、10年，或者20年时间里，他们可以继续说你的坏话，也可以赞扬你。最为极端的情形是，被解雇的人会公开表露他们的愤怒，而且有些人会成为所谓的“揭发者”。我说“所谓的”，是因为我曾看见许多公司被这样不公平地“曝光”。由于经理人没有把解雇的事情处理好，这些“揭发者”便四处为自己的遭遇进行报复。

> **每一位离开公司的雇员都会继续代表你的公司。他们可以继续说你的坏话，也可以赞扬你。**

现在来谈谈第三种错误，就是对解雇的处理来得太慢了，以至于产生了一种麻木不仁的“活死人效应”。公司里所有的人都知道某人要被解雇了，甚至包括当事者本人，可是老板却等了很长一段时间才采取行动。结果，办公室里出现极其尴尬的情况，甚至可能导致工作的瘫痪。

这样的情况我见得太多了，自己都记不起总共有多少次。不过有一回的印象非常深刻，那是在我担任事业部副总裁的时候，我参加过一次部门会议。

与会的大约有10个人，包括与我同级的一个人——史蒂夫，他的业绩一直以来都非常糟糕。在会议正式开始之前，每个人都已经感觉到，史蒂夫将会被宣布走人。在会议开始之后，他面临的处境就变得更糟糕了。

我们团队的上司披露了史蒂夫每个季度的工作结果，逐一批判，并且不允许史蒂夫开口进行辩解。史蒂夫简直是一无是处。会间休息时，大家四处乱转，尽可能不与史蒂夫碰面。没有人愿意正面遇到他。

不幸的是，公司用了将近一年的时间才让史蒂夫最后离开。每次部门会议上，他都表现得自信心全无，令我们大家都觉得痛苦。你可以想象，史蒂夫自己的部下一定也都没有心思关注业务了，因为他们也看见了头儿的糟糕表现，正在焦躁不安地等待那个将替代他的人。

当然，问题在于老板为什么能允许这样的事情继续发生呢？一个原因是解雇别人是件非常困难的工作，没有人愿意做这种事，因此事情常常被耽搁了。另外一个原因则更加微妙。老板把表现不好的雇员放到进退两难的位置上，是因为他们希望让周围的同事都看到——而且赞成——解雇决定的必要性。尽管这样的行为比较残酷，然而大多数老板却希望借此来证明自己的谨慎，而不是迫不及待。

理查德、盖尔和史蒂夫都是解雇时发生错误的典型案例。那么怎样才能使这件事处理得当呢？

第一，不要制造大的意外。

给员工们提供许多财经方面的信息，可以使他们在经济波动导致的裁员之前有所准备。但是在处理这种模糊的业绩不佳导致的解雇时，又该如何避免让员工惊讶呢？

实际上，我们已经在此前的各章中涉及了这个问题，比如在关于坦诚精神、区别考评制度和有效的人员管理的章节里。答案在于建立一套严格的业绩评价体系。原因非常简单，一个好的业绩评价方法能够给员工提供正确的信息，让他们提前做准备——这是我所知道的最开放、最公平的办法。

假如员工都明白自己所处的位置，解雇的事情就永远不会发生。也就是说，如果业绩始终没有办法得到改进，大家最后会达成一个分手的共识。

在这种环境当中，有的雇员做得不错，但还是没有完全达到你的期望，接下来可能有几年的时间尝试改进，如果不行，大家也都会清楚最后的结果。在那段时间里，老板与部下之间应该有许多坦诚的对话，就业绩改进和职业发展进行探讨，甚至解雇的问题也可以被提出来，彼此不加掩饰地进行讨论。

理想的情况下，最终的谈话将会像这样：

老板：好的，我想你也明白这次会议我们要谈论什么内容。

雇员：是啊，我感觉也是。那么，在时间安排上你有什么想法，待遇是什么样呢？

此外，按照这样的方式运转下去，有时你会更加幸运，被解聘的雇员将第一个支持你。

雇员：有人给我提供了一个不错的职位，我也想迎接挑战。你认为怎样?

老板：这是一次很不错的职业机会，我认为你应当接受。

这样的分手基本上不会产生冲突，大家也绝不会感到有什么意外。

像理查德、盖尔和史蒂夫这样的例子，恐怕不可能完全避免，但如果我们坚持了坦诚精神和业绩评价，那些不愉快的情况将越来越少。

第二，将耻辱感减到最小。

要想在解雇过程中减轻令人窘迫的感受，首先应当了解一下人们在经历这种事情时的情感变化。

对老板而言，相关的感受在采取实际行动很久以前就开始了。在为解雇工作做准备期间，你会感到不安、失意和苦恼。

除了十足愚蠢的傻瓜以外，任何人都会对整件事情感到惧怕，特别是害怕最后面对面的谈话。几个星期以来，你连续失眠，不停地设想最后的情形。你对自己的家人或者最好的朋友倾诉，希望他们能够帮助你鼓起勇气。

同时，你的雇员也会感到恐惧。但以我的经验来看，他们通常直到最后一刻依然会抱有侥幸心理。拒绝承认现实会是他们主要的情感。

大多数人最后仍旧抱着一线希望，但愿这不是那个日子，同时又夹杂着撕心裂肺般的担心。

然而，那一天最终到来了，你坐到了桌前。

你通报了那个坏消息，突然间感到轻松了，忧虑的情绪已经过去。事情结束了，你会想，我处理得很仁慈，我说了许多好话，补偿金是公正的。终于，我能够去做其他的工作了，还要赶快招聘一个不错的人来填补空缺的职位。在回家的路上，你感到那个可怕的负担终于从肩上卸下来了，那天的晚饭也会是很久以来吃起来最香的。

是的，那位员工的业绩非常糟糕。但是直到他离开之前，你一定要竭尽所能，不要让他产生被周围的群体排斥的感觉。

不过，委婉地说，被你解聘的员工却处在另外一个情感地带。

即使你的员工得到过坦诚的考评，对现在的结果有充分准备，他还是会被最后的通知打垮——他的自尊心会受到重创。如果每件事你都处理得当，他不会感到特别吃惊，但他仍旧会感到十分难过和受伤害。

第二天上班以后，你必须做些违背你本能的事情。是的，那位员工的业绩非常糟糕。是的，你在他的身上已经花费了过多的时间和精力。

但是直到他离开之前，你一定要竭尽所能，不要让他产生被周围的群体排斥的感觉。要帮助他重新树立自信心，指导他，让他知道其他地方有更好的机会在等着他，他的技能能够在那里得到更好的发挥。

你甚至可以帮助他找到那样的工作。要把被解雇人员的软着陆当成自己的目标。

有的解雇一小时之内就可以完成，但某些人的离职过程却要花上半年的时间。如果避免了匆忙行事，就可以省去许多痛苦，保护许多人的自信心。

令人遗憾的现实是，解聘员工是商业生活中的一个组成部分。这样的事情通常是令人痛苦的，但也不是必然如此。如果你处理得当，虽然它绝不会让人感到愉快，但是对所有的当事人来说至少还可以接受。

解雇会造成很长时间的后续影响——对你和你的公司，特别是那些遭到解雇的人。

显然，如果公司的财务状况非常危急，那你必须大刀阔斧地进行裁员，不可能太过小心谨慎。如果有人做出了违背正直品行的事情，那你必须把他踢到公司门外，越快越好。但是在其他情况下，解聘的理由相对来说是比较模糊的。请记住，每当遇到解聘的情形，你都要认真把握整个过程。

到了让某个人离去的时候，把一切都处理妥当，不要给人意外，不要给人羞耻感。

第9章

变革

即使是大山也要去撼动

我相信，一提到“变革”，很多人就感到坐立不安、呼吸急促。那是因为十多年以来，这个话题已经造就了一个咨询产业，它所有的卖点仿佛都是这样一句话：要么变革，要么灭亡。

然而……事实的确如此。

变革是商业生活中一个绝对关键的部分。你确实需要变革，而且最好是在不得不变革之前进行。

你所听到的关于变革的阻力也是真实存在的。

当老板宣布发起变革之后，大家都很厌恶。他们跑回自己的格子间，疯狂地互相发送电子邮件，诉说这个运动将要毁灭一切的理由。

坦白地说，大多数人厌恶变革的原因在于，他们发现某种自己心爱的东西将会消失。伦敦的《泰晤士报》版式变得活泼之后，那里的编辑告诉我，他收到一封读者来信，质问他，作为西方文明的终结者，感觉怎么样。

人们喜爱熟悉感和程式，养成了依赖性。这种现象完全是根深蒂固的，只能归结于人类的本性。

但是，把一种行为归结为人性，并不等于你一定会被它所控制。是的，要想成功地实现变革，有时会让人感觉像要撼动大山。不过，推动变革也能带来意想不到的振奋和奖励，特别是在你开始看到结果之后。

在GE工作的那些年，我们总是处在连续不断的变革状态中。今天的大多数公司也同样如此。如果你想在商业游戏中继续玩下去，想要“赢”，就必须拥抱变革。

也就是说，我认为变革不是一种过渡状态。在我参加的各种讨论会上，人们对于变革的关注程度令人印象深刻，他们经常问我：“我的公司必须进行变革。但如果每个人都希望周围的一切照旧，我又怎样才能让他们投入到变革之中呢？”提问的人通常都带有一定程度的失望情绪。

通常，我的第一反应是反问。“你们真的是自己组织里唯一认为需要变革的人吗？”我问道，“如果是，而你们自己又不具有某种权威，那就把自己的议案提出来。如果你的建议没有得到任何响应，那就要么接受现实，要么离开。”

但是，如果情况不是那么极端，而是你有权力推进一些事情，同时还有少数支持自己的人，那你就可以有所作为。

接下来，你需要遵照以下4条准则：

1. 在每一次发动变革时，确立一个清晰的目的或指标。为变革而变革的做法是愚蠢的，只会产生消极影响。
2. 招募和提拔忠诚的追随者，以及能适应变革的人。
3. 清理并剔除反对者，即使他们有不错的业绩也在所不惜。
4. 利用意外的机会。

如果公司的领导者能满怀激情地执行这些准则，给每个全力支持的人提供奖励，那么对变革的任何干扰最终都会消失。变革会成为人们日常工作的一部分，成为规范，到那个时候，大山就会移动。

我见证过这样的事情发生，它并没有地球爆炸那样可怕。

下面我将对这4条准则进行更详细的描述。

准则1 在每一次发动变革时，确立一个清晰的目的或指标。为变革而变革的做法是愚蠢的，只会产生消极影响。

如果公司完全把变革当成宣传游戏，追赶每一种新出现的管理时尚，那会是一种灾难，是变革过度！有些大公司在变革时，会同时启动10种不同的改革计划，有8个不同的努力方向。这种蜻蜓点水似的变革永远不会带来任何有意义的结果，只会让大多数雇员在工作时感到非常忙乱和无序。

事实上，变革应当是一个相对有序的过程。

要想这样，人们就必须明白——记在脑中，挂在心上——为什么变革是必要的，变革会把他们带向何方。

当然，在问题明显暴露的时候，这是比较容易实现的，比如天下大乱的时候，又如收入大幅度减少，竞争对手降价20%，一种新的产品出现了并从根本上威胁着你的市场地位。如果有媒体撰写了关于你们企业的文章，预言你们即将崩溃，变革的推动也要变得容易许多——也许这是你唯一一次对那家讨厌的媒体产生好感的时刻！许多著名大公司成功的变革都有过类似的经历，例如通用汽车、IBM和施乐等。

当全世界都知道你面临的问题时，支持你的力量将占主导地位。

但有时候，变革所需要的并不是天马行空的奇思异想。

竞争的威胁似乎才仅仅露出一点苗头，危险或许并不真实……或许是在敲响你的公司走向灭亡的丧钟。你并不知道答案——尽管如此，你却不得不有所反应。

在这样的情况下，你最需要获得的武器，便是证明变革必要性的大量数据，以及与其他人的充分交流。

例如，在20世纪70年代末，GE的家电设备业务就面临这种情况。在那些年，家电和照明设备是公司的支柱——我的前两任董事长和几名副董事长都是从这些业务领域出来的。该业务的每个人也都确信，GE是家电设备行业的领导者，而且可以永远保持自己的地位。

1978 年，我被任命为消费品事业部的负责人，我发现家电设备业务的市场份额已经连续滑坡了好几年，利润减少得更快。在我这样的局外人看来，这种状况令人惊恐，同电视机和汽车行业的情况非常相似：日本企业提供了大批高质量、低成本的产品，疯狂抢占市场，臃肿的美国公司却只能袖手旁观。

在肯塔基州路易斯维尔的总部，我把自己的意见向该业务部门的经理们做了宣讲。这个地方聚集了很多“优秀的老家伙”，自然也有庞大的管理费用，以及繁杂的官僚机构。通过一张张图表，我给他们举例说明设备行业日渐衰弱的形势。然而，委婉点说，我的观点在初期应者寥寥。一开始的时候，我完全需要依靠强制手段才能推动成本削减计划的实施。

我立刻遭到了两种抵制，这在任何成本削减计划中都是非常常见的。

一种是：“我们已经减了脂肪，你现在是在叫我们减骨头。”

另一种是：“竞争对手发疯了，他们完全是在白送自己的产品。等着瞧吧，他们不可能坚持下去的。”

幸运的是，这项业务的领头人——一位“优秀的老家伙”——是个名叫迪克 · 多尼根的人。我曾经考虑过要撤换他，可他看到了我的变革计划的意义，开始为我提供帮助，并且成为整个设备业务中的变革拥护者。他的领导才能对于稳定局势起到了至关重要的作用。他在这个业务部度过了自己的整个职业生涯，因此非常了解员工队伍的情况。在两年多的时间里，他组建了一支拥护自己的团队，清除了诽谤阻拦的人——差不多有好几百人。

最终，我们的设备业务经历了激烈的变革——我们也不得不这样做。在 1978 年，我的变革运动刚刚发起的时候，问题还不是很明显。甚至在以后的几年时间里，变革的意义也并不特别清晰。实际上，日本从来没有在美国出售过大型的设备产品。而且也只是到了 2000 年前后，美国市场才遭受了中国和韩国厂商的冲击。

如果公司以前发动过多次变革，雇员们就会把你当成是汽油过敏了。他们认为用不了多长时间，你的症状就会自然消失。

然而，美国国内市场的严酷竞争已经足以说明变革的必要性了。

你只需要看看电冰箱的价格变化，就能明白我们的设备业务为什么还要继续降低成本，而且仍然没有减到自己的“骨头”。这个行业今天的特点就是持续不断地提高生产力、适时地创新，以及需要一个视变革为常态的团队。

从设备部门的事件中我们能得出一个教训，那就是在推动变革之初，你可能并没有掌握支持自己行动的全部信息。但不管怎样，你必须采取行动，把自己所知道、所担心的事情都大胆讲出来。

随着公司规模的扩大，就变革的议题展开交流也会变得更为复杂。假如你是一家只有 200 人的机床制造公司的老板，你可以在某一天上班后召开一次会议，在会上宣布：“好了，弟兄们，我处理完外边的销售工作刚回来，你们猜猜是什么情况。我们面临着何其残酷的竞争，一家匈牙利的新公司突然出现了。我们周围的一切都不得不进行变革。”但是，对于一家拥有数十万名员工，在多个国家从事多种业务的大公司来说，推动变革则是一件完全不同的事情。

在大公司里，对变革的呼吁通常会遇到虚伪的笑脸。对于你的计划，大家都点头同意，愉快地答应将提供全部所需数据，仿佛变革就将成为必然。然后，大家回到自己的岗位上，一如既往地做着以前的事情。如果公司以前发动过多次变革，雇员们就会把你当成是汽油过敏了。他们认为用不了多长时间，你的症状就会自然消失。

这种普遍的怀疑态度说明，任何领导变革的人必须远离空洞的口号，立足于切实的、有说服力的行动。

随着时间的推移人们自然会明白变革的道理。

准则 2 招募和提拔忠诚的追随者，以及能适应变革的人。

公司的每一个人都会声称他们希望变革，因为在今天这个时代，不这样说等于职业生涯上的自杀。实际上，大家在履历中把自己描述成一个“变革者”的情况已经是相当普遍的了。

这是有些荒谬的。以我的估计，在全部商业人士中，真正的变革者不到总数的 10%。他们才是变革真正的拥护者和忠实的追随者，他们知道应该如何发起变革，并且热爱整个革新的过程。

在全部商业人士中，真正的变革者不到总数的10%。

绝大多数人——大约占70%~80%，甚至更多——不可能领导变革，但是一旦他们认识到变革是必然的之后，他们就会说："我准备好了，开始吧。"

剩下的则是反对者。

要发动变革，公司必须积极地招募和提拔变革的忠实跟随者。可是，既然每个人都声称自己欢迎变革，你怎么分辨真伪呢？幸运的是，真正的变革者常常能自己浮现出来。

他们通常的特征是傲慢、精力过剩，对将来有一点妄想狂的样子。他们常常会主动发起变革，或者要求领导变革。他们总是充满好奇心，喜欢向前看。他们提出大量的问题，张口就说："为什么我们不……？"

这些人富有勇气——有点无知者无畏的天真。他们有某种内在的东西，能使变革得以顺利地进行，而不需要为自己编织安全网。如果失败了，他们也清楚自己能够爬起来，掸去满身尘土，继续前进。在风险面前，他们能屹立不动，这使得他们能够在缺乏足够资料的时候敢于做出冒险的决定。

上面的叙述让我马上想起了橡树山资产管理公司（Oak Hill）的一位主要合伙人——丹尼斯·内登，我认识他已经有20多年了。1977年，刚从康涅狄格大学毕业，丹尼斯就加入了GE资本公司（GE Capital），到1989年已经成为公司的副主管，他协助加里·温特把公司发展壮大，净收益从开始的几亿美元扩大到了

2000年的50多亿美元。最能描述丹尼斯的词就是热情、绝顶精明，以及对发展的狂热期盼。对于任何一个日常业务或者操作流程，他都能够去分析、组合和改进。事实上，丹尼斯总是把事情的现状视为错乱的、需要改进的。通过这样的视角，他把自己负责的上百起资产运作交易提高到了空前的业绩水平。他总是给员工一种超越自我的提醒，不但要明白自己的现状，还要明白自己将来的前途。

现在的丹尼斯与绝大多数变革者一样，总是能让周围的所有人更勤勉地运转起来。他频繁地向别人发问，推动大家前进，永不停息。在这个过程中，有些人会感受到威胁或者感到恐惧。但是丹尼斯并不属于那种只要过得去就息事宁人的类型——成功的变革者很少如此。

下面要指出的一点是，要变革，你就需要在上层有忠实的支持者，在各个地方找到赞同者。我们来看看家得宝公司（Home Depot）的鲍勃·纳德利的例子。

从前的家得宝公司就像GE的设备业务部一样，大多数人会把变革的想法当成荒唐的事情。2000年12月，当鲍勃来到该公司的时候，从外表来看，它是非常完美的，而公司内部的每个人也为企业的利润水平和增长速度感到高兴。公司的创始人从一无所有起步，做出了不凡的业绩，他们还慷慨地与数千名员工分享股票期权。20世纪90年代，公司的利润迅速增长，让全体员工增添了无穷的信心。

正在此时，却发生了两件严重却没有人愿意面对的事情。首先是在公司业务急剧膨胀的同时，内部的管理规范并没有建立起来——对于存货的跟踪、储存政策的制定以及指导采购的方针等——这已经对公司继续保持自己的竞争力造成了挑战。

其次，家得宝公司的主要竞争对手卢氏公司（Lowe's）正紧追不舍，它的商店更加现代化，服务也更为细致。

鲍勃就任一个月以后，就开始大胆地提出这些问题，并引用了大量的数据作为佐证。但是，公司各个层面的人都不接受他的看法，不认为公司需要根本的变革。许多经历过以前的好日子的公司雇员公开怀念公司的创始人——在他们经营公司的时候，每个人都在迅速地致富。对这样的怀旧之情，谁又能够责备呢?

可是，现状必须有所改变。鲍勃知道，依靠自己所继承的领导团队，不能实现根本的变革。于是，他很快引入了自己的人——改革的忠实跟随者，并提拔了几位老员工——都是他认为能够接受变革的人。在新团队的支持下，他们给公司制定了完善的内部管理程序，使业务恢复了高速增长。鲍勃一开始并没有得到充分的支持，但是他给自己配备了出色的左膀右臂。

准则3 清理并剔除反对者，即使他们有不错的业绩也在所不惜。

推动变革将是实施过程中最困难的一个环节。在上一章里，我谈到过让员工离开公司是如何艰难，但尤其困难的是解雇那些并没有做错过什么事情，而且业绩相当不错的人。

但是，在任何一个组织中——正像GE设备业务部和家得宝公司的案例所揭示的那样——总是有那么一些人，不管你的理由有多么充分，他们就是不能接受变革。或者是因为他们的个性不能轻易接受变革，或者是因为他们对于以前的一切过于依赖，这些依赖包括感情上、理智上以及政治上的各个方面。他们认为，事情就是这个样子的，不可能再有什么更好的办法。

通常来说，必须请走这些人。

这样做也许显得非常无情，但是，如果你把反对者留在自己的组织中，那不会对任何人有好处。反对者会秘密地发动抗争活动，打击那些支持变革的人的士气。在一个与自己的愿景相冲突的公司里待下去，也会浪费他们的时间，因此，你应当鼓励他们离开，去寻找一个与他们志同道合的团队。

我们再来看一个不寻常的案例，是关于比尔·哈里森的故事，他是摩根大通银行的CEO。在领导自己的银行实行变革时，他曾要求一位德高望重的高级经理人离开公司。更令人瞩目的是，要求那位仁兄离开的时候，比尔自己的政治声望还处在低谷——那正是安然公司崩溃的时候。当时许多人都在猜测，对于银行给安然公司和其他有了大麻烦的公司提供的贷款，比尔是否应该承担个人责任。

那段时间，比尔组织了一次高级经理人培训，学习的重点是对新合并的摩根大通银行进行改造，建立更强的市场导向。对于该银行来说，这是一次重大的机构变革，它需要摆脱自己身上原来拥有的华尔街公司的个性。变革运动最大的反对者是负责银行主要业务的一名CEO，一位真正的明星人物。他留恋投资银行业长期以来养成的“独狼”文化，并发起了一场静悄悄的抵制斗争。

许多经理人不能痛下决断，而是继续留用反抗者，对他们的特殊技能或老资格做出了让步。不要这样！

于是，比尔请他离开。考虑到当时公司内外所面临的复杂局势，那可需要相当大的勇气。不过比尔明白，如果公司里有这样一位反对者及其同党挡道，那么整个银行的改造将不可能获得成功。他的判断是正确的。坦诚和公平的处理使这次人事变更实现了平稳过渡，比尔的变革计划也得以继续推行，取得了成功。在比尔的高级经理人培训计划实施两年之后，有关的调查显示，培训计划让经理人对于公司的发展方向有了更大的认同。与没有参加过培训的人相比，参加过培训的人员对公司发展目标的认同度高出了20%。

从管理的角度来看，比尔·哈里森这次所面对的清除反对者的工作是极其艰难的。但是，在很多情况远没有这样复杂的例子中，我却看见许多经理人不能痛下决断，而是继续留用反对者，对他们的特殊技能或老资格做出了让步。

不要这样！

随着时间的推移，反对者只会变得更加顽固，他们的支持者也会更难以改变。他们会成为变革的杀手，你需要及早地“斩草除根”。

准则 4 利用意外的机会。

大多数公司都会利用摆在眼前的机会。当竞争者失败的时候，它们就积极夺取对方的顾客；当一种新技术出现的时候，它们就进行投资，扩大生产线规模。

我们当然知道，没有哪个商人希望看到灾难的发生，但是灾难总会发生。

但是要塑造一个真正的变革型组织，你还需要学会利用自己的本能，寻找那些更冒险、更惊人、更不可预见的机会，对其做出评估，最大限度地加以利用。具备这种能力的人需要特殊的决断力以及特别的扩张欲望，但回报也可能是巨大的。

以 1997 年亚洲金融危机为例，货币交易商当然要充分利用这种可怕的事件，因为他们就是以专门利用变革为生的，但他们并不是唯一要这样做的人。在那场危机期间，GE 就成功地收购了估值偏低的泰国汽车贷款，其他一些公司则通过收购打折出售的房地产而发达起来。

日本的银行在 20 世纪 90 年代陷入危机，这给许多公司提供了以优惠的价格购买资产的机会；另外，他们有机会进入一个此前一直比较封闭的市场。例如，利普伍德控股公司（Ripplewood Holdings）、美国国际集团（AIG）、花旗集团和 GE 公司都大量参与了收购，他们敢于在当时可怕的环境中投下巨额赌注，但是许多权威人士都预言，日本经济将就此一蹶不振。结果，日本经济逐渐复苏了，那些下赌注的人成了大赢家。

破产是另一种可以提供各种机会的灾难。破产对雇员来说是悲惨的：工作丢了，退休金也消失得无影无踪。但是，在废墟中也有创造新工作和未来的机会。当安然公司崩溃的时候——那是一个真正悲剧性的商业事件——沃伦·巴菲特能够以非常优惠的价格收购它的管道运输业务，而GE也得到了其风力发电业务，价格同样很合算。对CEO让–马里·梅西耶、许多雇员和公司的股东来说，维旺迪公司（Vivendi）的崩溃是一场灾难，但是清算的结果使得埃德加·布朗夫曼以优惠的价格得到了重新进入音乐产业的机会，而GE公司则购买了大量的媒体资产。

我们当然知道，没有哪个商人希望看到灾难的发生，但是灾难总会发生。油价会发生波动，大厦会被地震毁坏，公司会破产，有的国家会封闭边境。在当今的世界上，恐怖袭击成了一个长期的威胁。而且即使恐怖主义最终被遏制——但不幸的是，还没有那么快——还是会出现将改变历史进程的选举和革命。

大多数公司都会好好利用摆在自己面前的机会。但有的公司有能力利用最糟糕的环境——那些“意外的机会”——而且它们也应当利用。例如，自“9·11”事件后，出现了一种全新的安保行业。当然，从你的内心来说，你宁可希望这样的行业不要继续存在。但是，如果你认识到变革意味着抓住每一个机会，那么就会有一些公司懂得从中获益，即使这些机会是由灾难而起。

有关变革的讨论太多了，很容易让人感到不知所措，陷入困惑。

可是有4条准则是需要遵循的：在每次变革时，都要制定清晰的目标；建立支持改革的团队；清除反对者；以及抓住每一个机会，包括那些源自其他人的不幸的机会。

在变革来临的时候，不要背太多包袱。

不需要这样。

第 10 章

危机管理

千万不可坐以待毙

人们经常把危机管理比喻为救火，这是不足为奇的。像一场四级警报的火灾一样，一场意外的灾难足以毁灭一个组织：员工们三五成群地在各个办公室秘密交谈；经理们则接二连三地召开秘密会议，讨论究竟发生了什么怪事；人们捶胸顿足，摇头叹气，他们被职位问题所困扰，来回地扳动手指。经常的情形是，人们陷入恐慌的情绪中，实际业务也陷于停顿。

听起来很耳熟，是吗？

请看，危机发生了。只要公司是由人组成的，就会有错误、争吵、怒火，就会有事故、偷窃、欺骗。冷酷的现实是，某些令人讨厌和不受欢迎的行为是不可避免的。

如果人们总是遵纪守法，就不会有警察机关、法院和监狱。

对领导们来说，危机常常是自己职场生涯中最痛苦、最令人烦恼的经历。

危机会让你过得忧心忡忡、彻夜难眠，在你内心深处泛起一阵悸动，这样的不安与工作中需要面对的其他挑战的感觉不同。

最主要的一点是，解决危机要求领导者有绝好的平衡能力。一方面，你要利用已经知道和掌握的一切来分析和解决危机，你必须花费自己的许多时间和精力来熄灭危机的火焰。同时，你必须在一个封闭的环境中来完成这些工作，并且在外面装出若无其事的样子。但很遗憾的一点是，许多领导者常常忽略了这个要求。因为你把精力都集中在化解危机上面，那可能波及整个组织，把大家都卷入愤怒、担心和业务瘫痪的旋涡中。

在摆脱那些糟糕透顶的危机状况的煎熬时，这种平衡的要求显得有些残忍。在危机的开始阶段，你并没有多少希望得到需要的信息，而寻找解决办法的进程也常常比你预想的要慢很多。另一方面，危机的结束也很少能做到绝对公平和正确，好人有时会感到受了伤害。但你终于能够轻松一些了，因为混乱的局面毕竟成了历史。

每次危机都是不一样的。一些完全是内部事件，可以立刻找到解决办法；另一些是被媒体关注的焦点事件，要利用各种法律手段。由于每次危机各有不同，因此很难总结出普遍适用的规则。

然而，在处理危机的时候，我建议你考虑以下“五种假设”。我自己在处理危机局面的时候就很好地利用了这些假设，包括牵涉到一名以色列空军将军的飞机引擎交易贿赂事件、我们公司与政府之间关于工时卡准确性的争执，以及涉及数百万美元虚报收入的基德公司丑闻。

这些假设算不上危机管理的行动公式，但是我希望它们能给你提供一个方向性的指导，让你从“天哪，不”的恐慌状态回到“是的，我们很好”的正常状态。

第一，假设问题本身要比表现出来的更糟糕。在危机的开始，经理们往往否认问题的存在，这将浪费大量的时间。你不要再犯这样的错误，而是要直接跨过否认这一关，形成这样的思维定式，那就是问题将比你所能想象的更严重、更混乱、更可怕。

第二，假设这个世界上并不存在秘密，每个人最终都会知道一切事情的真相。在危机的旋涡中，最普遍的一个倾向就是遏止，经理们疯狂地设法封锁消息流。其实，与其等其他人最后替你把事情抖出来，还不如迎难而上，自己把真相说清楚。

第三，假设你和自己的组织对危机的处理将被别人以最敌对的态度描述出来。在危机过程中，让你和你的组织表现出色可不是媒体的职责，而且他们也不会那样做。但你永远也不要介意媒体的说法，同时，你所在的组织也会表现出很苛刻的要求。对于这两种情况，处理的手段都是相似的，应该及早和经常地把自己的看法公布出来。

第四，假设在危机处理过程中，有关的人和事会产生变化。几乎没有哪次危机不是以付出血的代价而告终。真正的危机不会逐渐平息，而需要引入彻底的解决方案，对现有的秩序进行大修，或者建立新的秩序；并且经常要对人和职位进行重新安排。

第五，假设你的组织将从危机中挺过来，而且会因为经历了考验而变得更强大。在每次危机中，我们都收获了某些东西，这让我们成为一个更聪明、更有效的组织。这样的长远眼光可以让我们在饱受危机煎熬时缓和一下自己的感受。

寻求免疫

2004 年，在阿姆斯特丹，我们遇见了一位荷兰记者，她刚刚从一场两年的失忆中康复过来。她给我们叙述了失忆对她最糟糕的影响，并把它形容为免疫力的缺失。也就是说，她每次做错事情的时候，例如碰到了炽热的火炉，或者下雨的时候不带伞就外出，都仿佛是自己第一次做错一样。这使得她无法从自己的经历中学到任何东西。

我们碰面的时候，这位记者正在报道荷兰的食品零售商阿霍德（Ahold）公司所发生的严重的会计欺诈危机。在我们的交谈中，她问道，在麻烦过去之后，那家公司将会变成什么样子。

有过一次被炉子烫过的经历，她还会再犯吗？或者该公司的财务管理会得到比以前更严格的控制吗？

我提出，阿霍德公司在将来还可能犯其他错误，但是在很长很长时间之内，它应该不可能犯类似的会计管理的错误。

危机管理能建立一道保护层，你很少会经受两次同样的灾难。

在危机过后，许多公司会走向极端。它们会建立起规则和程序的堡垒，与曾经的仇敌进行斗争。或者用那个荷兰记者的比喻，它们会对击倒过自己的疾病产生一种免疫力——如同一个孩子不会得两次水痘一样。

因此，危机管理能建立一道保护层，你很少会经受两次同样的灾难。

也就是说，为了预防某些危机，你可以先发制人。

预防危机有三种主要的方法，大多数公司在前两种方法上面处理得不错。

第一种方法是严格控制——主要针对财务纪律和会计制度，辅以强大的内部和外部审计程序。企业中业务部门的管理人员应当遵从这样的要求，对审计人员的任何发现做出解释，并采取行动。

设法预防危机发生的第二种方法是采用良好的内部管理流程。比如，严格的人员招聘程序、坦诚的业绩考评以及全面的培训计划，使公司的各项政策都为大家所熟悉和理解。对于公司的行为准则、规定和监督办法，进行再多的培训都是可以的。

第三种方法较为罕见，而且适用范围更加严格，那就是正直的企业文化，是指诚实、透明、公平，以及严守准则和规章。在这种文化里，没有遮遮掩掩的默契和小动作，违反准则的人不会因“个人原因”离开公司，或者离职是为了“花更多的时间同家人待在一起”。他们会被公开地曝光——离职的原因要痛苦地呈现在每个员工眼前。或许公司的律师会提醒你不要说得过多，但只要你真正掌握了实情，你就应当不怕，大胆地公布是谁违反了准则以及违反的经过。把违反公司政策的人作为典型公布出来，将对组织的长远建设有极大的好处。

预防还不是一门完美的科学，但它是你抵御危机的第一道防线。不要依赖痛苦的经验来增强你的免疫力——除非不得已而为之。

公开的批评和处罚听起来或许显得很无情，但却是最好的引导方式。每当你的组织中有人以身试法——犯了违背正直品行的错误——至少会有好几个旁观者立即站出来，大声说：“开除他！”

预防还不是一门完美的科学，但它是你抵御危机的第一道防线。不要依赖痛苦的经验来增强你的免疫力——除非不得已而为之。

对危机的剖析

在讨论每一种假设之前，让我们简单地看一下，危机是怎样萌芽、发展以及结束的。

大多数时候，危机就隐藏在你身边。最初，会有人在咖啡店里拦住你，让你感到困惑地问“你听说了吗”之类的问题；或者你会收到电子邮件或信件，告诉你出现了可能“不合常规”的事情；或者你接到了一个从来没有想到过的人打来的电话。

就我的经历来看，最后一种情况发生在 1985 年。当时 GE 的首席律师打电话来说，政府正在对我们宾夕法尼亚弗吉谷（Valley Forge）工厂的工时卡的准确性进行调查。要知道，那是家为政府生产导弹弹头的工厂。

在那样的产业中，员工要把自己的时间分配在不同的项目上，可我自己没有在这样的行业工作过，更不要说有亲自填写工时卡的经历了。我所知道的只是，我们航空事业部的人就没有执行这个流程的麻烦，因为他们的工程师的全部收入仅仅包括公司支付的薪水。我的第一反应是相当镇定的：“嗯，请不断把最新消息通报我。”

我们的律师的确这样做了。但是在我反应过来之前，工时卡的事件爆发了。在我当上 CEO 之后的头两年中，这场事故耗费了许多员工的时间和精力。

有的时候，危机是由单一的事件引发的，像埃克森石油公司的油船在阿拉斯加海上断裂，导致数百万加仑的原油被倾泻入大海，或者强生公司突然发现羟苯基乙酰胺被患者滥用了。

但是，大多数危机并不是像炸弹那样突然爆发——而总是一点一点地暴露出来。我不知道默克公司（Merck）的“Vioxx”药品出现问题的细节，但是我愿意打赌，事情的苗头实际上在几年前就开始暴露了。当时可能是零星的案例，服用那种药物的患者出现了心脏问题。接下来，可能有一些科学家大致怀疑“Vioxx”与患者的不良反应有关，然后才是大规模的调查。从那以后，危机的局势大概才变得明朗起来，这已经是 2004 年秋天的事情了。

大多数时候，危机就是这样发展起来的——它们露出苗头，之后朝着解决的方向发展。像雪球从山上滚下来一样，危机会不断弹起来，蜿蜒前行，重量逐渐增加，速度加快，而且人们永远不能完全确定它会在哪里终止。

然而，你能够确定的是它终将停止下来。到达山脚的过程可能不是令人愉快的，但最终还是会结束，重新开始正常的生活。

直到另一场危机出现。

行动计划

现在我们来讨论当危机发生的时候需要记住的五种假设。

第一，假设问题本身要比表现出来的更糟糕。

不管你怎样希望和祈祷，极少有危机会是小打小闹，并且维持那种状态。绝大多数时候，它们都要比你接到第一个电话时所能想象的更为严重——而且会持续更长的时间，变得更难以控制。涉及的人员比你预想的更多，大批的律师会来探听消息，最为可怕的事情会被说出来、公布出来，比噩梦还要糟糕。

因此，在危机出现的早期要调整好自己的思想状态。在处理每一次危机时，都要假设自己的组织里发生了最坏的事情。而且同样重要的是，假设你自己需要完全对这种事情负责。换句话说，就是假定自己的公司发生了严重的危机，而你必须解决它。

当年我对于工时卡危机不冷不热的反应就是典型的失误，我没有认识到调整思想状态的重要性。由于对危机管理缺乏经验，我当时的假定是问题不可能有那么严重，因为在工时分配上出现错误对于当事人没有什么特别的个人好处。我想，或许是个别人在记录自己的工时卡时显得比较马马虎虎——那又怎么样呢？

这个“那又怎么样呢”来得正是时候。

当时，卡斯珀·温伯格刚刚被任命为美国国防部部长，他正在坚决贯彻里根总统提出的反对政府“欺骗、浪费以及滥用资源”的行动，充当了急先锋。报纸上登满了各种消息：许多公司卖给政府的铁锤一个价值 400 美元，马桶坐圈一个要价 1 000 美元等等。

我们公司就是下一个话题。

我们最终了解的情况是，在宾夕法尼亚那家工厂归档的数千份工时卡中，99.5% 都是正确填写的。问题并没有那么严重——0.5% 没有正确填写，属于小小的违规。但是，我们没有正面对待自己的过失，而是忙着想当然地自我辩护：绝大多数工时卡的填写是正确的，错误属于意外……总的来说，我们给政府提供了优惠的价格……对我们的攻击完全属于政治迫害。如果老练一些，我可能会说：“我们错了。我们会竭尽所能去纠正错误，保证类似的错误

我的意思并不是说，正确的危机处理方式就意味着你永远都应该把责任揽到自己头上。有时候，你可能是完全清白的，你需要通过斗争来为自己澄清。

以后不再发生。”

我的意思并不是说，正确的危机处理方式就意味着你永远都应该把责任揽到自己头上。有时候，你可能是完全清白的，你需要通过斗争来为自己澄清。1992年，一位从我们的钻石业务离开的前雇员成了告密者，他声称我们与戴比尔斯公司（De Beers）勾结，操纵了工业钻石市场的价格。我非常清楚他控告的当事人的人品，也知道这个告密者完全是个早该被清除的家伙，他只是由于对解聘决定不满而寻求报复。然而，我们还是先假定自己有罪，并进行了认真调查，核实了任何可能对我们不利的证据，结论是我们的人是无辜的。这样，我们向政府提交了所有的相关资料。到1994年，联邦法官推翻了政府此前做出的对我们不利的决定，我们赢得了大量的赔偿。

同样，这种“我们自己需要负责”的思想状态帮助我们赢得了另一场危机斗争的胜利。20世纪80年代末期，在我们肯塔基州路易斯维尔的设备部门那里，员工们开始听到别处传来的流言，说我们生产的许多电冰箱压缩机在出厂一两年后就需要返修，故障率最高的地区是美国南部气候温暖的各州。

几个月后，问题又扩散到了北部地区，我也开始介入这个问题的解决。

我立即召集了一支由公司各方面专家组成的特别行动小

组——包括公司研发部门的冶金专家和统计学家、飞机引擎部门在旋转部件方面有丰富经验的设计工程师，以及销售人员——他们研究过产品召回对消费者带来的影响。

在一个月的时间里，这支队伍每周碰一次面，每天还进行电话交流，审查新的数据，比较各种解决方法。三个月之后，事情变得非常清楚了，唯一的解决办法就是进行一次全国性的产品召回。我们需要为此冲销 5 亿美元的账目，《华尔街日报》也发表了对我们的技术能力质疑的不利言论。可是，及早地预见到问题的严重性，并且积极承担责任的态度，最终还是让我们获得了大多数消费者善意的理解。

关键在于，在危机浮现之初就不要畏缩。要做最坏的打算，并立刻行动起来。要假设这个严重的问题就在你自己手中，需要你自己想办法去解决。

第二，假设这个世界上并不存在秘密，每个人最终都会知道一切事情的真相。

在“人员管理”那一章讨论层级制度的恶劣影响时，我提到了孩子们玩的传话游戏。在游戏中，圆圈里的第一个人对第二个人悄悄说了一个秘密，第二个人传给第三个，依次传下去，直到最后一个人宣布他所听到的消息。不足为奇的是，最后的说法同原话将大相径庭。

在危机中也会上演这样的传话游戏。

> **在危机中，律师们将会告诉你要少说、不要再说什么话。这种建议不全是错的，但是不要把它当作至高无上的真理。**

你设法封锁的消息最终会泄露出去，而且在消息散播的时候，肯定会走样、扭曲和混淆不清。

唯一的解决办法就是你自己把问题揭露出来。如果你不这样做，那一定有人替你做，而且事情会变得更加糟糕。

现在，我知道你一定在想，“有些事情法律不允许我们说出来”。你是正确的。在危机中，律师们将会告诉你要少说、不要再说什么话。他们会警告你，不要影射任何人，因为他们是不是卷入了危机中还不清楚。

这种建议不全是错的，但是不要把它当作至高无上的真理。你应该劝说律师们，让自己能够尽可能多地把事情讲清楚，只要保证你所说的全部是事实，不要带有含糊的意思即可。

在商业生活中，主动把问题讲出来的案例有很多，而20世纪80年代强生公司处理那场羟苯基乙酰胺危机的做法则堪称经典。他们每天都举行新闻发布会，有时候甚至每天两次，给大家详细介绍调查的实际进展。他们开放了自己的包装工厂，愿意接受检查，并且在自己的调查过程和产品召回工作中，也邀请公众到现场给予监督。

另外，新闻业自身在这方面也是表率，他们在危机处理过程中主动揭露全部事实真相的例子并不罕见。1980年，《华盛顿邮报》详细连载了自己的一名记者珍妮特·库克，是怎样设法欺骗编辑、公众和普利策奖评审委员会的事情——她编造了一个吸食可卡因长达 8 年的人的令人毛骨悚然的故事。

《纽约时报》也是如此，它主动揭露了自己的记者杰森·布莱尔编造许多新闻故事的事情。报社指派自己最好的调查记者深入了解这件事情，他们的调查文章事无巨细地描写了丑闻的前因后果。报社对自己的业务和负责人提出了严肃而明确的挑战，当时的报道读起来就仿佛未经编辑的家庭电影故事那样吸引人。

最后，在这件事情的处理过程中，《纽约时报》用高度的透明度在一场信用危机中挽救了自己。报纸对杰森·布莱尔弄虚作假的事情说得越多，相信《纽约时报》的人也就越多——而不是越少。报纸详细分析了布莱尔的说谎行为如何逃避了内部的审查，让更多的人相信他们正在努力寻找解决方案，以确保从制度上防止类似的错误再度发生。

在任何危机处理中，道理都是同样的。你对问题本身、引起问题的原因和它的解决办法谈论得越公开，你就越能获得组织内外关注你的人的信任。

在危机过程中，信任是你实现转折最需要的东西。

> 第三，假设你和自己的组织对危机的处理将被别人以最敌对的态度描述出来。

在有的行业中，市场占有率是重要的竞争因素；在另一些行业中，决定性的因素是每年获得新的特许权的数量，是销售收入的增长率，或者顾客的满意度。

然而在新闻业，揭露帝国倒塌的内幕和没有穿衣服的国王才是吸引眼球最好的办法。人们说，这个行业的使命就是对所有形式的权威提出质疑。

当然，我是通过自己的亲身经历领教到这一点的！2002年，我自己办理离婚事务的过程就成了曝光的对象。围绕有关的话题，人们爆发了激烈的争论，媒体自然成了主要的战场。可是，这远不是我第一次感受到新闻的巨大压力了。

在我成为CEO后不久，公司进行了一次大规模的裁员。事后大家给我起了“中子杰克”的绰号，就是说，我像中子弹，不需要炸毁楼房就可以毁掉所有的生命。一年后，我又被评选为美国最顽固的老板之一，而且请相信我，那个称号里边所包含的意思绝不是指什么好事。在1994年的基德公司危机事件中，我又出现在《财富》杂志的封面，上面的大字标题是“杰克梦断华尔街”。文章的主要内容是，基德公司之所以犯下了严重的商业道德错误，完全是由于GE施加的强大财务压力。

公众的挑剔太可怕了——会让你愤怒不已。

可是，不管你认为自己有多清白，不管你认为自己的组织对麻烦的处理有多尽善尽美，都与舆论毫不相关。记者们所服务的就是这样一个行业，他们绝对不会站在你的立场上来讲这个故事，他们只会从自己的观点出发来报道。

这就是新闻业的运转方式。而且在平常的日子里，你也会很愉快地去阅读新闻记者提供的这些报道。

就我而言，在自己的职业生涯中，媒体对我的评价多数是正面的，而且应该说是过奖了。但是在危机的处理过程中，原来的好评都已经成为历史。你和你的组织将在极其负面的新闻报道中被描述出来，你都不会认识你自己了。

千万不要坐以待毙。

你也许想放弃，可是不能那样做。

如我们在上面的假设中所描述的那样，随着你面临的问题被全面曝光，你必须在别人进一步揭露自己之前率先站起来，澄清公司的立场。如果不这样做，别人就会认为你已经默认自己有罪。如果不能奋起反抗，为自己辩护，那就只有等待别人把你埋葬了。

当然，不是所有的组织危机都会暴露给公众。比如，一位中层的经理离开公司，并带走了他的团队成员，使得你需要重组相应的部门——那会造成巨大的混乱和沮丧；顾客服务出了大问题，你的服务遭到了投诉；一位遭到解雇的雇员愤怒地谴责高层管理者的歧视行为。对于这些事件，媒体可能没有太大的兴趣，但你的员工却很关注。

如果不这样做，别人就会认为你已经默认自己有罪。如果不能奋起反抗，为自己辩护，那就只有等待别人把你埋葬了。

此时，同样的准则仍然适用。

公开讨论出现的问题，把自己的立场讲清楚，向大家解释问题出现的原因和你将如何进行处理。

正像遭遇大规模的公开危机一样，永远不要忘记，这件事情需要有人来妥善处理。要确保自己在行动。

> 第四，假设在危机处理过程中，有关的人和事会产生变化。几乎没有哪次危机不是以付出血的代价而告终。

大多数危机都会以某种形式得到正式解决——包括财务、法律，或者其他方面的安排等。

然后就需要进行彻底清理，而清理就意味着变革。

通常情况下，首先要对有关的办事流程进行重新梳理。

例如在工时卡事件中，我们制定了一个“20.11”政策，把公司和政府之间的全部合同规范化了。这个政策制定得极为详细，要求我们在任何一个细节上不能再出现错误。我并不是一个官僚主义作风的支持者，但是处理工时卡事件却需要我们制定这样严格的流程。

然而，在有的时候仅仅整顿流程是不够的。我们曾经有一项执行了30多年的政策，内容是财务管理中有关不正当支付的规定——具体来说，是“20.4”政策——其目的是为了防止贿赂。虽然有这样的规定，我们在飞机引擎部门的一个地区销售经理还是越过了红线——1990年，他勾结了以色列空军的一位将军，把向以色列提供F-16军用飞机的引擎的重要合同给了GE。

这可不是一般的小动作。两个人设立了一个联名的瑞士银行账户，并且捏造了一个位于新泽西州的假承包商来掩盖他们的行径。

事情败露以后，全球媒体对此事的新闻报道持续了 19 个月之久，国会也进行了听证，我们这名雇员，赫伯特·斯坦德勒受到了刑事审判。最后，他进了监狱，我们则向政府支付了 6 900 万美元的罚款。

在这个案子中，问题并不是出在流程上面，而是现有的管理政策没有得到严格执行。当时，他们事业部的人并不清楚斯坦德勒在搞什么鬼，而且也没有其他任何人从这个阴谋中得到任何好处。但是，大家忽略了事前出现的报警信号，因此我们还是采取了严厉的惩罚措施，有 11 个人不得不辞职，6 个人被降职，还有 4 个人遭到了严厉的训斥。

危机呼唤变革。有时候，对工作流程进行适当的改进就足够了，但这经常都不足以解决根本问题。这也是因为，对于受到危机影响的人们以及其他观望者而言，公司里需要有人来对所发生的事故承担责任并受到处理。

这样的处理说起来是可怕的，但是如果没有人付出血的代价，那么一场危机就不会真正终结。这不是一件轻松、令人愉快的事情，可是很遗憾，如果没有这样的处理，公司的业务往往就不能继续前进。

第五，假设你的组织将从危机中挺过来，而且会因为经历了考验而变得更强大。

所有的危机，不管你再怎么讨厌它，都能够给人提供有益的教训。

从工时卡危机中，我们明白了如下的道理：当你同政府做生意的时候，绝对不能忽视有关的监管规定，哪怕需要制定许多错综复杂的官僚主义规则也在所不惜。要想同国家机构做生意，就必须付出那样的代价。

从电冰箱压缩机事件中，我们学会了在产品召回时要尽早下决心，这样做可以减少你的损失，并赢得消费者的好感。

从基德公司丑闻中，我们得到的教训是，永远不要收购一家与自己的企业文化不匹配的公司。

从飞机引擎行贿事件中，我们得知，如果经理人不持之以恒地贯彻执行，再好的政策也会过时，甚至消亡。

危机过去以后，人们总是有把它遗忘、束之高阁的想法。

不可如此。你应该尽最大的可能挖掘每一次危机的价值，并且一有机会就同别人分享它。

在这样做的时候，你就把抵抗疾病的疫苗传交给了大家。

危机总会出现。

在危机爆发的时候，事情的确会变得非常严重！那种感觉简直就像你的房子着火了，而你却不能逃出来一样难受。

听上去虽然可怕，但是在火焰的包围中，你却要清醒地记住，大火最终都会渐渐熄灭，而且是因为你的努力而平息。你将会面对问题中最糟的一面，但也会找到它的解决办法。在处理问题的同时，要想到明天即将来临。

那么，终有一天，你会看到明天已经到来了。烟尘将被清除，遭到破坏的部分将得到更换或修复。

你绝不会因为灾难的发生而感到高兴，但是蓦然回首，你将看见可能让自己感到吃惊的事情——周围的一切看上去比以前更美了。

第三部分 WINNING

如何赢得竞争

第 11 章

战略

奥秘都在“调料”里

退休后，我有好几次在演讲或商务讨论会上与这位或者那位“战略大师”相遇，也抱着怀疑的态度聆听了他们的发言。

问题并不是我不理解他们的理论，比如竞争优势、核心竞争力、虚拟商务、供应链、分解创新等，而是这些专家谈论战略的方式令我深感失望。在他们那里，战略仿佛是高深莫测的科学方法。

而我认为，战略不过是鲜活的、有呼吸的、完全动态的游戏而已。

它是有趣的、迅速的，是有生命力的。

忘记那些所谓大师们所告诉你的战略方法吧，因为那只是烦琐而费力的数据堆砌。忘记所谓情景规划、冗长的研究过程和厚达上百页的报告吧，它们徒费人们的时间和精力，生产你并不真正需要的垃圾。

在真实的生活中，战略其实是非常直截了当的——你选准一个努力的方向，然后不顾一切地实现它罢了。

当然，理论可能是很有趣的，图表也可以做得很漂亮，一张张彩色的幻灯片，能让你以为自己出色地完成了任务。但是，你不能把战略搞得太复杂了，你考虑得越多，陷入数据和细节越深，你在真正做事的时候就越有可能捆住自己的手脚。

那不是制定战略，而是在受罪。

我并不是瞧不起所有的战略大师，他们所提出的概念好多都很有价值。

然而我对他们所宣扬的所谓科学的战略方法却不敢苟同。那些方法而今正在商学院的课堂上被讲授，被无数的咨询公司兜售，被太多的企业总部接受。

但那是没有效率的！如果你想赢，那么在涉及战略的时候，就要少点沉思，而敏于行动。

我并不是唯一持这种观点的人，在与世界各地成千上万的商业人士的交谈中，有关战略的话题其实少得屈指可数。其他任何话题——从如何管理一位临时工，到美元汇率对世界贸易的影响——被提及的次数都要多得多。

但显然，每个人都关心战略，你也无法忽视它。不过，我所认识的绝大多数经理人都像我一样看待它——简单地说，那就是一个行动纲领，需要根据市场波动的情况经常进行审视和修订。

如果你想赢，那么在涉及战略的时候，就要少点沉思，而敏于行动。

那只是一个重复的操作过程，并不像你原来相信的那样高深难懂或者生死攸关。

如果真是这样，那你或许会感到奇怪，我又能够在本章里就这个话题说些什么呢？

答案是，没有什么繁复的理论模型。

相反，我打算讲一讲制定战略的三个步骤。在我自己的职业生涯中，无论是在什么样的企业还是行业，也无论是在经济周期的高峰还是低谷，从墨西哥一直到日本，这套方法都运转得相当成功。谁知道呢？简洁或许就是成功的原因之一。

这些步骤是：

首先，为你的生意制订一个大方向上的规划——找到聪明、实用、快速、能够获得持续竞争优势的办法。要想完成这个基础规划，最好的办法是回答我为你准备的一系列问题，我把这些问题归结到“5 张幻灯片”上，每张归集了一类问题。完成这一步规划评估工作，可能要求那些懂行的人都参加，需要的时间从几天到一个月不等。

其次，把合适的人放到合适的位置上，以落实这个大的规划。此话说起来很轻松，其实不然。在实施计划的时候，你需要弄清楚，什么类型的人适合从事大众化的产业，什么类型的人适合从事高附加价值的产业。我并不喜欢戴有色眼镜看人，但必须承认，如果你的战略和员工的技能能够匹配起来，那可是件大好事。

最后，不断探索能实现你的规划的最佳实践经验。无论是在你自己的企业内，还是在企业外，都要学会去追寻它们，并且还要不断提高。如果你的企业是个学习型的组织，人们渴望每天都能把一切做得更好，那你的战略就能充分发挥其威力。员工们会从各个地方学到最好的技能，不断提高企业的效率水平。相反，即使你拥有世界上最好的规划，但如果没有这样的学习型企业文化，你也不能获得持久的竞争优势。

所以，战略不过是制订基本的规划，确立大致的方向，把合适的人放到合适的位置上，然后以不屈不挠的态度改进和执行而已。

我认为问题并不需要比这更复杂。

战略是什么？

在详细分析上述的三个步骤之前，我先一般性地谈谈战略。

当我退休的时候，GE 大约有 15 项主要业务，从涡轮机到信用卡，全公司聘用了超过 30 万名员工，是一家不折不扣的大型的、多样化经营的企业。但我总是说，我希望 GE 的经营能够像街边的小店一样，有够快的速度、灵活的反应和开放的沟通气氛。

其实，街边小店通常也有自己的战略。由于资源有限，他们必须把精力聚焦在一件事情上，而且要做得非常好。

例如，在波士顿我们的住家附近，就在查尔斯街的一两个街区以外，有两家小店，它们的收款机不停地运转，心满意足的顾客络绎不绝。其中一家是 Upper Crust 比萨店，占地很小，基本没做什么装修，嘈杂喧闹，自助式的纸盘子，可供选择的软饮料也很有限。顾客要么站着用餐，要么坐在一个很大的、长椅式的桌子旁用餐。店员的态度说不上粗鲁，但也不是特别负责。在你点餐的时候，或者在收款机那里，常常会遇到冷漠的回答："随你的便。"

可是，那里的比萨实在太好吃了！只需要描述一下那些酱汁，就足以令人陶醉，说起那里的面饼，也让人忘乎所以。看到门上贴出了"今日特色"的告示，投资银行家、艺术家和警察们都会从早上 11 点开始来排队，而且在整个午餐和晚餐时间，都始终有超过 20 人在列队等候。服务员的工作一刻不停，直到打烊。

在 Upper Crust，战略完全是围绕自己的产品展开的。

另外一家小店是 Gary 药店，它的面积只有纽约地铁车厢一半左右，而新装修的、大型的、24 小时营业的 CVS 药店就在咫尺之遥。但是不要紧，Gary 药店里虽然只有一条狭窄的走廊，堆放药品的架子一直堆到天花板上，却也同样生意兴隆。它提供的商品种类繁多，从感冒药到闹钟，甚至还有镊子、削笔刀。后台坐着一位风度翩翩的药剂师，而前面的角落里则放了许多介绍欧洲时尚的杂志。小店所销售的一切正好反映了周围居民成分的庞杂。每当有客人进门时，店员都能直呼其名，高兴地为他们提供各种建议，从维生素到足底按摩机。小店还提供即时送货上门服务，每月顾客进行一次对账结算即可。

在 Gary，战略完全是围绕自己的服务展开的。

看，除了资源配置以外，战略还有什么呢？当你屏蔽掉所有的

> **战略其实就是对如何开展竞争的问题做出清晰的选择。不管你的生意有多大，资金有多雄厚，你也不可能满足所有人的所有要求。**

噪声干扰之后，事情就是如此简单。战略其实就是对如何开展竞争的问题做出清晰的选择。不管你的生意有多大，资金有多雄厚，你也不可能满足所有人的所有要求。

那些小店知道，要想生存下去就得找到一个战略位置，在那里，他们可以战胜其他任何对手。其实，大公司也面临着同样的挑战。

1981 年，我成为 GE 的 CEO，随后发起了一项声势浩大的运动，“我们要在每个业务领域都成为数一数二的领导者，要调整、出售甚至关闭现有的业务”。当然有人说这是我们的战略，但它并不是。那只是溢美之词而已，所描述的事情不过是我们打算如何继续前进。我们不会再像过去那样，继续留在没有竞争力的行业中。争取成为行业领导者的运动，不过是一种宣传工具，它的目的就是改善我们的多样化经营，而且也确实发挥了效用。

我们的战略其实是有更加明确的方向，即 GE 将要逐渐放弃那些已经成为大众化行业的领域，而更多转向创造高价值的技术性产品，或者是转向销售服务而不是实物的行业。作为战略行动的一部分，我们需要大规模地提升自己的人力资源——人才——并空前地关注其培训和发展。

这样的战略抉择是在 20 世纪 70 年代做出的，当时我们遭受了来自日本企业的沉重打击。在电视机、空调机等行业，我们在传统上保持着合理的利润率，可是日本人迅速地使其走向了大众化。在失利之后，我们疲于招架。我们的质量、成本和服务——大众化行业的主要武器——在他们的产品创新和价格攻势面前已经不堪一击。每天的工作都变成了延续的痛苦。尽管我们的生产力还在提高，不断有发明创新推出，可利润还是锐减——东芝、日立、松下这样的竞争者从来没有心慈手软。

然而，看到 GE 资本公司在 70 年代末的表现之后，我感到震惊与欣慰。在金融服务行业赚钱是多么容易，特别是与 GE 报表中的其他行业相比而言。那里并没有什么工会，也没有外国竞争，却有无数有意思的、创造性的方法，可以给顾客提供差别化的产品和服务。我还记得，看到我们的人开发出了新型的带私人标签的信用卡计划，以及在工业融资市场中找到一个又一个突破之后，自己是多么振奋。那些利润丰厚的项目虽然说不上唾手可得，但是也不遥远了。

如果大方向对头，又有一定的宽度，则战略并不需要经常改变。

成为 CEO 之后，我知道 GE 离那些大众化的行业越远越好，而靠创造高附加值的行业越近越好。因此，我们分离了电视机、小家电和空调业务，以及一家巨型的煤炭公司——犹他国际（Utah International）。我们也因此加大了对 GE 资本的投资；收购了 RCA 公司（美国无线电公司）——包括 NBC；把资源投入能源、医疗、飞机引擎和机车领域新技术产品的开发。

我们今天处在一个激烈变革的时代，那么 GE 为什么能在长达20多年的时间里坚持一个战略方向呢？答案在于，如果大方向正确，又有一定的宽度，则战略并不需要经常改变，特别是，还可以有新的项目补充进来。出于这个目的，多年以来，我们发动了四个运动来持续推动公司的总战略，那就是全球化、附加服务、六西格玛以及电子商务。

此外，我们的战略之所以有这样持久的生命力，最主要的还是因为它建立在如下两个牢不可破的原则上：大众化是糟糕的，人才决定一切。

实际上，我们采纳的所有关于资源配置的决定都是建立在以上的信念上。

诚然，有的企业善于在大众化的商业环境中取胜——戴尔电脑和沃尔玛公司就是这样的伟大案例，它们在成本、质量和服务等方面都掌握了主动权，从而在极端激烈的竞争中赢得了胜利。但那样的过程也是极其艰苦的，你不能犯任何错误。

我的建议是，当你思考战略的时候，要考虑反大众化的方向。要尽量创造与众不同的产品和服务，让顾客离不开你。把精力放在创新、技术、内部流程、附加服务等任何能使你与众不同的因素上面。如果走这条道路，你即使犯一些错误，也依然可能成功。

理论就是这些！

让战略切实可行

要制定切实可行的战略，第一步就是确定可以获得持久竞争优势的大方向——或者说，对如何去赢的课题，给出有洞察力的解答。要做到这一点，你就需要探讨我所说的那 5 组问题，沉浸其中，绞尽脑汁，最后给出自己的答案。

在做这项练习的时候，我还假定你已经预备了一个战略，不论你是把它写下来，还是只记在脑海里。

或者说，你有了一个战略，但并不知道它能否行得通。

接下来，我们来看那 5 张幻灯片，它们就是检测你战略可行性的办法。我们要探讨这个战略能否让你抵达目的地，如果不行，那又应该如何修补，甚至完全替换。

我坚信，这个问答的过程不应该规模庞大、自下而上。有人可能并不赞成，但我却以为，战略是 CEO、企业领导及其直接管辖的下属应该承担的工作。如果一家公司有着健康的企业文化，则领导者能够看到整个组织中相互依存的各个不同部分的情况。他们了解自己的员工，知道企业的创新源泉在哪里，也能够确认哪些业务蕴藏着最丰富的机会。还有，他们是按照战略的要求最终决定资源配置方向的人。如果战略的实施获得成功，他们将得到喝彩；如果失败，他们也要为此担负责任。

如果你有一个很出色的工作团队——坦率、精明、对事业充满激情、敢于提出不同意见——那么完成这样的功课将是一件很有趣而鼓舞人心的事情。如果集中力量去做，只需要花费几天到一个月的时间就足够了。接下来，就是行动的时刻了。

多年来，我常常会感到惊讶，因为从这样简单的闭门讨论中可能衍生出无数的热烈讨论。实际上，在同一间办公室里工作的人对于同样的竞争环境却往往有着完全不同的观点，这是屡见不鲜的。

承认自己所在的行业是真正的大众化行业，那种滋味的确让很多人感到痛苦。例如，不管我们花费了多么大的努力，还是几乎不可能让 GE 汽车业务部的人接受这样的现实。我参加了无数次会议，会上这些问题被提出来，然后，人们就投入多少资源去做研发和营销来使该产品保持特色的问题开始争吵不休。

这张幻灯片上的另外一个重要问题是关于市场的规模。太常见的情形是，人们总是喜欢自封为市场领导者，最后却往往限制了自己拓展市场的步伐。我在前面的案例中介绍过，GE 曾发起跻身每个行业前两名的运动，这个计划在不经意间也发挥了消极的作用。十多年以后，我们突然认识到，各个部门的主管对于自己市场的定义越来越狭窄，以使他们所占据的份额显得很大。

我们立刻提出了改正意见，各个业务部门都必须这样来定义自己的市场——他们在任何市场中所占的份额都不能超过 10%。在这个限定下，人们就必须找到新的增长思路，而发展的机会也就突然变得无处不在了。

在那些讨论会上，我是这样谈论市场定义的：既然我常常是坐在椅子上，那我就要听众们把自己想象为椅子制造商；他们可以把自己的市场定义为我通常坐的那种椅子——有弯曲的金属扶手、蓝色的布料和活动自如的轮子，也可以定义为所有类型的椅子；但是，他们最好还是把自己的市场定义为所有种类的家具。看看吧，这些定义的区别会导致市场份额出现多大的差异，以及给战略带来多大的影响！

就是这样的讨论，显示出第一张幻灯片的意义之所在。一场内容丰富、题材广泛的讨论，把每个人的解答都放到一起——最终的目标就是确定前进的大方向。

幻灯片 2

最近的竞争形势如何？

◎过去一年里，各个竞争对手都有哪些可能改变市场格局的举动？

◎是否有人引进了可以改变游戏局面的新产品、新技术或者新的销售渠道？

◎是否出现了新的进入者，它在去年的业绩如何？

这些问题让我们回到现实生活中。竞争对手 A 挖走了你最重要的销售人员，而 B 则引进了两种新产品，C 和 D 合并了，正面临各种整合问题。有些信息可以从对第一张幻灯片提出的问题的讨论中得出来，但现在要做的则是深入分析每个竞争对手的动向。

对他们的研究要做到细致入微——甚至要知道每个对手在早餐时吃些什么。

幻灯片 3

你的近况如何？

◎过去一年，你的表现对市场竞争格局有何影响？

◎你是否收购了企业，引进了新产品，挖走了对手的主要销售人员，或者从某家创新企业得到了一项新技术的特许权？

◎你是否失去了过去的某些竞争优势——一位杰出的销售经理，一种特殊产品，或者一项专有技术?

这张幻灯片有一个最重要的作用：如果有人正在赶超你，那他正好给了你很好的提醒。很简单，把幻灯片 2 和幻灯片 3 对比一下，你就会明白自己是在领导市场还是需要奋起直追。

有时，这两张幻灯片会告诉你，竞争对手做到的事情比你多多了，你最好要找出背后的原因。

另外，从这两张幻灯片的对比中，你可以清晰地看到自己的企业所面临的竞争形势。

以 GE 公司的医疗部门在 1976 年的故事为例。20 世纪 70 年代早期，英国的 EMI 公司发明了 CT 扫描仪，这让传统的 X 光机制造商——西门子、飞利浦、Picker 和我们——陷入了激烈的医疗仪器大战中。很快，所有的厂商都宣布制造出了价格在百万美元级别的扫描仪，相互之间的时间差大约在 6 个月。而且，每家公司都声称，自己生产的仪器的扫描速度比以前的机型要快上 30 秒钟。其实，大家都对这种情况很不满意，CT 扫描仪的生产商们激烈竞争，而我们的顾客——各家医院——也感到异常困惑，他们花费了巨额的资金去购买的新技术，不到一年的光景就可能过时。

看到这种情形，我们医疗部门的总裁沃尔特 · 罗布和他的团队想出了一个天才的主意。那就是，GE 应该集中力量开发一种不同的扫描仪，它可以不断进行硬件和软件的升级，每年的花费不超过 10 万美元。这样，我们在推销机器的时候就可以说："如果您购买我们的 Continuum 系列机器，那我们将不断提供升级服务，使您的技术没有过时的风险，而需要花费的钱不过是购买新机器的零头。"

Continuum 系列机器的概念彻底改变了竞争规则，让我们坐到了该行业老大的位子上，并维持几十年之久。

关键的一点在于，幻灯片 2 和幻灯片 3 是相互配合的，它们能把一切静态的东西剔除出去，让你为以后的问题做好充分的准备。

幻灯片 4

有哪些潜在的变量？

◎在下一年，你最担心什么——竞争对手有没有可能做出什么事情，把你封杀出局？

◎你的对手可能推出什么样的新产品和新技术，甚至改变游戏规则？

◎会不会发生针对你的兼并收购？

这些问题有可能是绝大多数人容易忽略的，或者他们没有给予它们应有的重视。

在回答这些问题时，大多数人会低估对手的力量和潜能。他们暗含的假设经常是，竞争对手的表现还是会像幻灯片 1 中那样——而且以后也永远不会改变。

例如在 20 世纪 90 年代，GE 飞机引擎产业的工程师就曾以为，他们已经为波音 777 飞机设计出了完美的引擎——GE90，这种新设计的机器能产生高达 9 万磅的推力，这让我们耗费了 10 亿美元。但有一个前提，那就是我们假设普惠公司（Pratt & Whitney）将无力开发新的引擎，也不能对他们现有的引擎进行改进，以实现那样高的推力水平。

我们完全错了。

普惠公司只花费了 2 亿美元的开发费用，就让他们现有的引擎产生了 9 万磅的推力。由于他们的成本更低，所以我们销售 GE90 时的报价就不得不低于计划水平。我们低估了对手，是因为我们自以为知道所有的技术答案。

这个故事有个幸运的结局。几年之后，波音公司开发了远程的 777 新系列机型，它要求 11.5 万磅的推力。由于 GE90 是最新的设计，所以能够加以改进，满足波音的要求。这样，我们最后成了波音公司唯一的供应商。但由于早期的失误，我们还是经历了几年痛苦的利润微薄的岁月。

要想找到正确的战略，你必须假定对手都是非常出色的，或者至少与你自己同样出色。他们的动作也非常快，甚至更快。

在预测未来的时候，再极端的偏执想法都不过分。

幻灯片 5

你有什么胜招?

◎你能做些什么来改变竞争格局——企业兼并、新产品，还是全球化?

◎怎样做才能让顾客保持黏性，比以前更忠实于你，比依赖别人更依赖你?

这是从分析跨越到行动的时刻。你要做出决定，是否推出新产品，实施并购，让销售量翻一番，或者投资建设新的生产线。实际上，当沃尔特·罗布及其团队下定决心，要把主要资源投入Continuum系列产品开发的时候就是如此。这个战略行动的成功，让GE的医疗部门获得了多年以来长期忠实于我们的顾客。

在完成这张幻灯片上的问题之后，你的战略将变得非常清晰、有效。你的基本规划是可行的，或者需要做一些改变。即使你此前没有考虑过战略思路，这个练习过程也能帮助你制定出战略。

无论如何，你已经起步了。

找对人

下面的情况很常见：经理人就公司的竞争环境和方向开了为期数月的会议，并把问题集中到了几个方面；随后成立了委员会和小组，做了问卷调查，有时还聘请了外面的咨询专家；接着，公司的领导者大张旗鼓地宣布，将启动一项全新的战略。

但是，战略却停留在纸面上。

任何战略，不管有多么精明，都是死的。只有公司的员工才能把它激活——合适的员工。

忘掉演说吧，那不过是空气的震动。组织都知道，哪些人是重要的，只有让这些重要的人去领导新的战略，计划才能得以实施。

请大家来看看 GE 动力系统公司所发生的一件事。当时，我们宣布要把业务重点集中于产品服务。结果，该部门所有的工程师都在观望，看此事到底进展如何。要说起来，这些人当初之所以加入 GE，主要是因为他们希望建造体积最大、功率最大、最能适应环境的涡轮机。突然之间，别人告诉他们，那些为他们的“杰作”提供服务的人将成为舞台上的明星。

他们在想，那些所谓的服务人员不是成天搬汽油罐的人吗？

尽管他们都仔细听完了演讲，却并没有当真。产品服务在现存的体制中被湮没了，因而发生这种情况并不令人奇怪。

我们的对策是什么呢？我们最终请来了里克 · 阿蒂加斯博士，他原来是机车部门的总工程师，我们让他负责一个新组建的独立的 P & L 部门，专门承担动力系统公司的产品服务业务。那是个真正的信号——里克是一位深受尊敬的业内人士。在新的岗位上，他没有费太多的力气就招来了动力系统领域最好的工程师，让他们为涡轮机的升级服务设计复杂的软件程序。

这样，我们的服务战略上路了。2005 年，里克的营业利润接近25亿美元，与他1997年接管时的部门总销售额相当。

正确地执行战略还意味着让人和工作匹配起来——这种匹配取决于所在行业在商品类型集里面的位置。

正确地执行战略还意味着让人和工作匹配起来——这种匹配取决于所在行业在商品类型集里面的位置。

不用说，你不能戴有色眼镜来看人。出色的人往往都是多面手，但尽管如此，我还是建议根据各人的能力和个性来用人——有的人在大众化行业做得更出色，而有的人则更适合高度个性化的产品和服务。

比如汽车发动机行业，就将变得前所未有的大众化。一些优秀的公司将制造所有的产品，而且都能保证良好的服务、质量和合理的成本。

适合在这个行业奋斗的人是勤奋、严谨、关注细节的。他们不是梦想家，而是团结的战斗队。

劳埃德·特罗特就是这样的典型，他在1970年加入GE，作为高强度石英照明部门的顾客服务工程师。在那之后的30年里，他的工作地点一直是在工厂。他做过领班、生产经理、工厂总监，在照明、电气设备和我们所有的电子产品的销售和控制部门中当过班。到1992年，当劳埃德成为该业务的CEO时，一走进停车场，他就能看出那个工厂的任务是不是饱满。再走两步，他就能告诉你有哪些地方可以改进。

当然，劳埃德也喜欢考虑战略方面的问题，但是他更喜欢执行。他在本质上与那些辛辛苦苦地揣摩细节的人一样，喜欢讨论的话题是如何从每个生产过程中把效率挤压出来。他还是执行纪律的大师，这也是他成为我们大众化行业领袖的重要原因。

另外还有一种完全不同类型的人，他们也极端地积极进取。有些事情说不上好坏，只是性质不同而已。以喷气式飞机的引擎为例，每种引擎都是很独特的、高技术工程创造的奇迹，它们要求花费数十亿美元的开发投入，以年为自己的生命周期单位。这类产品的客户也很单一，即永远都缺钱的航空公司，以及强大的飞机制造商——波音和空中客车公司。

多年来，引擎行业有自己独特的浪漫文化。那些被它吸引的人才并不是普通的商界人士——他们热爱任何有关飞行和飞机的想法。

布赖恩 · 罗就非常适合这种环境。

他是在英国的德哈维兰公司（DeHavilland Engines）作为学徒开始自己的职业生涯的。1957 年，布赖恩成为 GE 的工厂工程师。在参与了此后所有的引擎设计项目之后，他在 1979 年被任命为 GE 飞机引擎部门的领导。

布赖恩是个大块头、很合群的人——直率、执着、有理想。他无比热爱飞行，如果可能，他会在工作时戴上护目镜和头套。

但与劳埃德不同，他讨厌管理中的细节，讨论营业利润和现金流也会让他极不耐烦。当然，他也很有头脑和远见，能把握大方向，能把数十亿美元的投资正确地花在某个需要多年时间才能回收的项目上。还有，布赖恩的个性让他成为一个广受顾客欢迎的伟大销售员，他愿意与大家分享对每项技术革新的热情。

劳埃德和布赖恩对于各自所处的环境都是完美的——与他们的工作、商业环境和战略方向相匹配。诚然，世人并不总能这样走运。而且即使没有这样的绝配，战略依然可以执行下去。

不过，如果能够配对，结果要好得多。

最佳实践经验及其他

我曾听人说过，最佳实践经验算不上可以持续的竞争优势，因为它很容易被人模仿。这简直就是胡说。

的确，一旦有了最好的实践经验，每个人都有可能模仿。但是最后赢的公司要做两件事情：模仿，并且改进。

应该承认，模仿本身就很难。我记得有位软件公司的经理在一次会谈中哀叹："我手下的人连模仿都做得不好。他们或许并不愿意那样做，因为他们还是喜欢自己做事情的方式。"这种不愿意模仿他人的心态是常见的，或许人性原本如此。

然而，要让你的战略获得成功，你就必须纠正这种心态，而且要在此基础上更进一步。

事实上，战略实施的第三步完全是发现最佳实践经验，借鉴它们，然后不断地进行改进。如果你能做得很好，那将与创新没有什么不同。新的产品和服务创意、新的工作流程以及增长的机会将会不断涌现，然后成为常规。

与把合适的人放到合适的位置上一样，借鉴最好的实践经验也是让你的大规划落到实处的重要环节。而且对我来说，这里面蕴藏着最大的乐趣。

这是一种乐趣，因为能时时学习优秀经验的公司必然是欣欣向荣的、积极的、学习型的组织，它们相信，每个人都应该不断寻找更好的办法。这类公司充满了活力、好奇心和“我能做到”的精神。

别以为这就不是竞争优势！

在过去——“二战”以后、全球化竞争时代之前——绝大多数工业公司，包括 GE，都沉浸在依赖创造发明的心态中。但那时关注的焦点是公司自己的发明家，勋章和奖励全都是为那些提出和实现原创发明的人准备的。

然而当 80 年代来临之后，我们没有其他选择，只有积极拓展原来的心态。我们不但要奖励那些能发明产品的人，而且要拥抱那些在任何地方产生了伟大思想并愿意与全公司分享的人。我们后来把这种行为称为“无边界行动”。这个含混的词语基本上表达了我们的热情，我们迷恋更好的方法——或者更好的思想——无论它是来自周围的同事、GE 的其他部门、同一条街上的公司，还是地球另外一端的什么地方。

“无边界行动”的思想对我们的战略实践产生了巨大的影响，下面有个实例。

GE 一直在试图改进运营资本的利用率，因为我们占用的资金总是太多，而提高存货周转率则是个自然的办法。但是，尽管我们进行了各种各样的尝试，还是不能把年周转率提高到 4 次以上。

1994 年 9 月，曼尼 · 坎泼瑞斯先生被邀请到 GE，他将在公司 30 名高层领导参加的晚餐会上发言。当时，他正担任美国标准公司的董事长兼 CEO，那是家世界知名的管道和空调供应商，我们的发动机业务最大的顾客之一。

我们都注意到，曼尼戴着一个“15”字样装饰的胸针，很快，我们也都知道了其中的原因。在那天晚上的谈话中，曼尼多数时候都在向我们讲述他们公司的故事，说他们如何大幅度地提高了存货周转率。他们的产品有无数的型号，遍布世界各地，从卫生间里的浴缸到工厂的水槽不一而足。曼尼和自己的公司也被存货周转的问题所困扰，原因很简单：公司最近经历了一次杠杆收购，现金为王。

我们的团队对他充满了敬畏。人们都不得不思考，假如美国标准公司能够在这样复杂的产品和制造程序的环境下提高自己的存货周转率，那我们为什么就做不到呢？在曼尼的演讲结束之前，我们的经理人已经迫不及待地站起来，向他请教有关的各种具体事宜了。

那还只是开始。

后来的事情是，GE 的人开始大规模地拜访美国标准公司，与碰到的每个班组长和工厂经理会谈——他们都佩戴着与曼尼一样的胸针。偶尔，有些不太走运的人戴着“10”号胸针，但更多的人骄傲地佩戴着表示周转率已经高达 20 次或 25 次的胸针。我们考察了他们所有的工厂，复制了他们的想法。

不过，美国标准公司的员工们都很愿意提供帮助。这些年来，我从“无边界行动”的思维中所学到的一件事情就是，各个公司及其员工——除了直接的竞争对手以外——是很愿意相互分享成功经验的。你要做的事情就是敏而好学。

拜访完美国标准公司之后，GE 的员工把学到的知识应用到自己的业务中。在后来的几年里，这些业务还在不断借鉴美国标准公司的流程，不断地创新，相互学习。效果是显著的，到 2000 年，GE 的存货周转率几乎翻番，解放了数十亿美元的资金。

多年来，GE 从对沃尔玛、丰田和其他几十家企业的拜访中学到了很多东西。我们内部也彼此学习借鉴。在 GE 每季度举行的各业务经理参加的例会上，我都要求与会者介绍自己业务中最好的实践经验，供别人参考。假如某位经理人想介绍一个并不适用于其他业务部门的经验，那我们会把他踢出去。

各个公司及其员工——除了直接的竞争对手以外——是很愿意相互分享成功经验的。你要做的事情就是敏而好学。

就是用这样的办法，最早在我们的运输部门实施的年轻军官招聘计划，后来被扩展到公司各个角落；而帮助塑料业务获得新顾客的互联网销售技术，也在医疗系统和其他部门得到了应用。这样的传播先进经验的例子还有很多。

这种情形并不局限于 GE。百胜餐饮集团是另外一个典型例子，该公司是1997年从百事可乐中分离出来的子公司，包含5个餐厅品牌——肯德基、塔可钟（Taco Bell）、必胜客、海滋客（Long John Silver's）以及艾德熊（A&W All American Food）——总共有33 000个网点。该公司的CEO戴维·诺瓦克是传播最佳实践经验的坚定使者，他把每个网点都变成了独立的新创意实验室。他告诉我，他们进行规模扩张，或者说，增加连锁系列和网点的主要优势之一就是能分享学习经验。否则，规模太大就是个负担。

他说得非常到位。十几年前，塔可钟在快餐业的排名中位列第15位，平均顾客服务时间大约为240秒，也就是4分钟。后来，连锁总部引进了一种新的操作流程，并且在两年之内把服务时间压缩到了148秒，在该行业中排到了第2位。很快，它的经验又被肯德基所采纳，使其平均顾客服务时间从第10名提升到第8名，从211秒缩短到180秒，整整节约了半分钟。

我还能告诉你其他许多故事，关于百胜餐饮的实验室如何设计出了新的流程，又如何推广并改善了整个行业的业绩。但是长话短说，这里只是把成果列出来。尽管遭遇经济不景气，在公司成立之后的7年里，百胜餐饮集团的资本市值仍然从42亿美元提高到了135亿美元，这主要应归功于那些被分享和发展的创意。

关注最好的实践经验，听起来好像与战略无关，但是离开它们，又何谈战略实施呢？

最好的实践经验不但对于落实战略是关键，如果你能不断地加以改善（“如果”是个关键词），它们还将变成可持续的竞争优势。

这不只是理念的问题，而是一种信念。

又是一天的傍晚，我们在 Torch 餐厅就餐，这是家很好的小饭馆，与 Upper Crust 比萨店比邻。坐在靠窗的位置上，我们清楚地看到，Upper Crust 的送货员正使用各种方式，包括自行车、汽车和步行，不停地穿梭往来。

我们试图估算这家小店的经营业绩——大概而已。但即使采用最保守的数据，我们认为 Upper Crust 也是非常赚钱的。

你也许以为，经营 Upper Crust 的人从来不用开什么战略会议，更不用说参考我列出的 5 张幻灯片制定基本方向了。

其实，他们的大方向全都在自己的调料里。你所经营的或许并不是街头小店，但是当你制定战略时，很多做法将是一样的。

看吧，我并不想把战略问题过分简化，但你也不应该为它而痛苦。找准正确的方向，把合适的人放到合适的位置上，然后疯狂地工作，比别人都做得更好，继而每天都去寻找和改进最好的实践经验吧。

第 12 章

预算

不要让预算制定程序缺乏效率

不夸张地说，在许多公司里，制定预算的程序乃是经营中最缺乏效率的环节。

它吞噬了人们的精力、时间、乐趣和组织的梦想，遮蔽了机遇，阻碍了增长，产生了企业组织中最没有生产效率的行为，人们相互敲诈，或者满足于平庸。

实际上，一家公司在市场上取胜，多数情况下都与预算没有太大关系。然而，在制定战略的时候，每个公司却要花无数的时间来准备预算计划，这是多大的浪费！

我并不是说所有的财务计划都是件坏事。毫无疑问，你必须有能跟踪财务数据的办法——但不是大家通常采用的办法。

在本章里，我将介绍一种完全不同的关于预算的方法，它能把员工的行动与股东的利益联系起来，把增长、活力和乐趣这些要素注入财务计划里，激励人们的开拓创新。事实上，这套方法与通常的预算程序完全不同，以至于当我们在 GE 开始推广它时，大家都不用“预算”这个词了。但很快，这个词又用得多了起来。

正确的预算制定程序确实具有改变公司经营面貌的力量——它可以重新塑造那种一年一度的“典礼”，让企业有更大的把握去赢。这是多么有诱惑力，你不能不去尝试一下。

好消息是，我所推荐的程序实施起来并不困难，与你现在采用的艰难而让人麻木的预算程序相比，当然要容易许多。

但是，这种新程序只适用于一些特定的公司，需要它们在骨子里充满了相互信任和坦诚相待的氛围。正如我在本书中所说过的那样，这样的公司很少见。不过，也许能真正激发创造力和增长的预算可以促进改革的出现。

绝大多数公司都把预算作为经营管理体系的大梁，所以正确的预算制定程序确实具有改变公司经营面貌的力量——它可以重新塑造那种一年一度的“典礼”，让企业有更大的把握去赢。这是多么有诱惑力，你不能不去尝试一下。

错误的预算办法

在描述正确的预算办法之前，我们先来看两种常见的错误做法，我把它们分别命名为“谈判式解决”和“虚伪的笑容”。

这样的错误并不局限于大公司的范围，不管你在什么规模的公司工作，都有可能遇到上述的错误之一，或者同时遇到，因此你不会感到陌生。在世界各地举行的讨论会上，来自不同国家的人都问过我这样的问题。不管是那些只有几百人规模的小公司，还是自称为创业型公司的组织，这两种错误都时常出现。糟糕的预算办法是那么阴险，它到处蔓延，占据正统的位置。尤其令人惊讶的是，尽管我多次听到别人谴责现在通行的预算制度，最后大家却总是无奈地说：“但事情还必须得这样。”

其实并非如此。但要想改变，你首先必须取消我所说的这种害人的制度。

分歧

在两种错误中，“谈判式解决”的做法更为常见。

通常情况是，战略规划的墨迹未干，下面的讨价还价过程就开始了。那些身处业务第一线的公司开始为确定第二年烦琐无比的财务计划进行艰苦的长征，这些计划将在几个月之后提交到总部的总预算会议上，其中的数据要包括所有能想到的内容——从成本估算到定价假设。

在所有的假设中，业务部门在行动时隐含了一个很简单的目标，不过他们并没有直接表达出来——那就是最小化自己的风险，最大化自己的红包。或者说，他们最根本的、被粉饰起来的使命，就是提出那些他们认为自己绝对有把握完成的目标。

业务部门在行动时隐含了一个很简单的目标，不过他们并没有直接表达出来——那就是最小化自己的风险，最大化自己的红包。

这是为什么呢？因为在大多数公司里，达到预定目标的人将获得奖励，而没有完成任务则会让人如坐针毡，甚至更坏。所以，人们当然希望目标定得越低越好。必然的结果是，他们在制定预算时将采取保守的态度。

然而，在总部方面，企业高层的经理人也在为总预算会议进行着准备。但是，他们的计划出发点却与业务一线的人相反。这些经理人会因为收入的增长而受到奖励，所以，他们希望在预算审查会议上看到的是，每个子公司的销售额和利润都能大幅度增长。

现在，我们一起进入总预算会议的现场。

意见相左的双方在密不透风的会场上相遇，大家心照不宣，都知道这一整天下来会是不愉快的“搏斗”。

业务部门将使用冗长的幻灯片资料，详细介绍自己的预算计划，故事无一例外都是严峻可怕的。哪怕宏观经济走势良好，但依然能找到各种理由，表明自己所在行业的经营环境将变得更加困难。“竞争对手刚启动了一个新工厂，他们有更强大的采购力，价格压力将非常大。”他们或许会这样说。到会议的后期，你则会听到，“原材料成本和通货膨胀压力都变得非常现实，为了应对挑战，我们需要新的成本压缩计划，这需要1 000万美元的追加投资。”

而最后发言的负责人往往会做如下的声明：“即使乐观地说——非常非常乐观地说——我们的收入最多也只能增长6%。”

当然，总部对局势则有自己的看法，而且显然没有那么可怕。宏观经济的走势依然强劲，国内生产总值预计将持续增长，公司各部门获得的订单都在增加，而主要竞争对手遇到了重大的诉讼麻烦，那必将转移其管理层的注意力。新的成本控制计划可能只需要500万美元的投资，而收入可以增长12%。

你完全可以想象，在这样的马拉松式会议中会出现何种情形——抱怨和叹息，实地调查和数据引用，往来无数回合的交锋，议题的周而复始。有时候，会议上甚至会爆发激烈的争吵。特别是，如果有一位高级经理早年曾经在业务部门干过，那么他就会大讲过去的经验，指责现在的业务部门负责人虚报数字。“我知道，你们隐瞒了自己的能力，我过去也曾做过。”他会坚持说，“现在可不应该这么干了。”

双方爆发分歧之后，经过激烈斗争，最后当然还是不可避免地要进行妥协。业务部门将得到750万美元的投入，而经营目标是让收入增长9%。

此时，业务部门的人士要起身离开了。每个人都无精打采地握手，抱着无奈的心态。对于所有的与会者而言，还有一个念头没有表达出来，那就是我们并没有得到自己想要的和正确的结果。

死气沉沉的局面一直持续到业务部门的团队将车开上高速公

路之后，斗志高昂的精神又回来了。

“总部那帮家伙想把我们的增长目标定到 12%，而我们只答应了他们 9%！”他们高兴地大喊，“感谢上帝，这回可躲过了枪子儿！”

总部的人自我感觉也很好，他们咯咯直笑：“那帮浑蛋只报个 6% 就想了事。你看到他们把收入藏到哪里了吗？我们最终还是让他们报了 9%，他们一定能交上来，或许还能更多。但只要有了这 9%，加上其他部门的增长，我们也算差不多了。”

不久以后，“谈判式解决”确定的方案被正式批准了。业务部门和总部都对目标表示满意，他们相互评论说：“啊，我们拿这个数字就可以过年了。他们恐怕也过得去。”

一年结束之后，这场可怕的仪式又要重演。经常出现的情况是，业务部门达到或者超额完成了自己的目标，并获得奖励。当然总部也要祝贺他们：工作干得很棒！

每个人都很高兴，但他们并不应该如此。因为在这场风险最小化运动的游戏中，有关哪些重要事情需要去做的问题很少，甚至根本没有进行认真讨论。

每个人都面带笑容

第二种侵蚀企业价值的预算办法是“虚伪的笑容”。

同样，按照这样的办法，业务部门也要花几个星期的时间来准备详细的预算计划。与前一种办法相比，这个办法更令人遗憾的一点是，它所制订出来的计划经常都充满了很好的创意和激动人心的机会。业务部门对自己的事业产生了大胆的梦想——例如发动一次收购、开发新的产品等——但是需要足够数量的投资。他们急于拓展自己的经营领域，迫切需要总部这艘航空母舰的支援。

为了争取支持，业务部门的经理人准备了丰富的幻灯片资料。从 GE 退休之后，我还见过某家企业的类似报告，长达 150 页！这样的报告覆盖了每个竞争视角，但常常过于细致烦琐。通常，撰写这些报告都经历了极其痛苦的思考过程，充满了对细节的担心，列出长长的表格，数据精确到个位，背后有无数不眠之夜。把这些幻灯片材料全部组织起来的工作，可能不会让任何人感到愉快。但是当大家疲惫不堪地把任务完成之后，业务团队的人员还是由衷地体会到了极大的自豪和做主人翁的感觉。

在预定的那天，业务部门的领导萨拉带领团队来到总部，又是在那个昏暗的房间里，他们用幻灯片逐页地向高层领导阐述了自己的宏大规划。汇报结束之后，灯亮了，高级经理和业务部门开始了相当友好的会谈，比如：

> “我想，你们希望 Acme Corp. 再建一个工厂，这听起来很有意思。要知道，他们在 1988 年的时候差不多破产了。”一位高级经理鼓起勇气说。
>
> “哦，是的。我们是在两年前收购他们的，现在他们已经变得很健康了。”萨拉立刻回复。
>
> “很有意思，真的很有意思。”总部的一位要人含糊地说。

“我觉得，你们似乎断定天然气的成本在今后 6 个月将保持稳定。”总部的另外一位人士想表明他认真地听取了报告。

“当然，”萨拉回答说，“我们看不出那会有什么变化。”

“啊……有道理……的确很有道理……”

最后，在更多的几次马马虎虎的交谈之后，会议结束了。管理团队高兴地笑了，他们说：“工作很出色，感谢你们的汇报！回去的时候注意安全。”而业务部门的人也确信自己做得很不错，高兴地带着笑容回去了。

这次会议之后，还会召开一次会议。

那是只有高级经理人参加的会议，他们将讨论自己从萨拉所负责的业务中真正可以获得多少回报。实际上，在与业务部门会面之前，总部已经知道自己将如何分配公司的投资，他们也非常清楚从每个部门可以获得多少收入和利润。因为他们相信，这些决策权力是属于总部的，总部能够看到全局，能把握先后次序，恰当地分配资源。

几天以后，萨拉接到来自总部的一位低层职员的电话。她得知，与前几天的会议上所要求的投资额相比，自己的业务部最后能得到的数额可能只有大约 50%，而且利润指标将比他们所上报的高出 20%。

这不啻当头一棒！萨拉勃然大怒，她马上想到了几条理由：总部的人根本没有听我们的汇报！我们的工作全都白干了！没有人给出任何解释！最糟糕的是，我们要做的事情将没有足够的资金支持。

第二天，萨拉召集自己的人开小会，大家一起抱怨总部的不公平和公司决策的不透明。

接下来，萨拉把事情搞得更糟了。为了抚慰自己的手下，她把资金从总部划转过来。投资总数比以前要求的大幅减少，于是她把钱分配到各处，一点给生产，一点给市场，一点给销售……其实，萨拉更明智的办法是把有限的资金集中在一两个项目上，但此时这么做并不容易。陷入“虚伪的笑容”的预算游戏之后，人们的感觉往往会很不好。经常发生的情况是，他们会失去对公司的责任心，忘记自己当初制订经营规划时的热情，最后只是一心算计如何从公司搞钱、花钱。

对那些负责分配资源的总部高层人士，我也要提出批评。安排总公司的预算的确是他们分内的事情，因为他们对每个部门真正能提供的产出有更明确、更灵通的消息和看法。但是麻烦在于，总部的办事程序过于保密，而且对自己的决定往往不主动给出合理的解释。

与“谈判式解决”一样，“虚伪的笑容”最后导致的结果也通常是，每个人都对事情的全部糟糕结局处之泰然——这就是做生意，不是吗？下一年，他们依然如此。

更好的办法

现在你或许在想：“不管是‘谈判式解决’，还是‘虚伪的笑容’，如果公司能够达到自己的经营目标，能分配红利——尽管有那些缺点——又为什么不能继续呢，毕竟它们帮助实现了目标。”

问题在于，这些企业最后实现的目标经常只是他们力所能及的一小部分，而且那样的预算办法消灭了制定财务目标时能产生的全部快乐。是的，做年度预算可以是件快乐的事，也应该是。

设想一种预算体制，它能让业务部门和总部建立共同的目标——利用预算程序来发现所有可能的业务增长机会，分析经营环境真正的障碍，制订一个目标远大的规划。设想一种预算体制，它不是聚焦于组织内的争斗，也不是瞄准虚构的目标，而是打开窗户，关注外面的世界。

我所要介绍的这种预算体制与上一章介绍的战略规划密切相关。在“战略”部分中，我们曾关注了如下两个问题：

◎如何超越去年的业绩？

◎竞争对手在做什么，如何战胜他们？

如果我们把注意力放在这两个问题上，那么预算程序就能变成一种业务部门与总部之间的对话，他们将共同关心现实世界的机遇与困难，话题将变得更加宽泛，任何事情都有可能涉及。在他们的对话中，双方将共同确立一个增长目标，那不是谈判，也不是强迫，甚至都不能被称为“预算”。那其实是一个关于明年工作的“运营计划”，充满了创意和灵感，确立了大方向，而作为目标的数字也是双方共同认可的，或者说，那是一个所谓反映“最大努力”的目标数字。

与传统的预算不同，运营计划的目标数字是通过具体的分析得出的，也能随环境的变化而替换。一个业务部门或者行业可以在一年时间里制订两三个运营计划，随时根据商业挑战的现实情况通过对话来调整。这样一种灵活性可以把企业组织从预算的文牍主义镣铐中解放出来，因为随着市场环境的变化，原来的预算将变得过时，甚至毫无意义。

此时，你或许会想：“是啊，这套办法听起来还不错，但我的奖金该如何发放呢？”

此时，你或许会想：“是啊，这套办法听起来还不错，但我的奖金该如何发放呢？”

这是个很好的问题，而且是关键的问题。答案在于，只有满足下面的条件，运营计划才能充分发挥作用：

对个人和部门的奖励并不是根据实际业绩与预算目标的对比来决定，而主要是通过实际业绩与以前的业绩以及竞争环境的对比来决定，并把现实的战略机会和困难的因素考虑进来。

对许多公司而言，要满足这个条件意味着要进行激进的变革。人们已经经历了多年的培训，只知道不顾一切地去争取实现预算目标，经理人则根据预算目标的实现与否来实施奖惩，而不管其他什么条件。

我在其中有20年成长历程的GE就是如此，而且在我成为

CEO 之后，GE 在很大程度上依然如此。多年以来，我都是许多带着“虚伪的笑容”的会议上的建议接受方，我也参加了数十次甚至数百次“谈判式解决”的会议，扮演甲方或乙方。

不过，随着 GE 的企业文化中有了更多坦诚相待的气氛，改革预算体制就变得更加现实了。最终，我们下定决心，要把顽固的目标式预算方式改造成充满开拓精神的运营规划方式。

改革花了相当长的时间——至少是 7 年。在这期间，我尽了自己最大的力量。

例如，在 1995 年时，我们设备部门的情况相当不妙。对手在推出低价格、高品质的产品，而我们只能拼命追赶。我们发明了几种新产品，改进了生产流程，天天都在提高生产效率。但到年终结算时，该部门的利润还是比原先的预期要低 10%，与上一年持平。

相反，塑料部门当年却大获丰收。他们的市场蒸蒸日上，产品缺货的现象不断出现，制定价格时面临一个卖方市场。他们的利润增长了 25%，比运营规划要求的还要高 10 个百分点。

如果是在老的预算制度下，塑料部门将获得丰厚的资金，而设备部门的所得将少得可怜。但是在我们的新体制下，两个部门所获得的奖励却大致相当。

在那年召开的全公司 500 名高层人士参加的会议上，我大肆宣扬这个故事。事实上，在会议的主题发言中，这个故事为我赢得了喝彩。

是的，我说，设备部门的利润要低于计划，与去年相比也没有增长。但是该部门的表现（在艰难的环境中）与其主要对手相比却是非常出色的，惠而浦和梅泰格（Maytag）公司的业绩要更加糟糕。

至于塑料部门，不错，他们的利润超出了计划，但那也有机缘的成分。我们注意到，他们的一个竞争对手的利润增长了30%，另一家更是达到35%。而我们本来有可能做得更出色，实际却没有。回头来看，我们的定价策略还是太保守了——那当然是个幼稚的失误。

你或许以为，塑料部门会嫉妒设备部门得到的奖励，或者他们会希望总部根据他们的业绩表现发放更多的奖金。但当时，新的预算办法已经在GE深入人们的骨髓。大家都明白了其中的工作原理，知道在采用这样的新办法时我们需要与外界进行业绩对比，来评判各部门的表现。总之，闭门造车定出来的目标有什么意思呢？现实世界有自己的数字，那才是真正有意义的。

闭门造车定出来的目标有什么意思呢？

运转起来

我说过，GE接受这样新型的财务计划方法花费了数年时间，但我知道有一家企业只用了两年时间就能接受它并让它运转起来——特别是，那还是在中国，当时其现代企业管理技术基本上才刚刚起步。

那是在 3M 这家工业集团所发生的故事，当时它在中国开展业务已经将近 20 年了。对任何外部观察者来说，3M 在中国的业绩都是非常稳定的。在吉姆 · 麦克纳尼 2001 年 1 月担任 CEO 的时候，该公司中国业务的年增长率为 15%，比全公司的平均水平要高 3 倍。在年复一年的预算会议上，中国团队都会因为这样的成绩受到祝贺和厚待。

但是，吉姆在 GE 有过多年的制订拓展目标和运营规划的经验（他以前的职位是 GE 飞机引擎部门的 CEO），他决定转变 3M 的预算方式，也包括其海外部门。

然而，他的第一步并不是直接推广这种拓展式的预算办法。“你不能鲁莽行事。”他告诉我，“首先得有一个负责任的企业文化氛围。”或者说，人们必须清楚自己所说过的话，提交自己的运营或者战略承诺，而且要勇于承担责任。

过去，3M 有一套类似于“谈判式解决”的预算制度，同时附加了一点仁慈的色彩。他们把预算称为“改进计划”，但吉姆认为，那样的计划“对他们没有什么实际约束”。总部和各个业务部门在预算会议上就目标数字达成一致，但在实施的时候却并不严肃，第二年依然如此。这样，任务经常完不成，总部可能感到恼火，却也无计可施。

在以后的四年里，吉姆和自己的团队逐渐扭转了 3M 的企业文化，“改进计划”式的预算方法基本上终止了。公司里充满了坦诚、信任和负责任的态度。够了，他认为，现在可以引进新的拓展方法了。

他最早的赞成者之一，肯尼斯 · 尤，当时是中国业务的总经理。肯尼斯是名在 3M 服役超过 30 年的“老兵”，最初在香港，然后是台湾，之后是上海。他当时 50 岁出头，在旧的预算体系下总是有出色的业绩。因此，肯尼斯似乎并不是一个倡导重大变革的理想人物。但是吉姆说，肯尼斯“重新觉醒了”，他对于如何开展业务有了新的想法。

“一旦肯尼斯意识到拓展式的预算方法其实有一张安全网，他就坚信，新的方法即使还没开始实施，也要比过去的规则好得多。”吉姆回忆说。

肯尼斯并没有向吉姆递交原来的增长计划，然后再去超额完成。相反，他提交了一个运营计划，希望把中国业务的增长速度提高到 40%，这真是足够大胆、足够有开拓精神的想法。对 2002 年，肯尼斯建议加大 3M 在中国的研发投资，以便对产品进行本地化改进，并且建造新工厂来支持快速增长。

三年以后，3M 公司在大中华地区的业务收入从 5.2 亿美元增长到了 13 亿美元，未来更是一片光明。

当然，这并不表示 3M 公司全体都接受拓展预算的方法了。吉姆说，人们还在适应变化的过程中，但他们的确看到，公司现在更加重视和奖励那些有想法的人。今天，3M 的“预算”已经不再是提交目标和超额完成的游戏，而是聚集勇气和热情，为所有可能做到的事情去尽力。

这不是比预算更有意思吗？而且运转起来也更加有效果。

要小心

在结束本章之前，我要申明，我不想把变革说成非常轻松的事情。经验告诉我，虽然大多数人都会带着热情迎接新的预算制度，但总是有部分顽固分子不愿意，并且会暗中捣鬼。通常，这些人在传统中浸淫太久，不愿意割舍目标与红包之间的旧联系。

虽然大多数人都会带着热情迎接新的预算制度，但总是有部分顽固分子不愿意，并且会暗中捣鬼。

有时候这些人不过是有点古怪而已。但如果不承认这样的管理者在每个希望改革传统预算办法的公司都存在，那就未免过分乐观了。即使在 GE，我们也从来没有把他们全部找出并改正过来，但我们却从没有停止尝试。

这是他们常用的一种操作方式：在制订财务计划的时候，他们表现得非常欢迎新方法，要求业务部门提交大胆的拓展目标；然后，虽然没有公开承认，他们却把别人的拓展目标当成了一个承诺的数字——又回到了旧式的预算目标中；接着，在一年结束的时候，他们就占尽了便宜，把拓展目标当成必须完成的任务，对没有达标的人横加指责。

这种行为恶劣至极，他们逆转了改革的过程，让业务部门对改革产生怀疑。下次你再要求他们提出大胆梦想的时候，他们的心气儿肯定要大打折扣。

在向“非预算公司”转轨的过程中，你需要发现那些对改革浅尝辄止的经理人。鼓励他们做下去，尽你所能确保他们不再放弃。

当我给听众讲解关于预算的正确办法——无论是有关企业预算还是国家预算——的时候，我经常遇到同样的问题：“我们公司的预算程序已经形成传统了，很难按照你所描述的方法来改变，我该怎么做呢？”

我的回答是，一定不要放弃，这太重要了。

一开始可能会有反弹，但当你开始对话之后，变革就开始了。一次对话会引发另一次对话，然后是再一次。每个人都知道“谈判式解决”与“虚伪的笑容”那样的体制，他们都是这么过来的，他们也都知道做预算的过程虽不贴合实际但无须耗费过多精力。所以当你把大家都带动起来后，人们尽管还不知道该如何进行下去，但他们不会就这样走开。

这个问题会引起共鸣。

事实是，取代原来的体系并能做得更好的办法是存在的，而且这套新体制能让一家保持中等增长的中国工业企业成为年增长率达到 40% 的明星。它能够激发人们每天创造发明和提高效率的热情，面对激烈的全球竞争也毫不畏惧；它能够让那些坐在会议桌两侧的人团结起来，共同讨论公司的方向和前景，并且坐到同一侧来。

非常简单，正确的“预算”程序可以改变公司的竞争方式。

当你谈到预算的时候，人们总会发出叹息——那必然是有害的。

但事情未必如此，也不应该如此。改变必须从某个地方起步——是否就从自己做起呢?

第13章

有机的成长

开创新事物是企业成长最有效的途径

在商界，最令人激动的事情之一就是从旧事物中开创新事物，例如启动新的生产线，提供新型的服务，或者进军新的海外市场。这不但是令人愉悦的，而且是企业成长最有效的一条途径。

当然，另外还有一条增长的捷径，那就是通过兼并收购，我们将在下一章讨论这个话题。现在我将谈谈公司自身如何成长壮大。

其实，由于某种原因，要真正让一家老牌企业开创新事业并不像说起来那么容易。

因为这要求经理人不按照他们完美而合理的直觉办事。

例如，很少有公司的经理人有那么冲动的愿望，肯把自己最好的手下送到半个地球之外，去创办一家新工厂；或者把大笔的研究资金投入一项冒险的新技术中；他们也往往不愿意给予国内外的新项目足够的自主权。

但是要让一个新项目有更大的成功机会，你就必须给它一定的自由度，而且需要投入更多的资金，比通常情况下更持久和更大声地为它鼓劲。

管理一条产值为 5 万美元的新生产线的第一年，要比管理一个销售额为 5 亿美元的企业的第 20 年更为困难，而走向世界市场更是充满挑战。新企业与新的海外项目一样，没有现成的顾客和规则，没有如何通向赢利的指南手册，所以应该特别对待。

但人们通常并未认识到这一点。

多年以来，我看到过无数新业务在 GE 兴起，许多后来扩展到国际市场。退休之后，我还担任了几家公司的成长顾问，而在那些讨论会上，我也总是听到人们描述创办新项目时遭遇的种种困难。

总结起来，那些公司在启动新业务时有三个常见的错误。

◎首先，他们没有给新项目足够的投资，特别是对于业务第一线的人员。

◎其次，他们对新项目的前景和重要性宣传得太少。事实上，很多人不但没有为新项目的潜力欢呼，反而保持秘而不宣的态度。

◎最后，他们限制了新项目的自主权。

所有这些错误都是完全可以理解的。开办任何一项新业务，不管是新的 IP（网络）电话设备，还是在印度设立呼叫中心，都是场赌博。而大多数人在本性上都是回避赌博的，即使在他们参与打赌的时候。有讽刺意味的是，回避的态度将注定新业务失败的命运。在推动一项新业务的时候，你必须鼓励它——“想赢怕输”的心理永远是不对的。

这里有三条原则，能让有机增长获得赢的结局。毋庸置疑，它们正是针对以上错误行为的药方。

原则1 首先做大笔投入，把最好、最有进取心、最有活力的人放到新业务的领导岗位上。

许多公司往往根据新项目开始时的收入和利润来决定投入的多少，客气点说，这是很短视的。对新项目的研发和营销的投入应该足够大，就仿佛它即将成为大赢家一样。在选拔人才时也应该抱着同样的心态。

很多公司的习惯是把最不必要的人派去发展新业务，这是没有意义的。要让新业务发展下去，就必须让最出色的人来执掌，而不是最平凡的人。

谈到人的问题，我们可以看到，很多公司的习惯是把最不必要的人派去发展新业务：那些子女已经长大，正打算在退休前两年寻求点生活变化的制造部门的老员工往往被送到国外去，负责新工厂的创建；一位为人不错但缺乏激情的经理，从原来按部就班的业务岗位调过来，负责新产品的开发。

这是没有意义的。要让新业务发展下去，就必须让最出色的人来执掌，而不是最平凡的人。

事实上，新项目的领导必须有点“车库创业家”的精神，他们应该具备所有 4 个“E”，以及许多的“P”。

有件事是确定无疑的：资源有限、人员配备一般的新业务肯定长不大。

我能想到两个例子，都是由于 GE 公司对资源和人事的投资不够，差点扼杀了新项目。

第一个是 PET 项目，它是一种检测癌症的成像技术。1990 年，在我们庞大的医疗业务中，这种设备的销售额大约是 1 000 万美元。

第二个是我们在 1992 年开发的小型喷气式飞机引擎业务，当时的销售额为 5 000 万美元，但与我们在大型商业引擎业务上的数十亿美元规模相比，几乎微不足道。

因此，PET 和小型引擎项目都没有得到本部门和总部足够的时间、关注和资金投入，而逐渐陷入萎缩。小型引擎业务还算有点儿运气，它有一位名叫丹尼斯 · 威廉斯的副总裁做后台，此人坚信这个业务的前景，并一直在支持它的发展。而 PET 技术的命运就悲惨多了，直到我们打算卖掉它的时候，才引起了大家的关注，可还是没有人愿意买。

是市场环境的变化最终让我们找到了感觉，GE 重新开始对这两项新业务大力投资。今天，它们都取得了优异的表现。PET 的年销售额达到了 4 亿美元，而小型引擎也从短途航空业务的增长中获得了巨大的好处，年销售额达到 14 亿美元，成为 GE 商业引擎业务中增长最快的部分。

另外，通过在中国的业务，我们大大改善了自己的资源配置。

20 世纪 90 年代早期，GE 在亚洲的主要业务对象还是日本，在那里的销售额大约是 20 亿美元。但我们知道，亚洲要比日本大得多，必须去中国。

于是，我们挑选了一位最好的经理人，让他去负责，他就是吉姆 · 麦克纳尼，我在上一章提到过的新预算制度的积极推进者。

当时，吉姆是 GE 位于康涅狄格州普莱恩维尔镇销售额达 40 亿美元的工业系统部门的 CEO，他在各个方面都是出色的选手。他管辖着我们的主流业务之一，有 25 000 名下属，还有舒适的办公室和精心培养、一手提拔起来的团队。公司里的好多人都相信，他在 GE 有光明的前景，至少在下一阶段会成为集团的副董事长。

然而，我们派他去了香港，只有一名助理、几个下属。

这个任命的影响立竿见影。吉姆成了典型，看到总部提高了砝码，把明星人物送到中国市场之后，我们所有的部门也都如法炮制。

吉姆和他的部门所开发的中国业务早已实现了 40 亿美元的年销售额，他也到 3M 公司担任了 CEO。

原则 2　夸大宣传新项目的潜力和重要性。

当 GE 把吉姆 · 麦克纳尼送到亚洲去的时候，我们不但举行了媒体发布会，把消息传出去，而且尽量大肆渲染。在每次高层管理会议上，我都不厌其烦地谈论对他的任命。去业务现场视察的时候，我也一定要让每个人都了解到，公司正在加大对中国的投入，必须把最好的人送到那里去。吉姆对于我试图传达的信息来说可谓完美的榜样。

同样，当 NBC 开始建立自己的有线电视频道 MSNBC（微软全国广播公司节目）和 CNBC（消费者新闻与商业频道）时，我也在所有可能的公开场合让它们得到不同寻常的关注。例如，在 NBC 的业务回顾会上，我就重点宣讲有线项目，而不是 NBC 的西海岸团队推广其新网络喜剧的事情。我甚至都不问，出席 NBC 下一次大型活动的会是哪些明星。相反，为了证明我的坚定支持，我问了 MSNBC 和 CNBC 的总裁关于用户增长率和节目内容的问题，要知道，它们当时几乎都没有什么业务收入。

新项目的报告层次至少应该高两级。如果有可能，它们应该直接由 CEO 负责。

新项目需要啦啦队持续和大声的助威。

但是，做啦啦队不只是要让高级经理做宣传，还要给新项目实际的支持。这可能意味着打破传统的层级，但对新项目而言，获得组织的关注是更重要的。例如，与其销售额的水平相比，新项目的报告层次至少应该高两级。如果有可能，它们应该直接由

CEO负责——至少也应该在CEO的日程表上占据特殊的位置。

应该承认，为新项目做大量宣传会有一个潜在的大问题——如果项目失败了，你是否会颜面尽失？

你最后或许会变得哑口无言。但那也是赌博的一部分，人们不应该回避它。许多报刊都曾报道过，我以前是多么支持XFL——2000年时NBC发起的新橄榄球联赛。从商业投资的角度来看，我当时的确觉得这个项目没有任何问题，我也是这样说的。谁知，新联赛在痛苦的12个星期的赛季之后就宣告失败了，使公司损失了6 000万美元。媒体则幸灾乐祸，把我和联赛的另外一位鼓吹者迪克·埃伯索尔当成了许多笑话的主角。所幸的是，那次打击后来比较平静地过去了。

那么这里有什么底线吗？

即使要面临这样的风险，你还是要为新项目的前进而努力宣传——夸大其词地宣传。因为如果你不这样做，新项目就会先天不足。如果你这样做了，但项目依然失败，那也该承认自己曾起过的作用。你相信某个项目会赢，但最后没有成功，这不足为怪。

如果项目成功了，那将是团队的胜利，会让你有种伟大的感觉。

原则3　给予自由度，允许犯错误；让新项目自己成熟起来。

这并不是一条真正的原则。因为有关新项目应该获得多大自由度的问题，并没有现成的模式，能够有的不过是个反复探索的过程。主要应记住的事情是：在这个过程中，要给新项目一个比你愿意给的更大的自由度，而不是更小。

要在支持、监督与束缚一个新项目之间寻找合适的平衡，这跟你把孩子送到大学去并没有什么不同。既然孩子已经到了自立的年龄，那你最期望发生的事情莫过于他能够对自己的生活负责，但你也不希望他过度玩乐，被勒令退学。所以你开始了收和放的游戏。最开始，你会经常去看他，打电话给他，你关心他测验的成绩、新认识的朋友和周末的活动。

当很多事情运转正常之后，你开始给孩子“松绑”。

但当成绩单上出现 C– 之后，你又加强了监督。

接着又来了全部是 A 或者 B 的成绩单，你又能安睡几天。

直到学校警察局打来电话，通知你一场不幸的酗酒闹事之后，你又该忙活了。

对于新项目也是如此。唯一的区别只是孩子是不可替换的，而如果新项目带来的麻烦太多，那你可以而且应该撤换其领导者。

总之，你需要重复这个过程，给新项目越来越多的自由度。

现在我们都知道，在大企业里，新项目在启动时既没有现成的业绩，也没有足够的政治资本。而在小公司中，把新业务放到重点位置就要容易得多。

可是，适当的自由度会给人们主人翁意识和自豪感。在理想的情况下，配备有强大领导者的新项目应该自己拥有所有的生产工具，例如建立独立的研发、销售和营销队伍。他们有权自己主宰人事和战略方面的重要决定。

我自己对给新项目适当自由度的态度，与我早年作为 Noryl 项目负责人的经历有关。Noryl 是一种我们从 1964 年开始实验的新型塑料，它既让人充满期待，又麻烦不断。但是当研究团队找对了 Noryl 的化学成分，并消除了其中的技术缺陷之后，我就开始为自己的独立运营目标而努力了。

当时的公司高层人士认为，我应该利用现成的销售队伍，并且把 Noryl 打包到 GE 的其他塑料产品中做混合销售。但我认为，那些销售人员可以轻轻松松地把每批 5 万美元的 Lexan 塑料卖给波音或者 IBM 公司，但绝不会再下力气去推销当时每批只值 500 美元的 Noryl 塑料，世界上没有人会这么傻。我这样比喻，你可以坐在扶手椅上，随便就能把 Lexan 卖掉，但销售 Noryl 却需要四处奔波的疯狂劲儿！我以足够的热心和坚持——或者说是令人不愉快的态度——来说明这件事情，两年之后，我的老板态度软化了。

当 Noryl 最终开始独立发展以后，市场很快起飞——我们感觉自己就像那些白手起家的创业家一般，虽然公司还是给我们提供了坚强的后盾。在接下来两年，Noryl 的销量大幅度提升。1969 年，当我获得提拔，负责整个塑料业务部之后，我还是把 Noryl 当作一个独立业务来对待。这是因为，尽管获得了成功的开拓和迅猛的发展，我依然认为多给点自由度对该业务是有利的。实际上，Noryl 之后发展为了年销售额达到 10 亿美元以上的大产业，在当初的 15 年里，它一直在 GE 的塑料部门中有自己独立的市场和销售业务。

如果你正在负责新业务

以上我所列举的原则，从多个方面阐述了作为负责新项目的高管应该怎样行动。然而这些原则对于那些新业务的实际执行者、新节目的表演者而言也应该具有重要的价值。

例如第一条原则，关于对资源和人员的投资。通常情况下，你会发现自己没有从总部获得足够的资金，也没有得到最好的人手，那该怎么办？

通常情况下，你会发现自己没有从总部获得足够的资金，也没有得到最好的人手。你需要竭尽所能去战斗！

你需要竭尽所能去战斗！你应该直接去找高管，向他们申诉自己的要求，并且亲手打造人员队伍。在公司内和公司外搜寻好的候选人，亲自去感召他们。为了得到最好的人才，要不惜挤破脑袋。

接下来是渲染。你要知道这是柄双刃剑，你需要它来争取高管的支持，但是当你得到支持之后，将必然引起同事们的嫉妒。特别是，当原来不起眼又没有利润的部门得到了大比例的公司资源和关注的时候，有着丰厚利润的老牌业务部门绝对会感到不满。他们相信，自己才需要更多的资源，并且这比花在你那点危险的小生意上更有价值。

他们的态度可能会让你不快，但是你绝对不能让公司里支持你的任何人遭受失败。要认识到，对新业务的敌视态度是自然的，即使他们让你不愉快，也要闭口不言。这种谦逊会帮助你处理好与同僚们的关系。也许很快，你就需要他们的支持。

最后，关于自由度。事实是，你总是期望公司给的自由度要比自己现在所得到的还能多一点。

要想得到自由度，最好的途径就是用自己的表现去争取它。如果你做事尊重规则，你就可以很快得到自由。公司的焦点本来就集中在你身上，如果你感觉到原来对你的限制让人难受，也不要反应过激。这需要一个过程，就像你的父母让你独立生活时一样。

完美风暴

在现实中，我们很少看到所有这三条原则同时得到满足。不过，当这种情况出现时，你可要留心观察。就像福克斯新闻频道那样，它会是一场“完美风暴”。

这个新闻频道是在 1996 年由鲁珀特 · 默多克这位“企业家中的企业家”所创办的。尽管默多克当时已经是新闻集团的大老板和 CEO，拥有价值亿万美元资产的公司，他还是想介入有线电视新闻业，并愿意投入一切。

要想在有线电视业成功，需要两个条件：第一，需要从渠道供应商那里得到注册用户，例如康卡斯特公司（Comcast）和时代华纳公司；第二，需要推出有吸引力的内容，以吸引足够的用户来观看，这是获得广告收入的关键。

默多克的第一步是招聘负责新业务的杰出人士，于是找到了罗杰·艾尔斯，那可谓天作之合。罗杰曾成功地负责过几次政治竞选活动，而后在 NBC 工作了三年，创办了有线电视频道 CNBC。他还为 GE 开拓了另外一个有线频道 America's Talking。但是，GE 后来利用 America's Talking 的资产创办了 MSNBC，那是个与微软公司合资的企业，双方按 1∶1 的比例控股，微软方面提供的是现金。

失去 America's Talking 之后，罗杰失望地离开了 NBC。正好默多克刚开始自己的尝试，他相信罗杰会是新项目的最佳负责人，他充满想法、活力和激情。此外，罗杰还拥有一个迫切的愿望，那就是打败那个抢走了他的"孩子"的公司。

合适的领导者到位之后，默多克又开始了争取注册用户的工作。他为获得频道所需要的注册用户不惜支付了高于市场费用的价格。同时，罗杰也挖来了业界最好的人手——从 ABC（美国广播公司）来的布里特·休姆、从 CNBC 来的尼尔·卡维托和其他一些人，以及顶级评论员比尔·奥赖利。

所有这一切都落实之后，默多克继续在公司里为新项目进行宣传，明确表示他将尽可能地支持福克斯新闻频道。在外界，默多克和罗杰也是不遗余力，每当你翻开报纸或者打开电视，总会发现有某些形式的关于福克斯项目进展情况的报道。

福克斯新闻频道是一个范例，新项目必需的每个要素都恰到好处地出现了：高水平的人才、大规模的资源投入、大规模的宣传等。其结果说明了问题：福克斯很快打败了 MSNBC，并最终超过了美国有线电视业的龙头企业 CNN（美国有线电视新闻网）。

亨利·福特、大卫·帕卡德和比尔·盖茨这样的传奇企业家都是杰出的范例，他们从无到有地开创了辉煌的新业务，并且把它培育成参天大树。

在你自己的公司，也有各种大小不等的机遇在等待知音。

抓住这些机遇。挑选有激情、有魄力的人来负责，给他们你所有的资源，给他们足够的空间。

企业的成长是伟大的。商业界中的成长并不总是必须从“车库创业”开始。开创一个新局面，尤其是从旧事物的内部发展起来，将是一件令人无比快乐和激动的事情。

第14章

企业并购

警惕交易狂热等致命陷阱

我们都见过两家公司宣布合并时盛大集会的场面：CNBC一大早就会转播新闻发布会，喧闹、嘈杂，到处是热烈的鼓掌、闪耀的聚光灯，以及展示新公司名字的大旗。除了狂欢节上的五彩纸屑以外，什么都有了。

接着，演出的明星登场了——合并双方的CEO们快乐地欢笑着，相互拍着对方的肩膀，大胆地谈论着新的世界、组合优势、成本节约、股东价值的提升。在特别融洽的合并仪式上，CEO们还会相互拥抱，就像史蒂夫·凯斯和杰里·莱文在美国在线与时代华纳的历史性交易发生的那天一样。

兴奋之余，也有人显出精疲力竭的迹象。有时，你从那些舞台中央的主角身上并不难发现这一点。他们好多个星期甚至几个月以来都在彻夜工作，为每一分钱而努力，更不必说未来的职位分配了。

通常情况下，你在合并发布会上看到的只是高兴和解脱——战斗结束了，现在已经到了收获战利品的时候。可实际上，如同任何收购老手将告诉你的那样，战斗才刚刚开始。不付出血汗和眼泪的代价，战利品还不会到来。

如果说合并的第一天是盛大的仪式，那么在第二天清理工作就要开始了。对于交易中的收购方而言，面前将有堆成山的工作。尽管他们充满乐观精神，但房间里总是免不了有些神经过敏的暗流。

一场企业合并给人的感觉可能就像死亡。你所追求的一切事业，你曾建立起来的一切联系突然之间就变得虚无缥缈了。

企业的每一笔合并交易都承诺要压缩成本，因此，即使你是交易团队中的一员，曾经夜以继日地挖掘数字背后的意义，为合并交易提供支持，你还是不免要担心：你所描述的那些节约措施是否会意味着让自己丢掉工作，或者说，你的老板、你在公司里最好的朋友、你曾经培养了一年之久的员工是否会因此而下岗。

对被收购的一方而言，神经紧张就不是什么暗流了，简直就是海啸。每个人都陷入对被解雇的恐惧中。即使你认为自己的职位是安稳的，生活也会变得比以前更加复杂。一场企业合并给人的感觉可能就像死亡。你所追求的一切事业，你曾建立起来的一切联系突然之间就变得虚无缥缈了。你感觉到，一切都将不一样了。

最重要的是，第二天各大媒体头版上会登满财经记者和华尔街分析师对这场交易的合理性的质疑，他们提醒每个人，许多合并最后都失败了。

的确如此，很多企业并购都失败了。特别是对那些想要通过合并来收获产业聚集或协同效应的企业来说，前面的道路更加艰难。如果并购的主要目的是削减成本，而把协同效应当作期望之外的红利，那或许要容易一些。但不管怎样，并购的成功并非顺理成章的事情。

然而，许多公司还是坚持并购——而且也应该如此。

在上一章里，我们分析了为什么来自企业内部的成长是伟大的。每个公司都必须有这样的耐心，持续地关注和投资于自己的创新项目。

相比之下，兼并和收购给了你一个更快捷的使利润增长的办法，它可以迅速扩大企业的经营地域和技术领域，带来新的产品和顾客。同样重要的是，并购可以让企业彻底改造自己的员工队伍——突然之间，企业就有两倍数量的人手可以供自己的团队来选择。

总之，成功的并购产生了一个“1+1=3”的运动机制，可以在一夜之间提升企业的竞争力。

当然，你必须把并购做得出色才行。

本章的内容就是关于这个过程，它是为所有可能卷入其中的人所写的，包括那些直接参与交易的人，以及那些几个层级以外但有可能被波及的人。在GE工作期间，我曾参与过无数次并购项目。退休后，我也多次担任其他企业并购交易的顾问。

显然，我所参与的交易并非各个都成功了，但绝大多数还不错。而且随着时间的积累，我的命中率也提高了，我还从那些失败的案例中吸取了教训。

最后，我还认识到，要想实现成功的并购，只是挑选符合你的发展战略的兼并对象，或者安排哪些工厂被关闭、哪些生产线要合并，以及对贴现利润率或内部收益率（IRR）进行测算都还远远不够。

要实现合并的成功，最主要应避免7个陷阱，也就是指判断方面的失误或者差错。此外可能还有其他的陷阱，但根据我的经验，这7个是最常见的。有时，它们能扼杀并购的成果，但更经常的情况是，它们或者将减缓合并进程，或消耗企业价值，或兼而有之。

这7个陷阱大致如下。其中6个与收购方企业有关，只有1个与被收购方企业有关。

第一个陷阱是相信真的有可能发生“平等合并”。尽管有些尝试者的确抱有高尚的意图，但大多数“平等合并”都会由于虚假的前提而自我毁灭。

第二个陷阱是过分关注经营战略上的匹配，而忽略了企业文化的融合。实际上，相对并购成功的其他因素而言，企业文化即使说不上更为重要，至少也是同等重要的。

第三个陷阱是反被别人当成了“人质”。也就是说，收购方在谈判中让步太多，最后让被收购方操纵了全局。

第四个陷阱是整合行动显得太保守了。如果有出色的领导者，并购行动应该在 90 天内完成。

第五个陷阱是“征服者综合征”，即收购方接手后，在各个位置上安插自己的经理。其实，任何收购的目标之一都是寻求更好的人才。

第六个陷阱是代价太高。这不是说只高出了 5% 或者 10%，而是付出的成本根本不可能通过并购收回来。

第七个陷阱是被收购方从上到下的人员都将体会到痛苦并予以抵制。在并购中，新的所有者总是不愿意留用带有抵制情绪的人。如果你想继续待着，就要克制自己的焦虑，学会尽可能地热爱并购交易。

不要被交易狂热烫伤

在仔细讨论所有这些陷阱之前，我们应该指明一件事。许多陷阱的发生是出于同一原因——对交易的狂热。

我确信，并不需要特别的细节描写来阐述这种现象。你时常能看见有公司急着购买其他企业，而市场上可供选择的对象却很有限。在这种情况下，一旦确定了收购对象，收购方的高管层和那些贪婪的投资银行家就会聚集起来，他们变得着急、偏执。若是出现了潜在的其他收购方，更是火上浇油。

交易狂热是完全符合人性的，即使那些最有经验的人也不能避免。但如果你能在心里牢记那 7 个陷阱，那么狂热对于并购过程的消极影响就会被降低到最小。

第一个陷阱是相信真的有可能发生“平等合并”。尽管有些尝试者的确抱有高尚的意图，但大多数“平等合并”都会由于虚假的前提而自我毁灭。

每次我听到发生了所谓的“平等合并”时，我都害怕去想象这两家公司最后会带来的各种浪费、混乱和挫折，这通常有违很多人的初衷。

是的，平等的合并在观念上是有意义的。有的公司在规模和实力上相当，因此它们应该比较平等地实现合并。还有，在激烈的谈判中——几乎所有的并购谈判到那时都是如此——平等合并的概念可以给大家降降温，双方都可以声称自己是赢家。

但是，平等合并的概念在实践中却会出现问题——人们会停滞下来。

实际上，人们停滞的原因正是由于“平等”这个概念本身。因为双方都会认为，如果我们是平等的，那为什么不按照自己的方式来做事情，你的方法肯定不如我的好。

交易狂热是完全符合人性的，即使那些最有经验的人也不能避免。

最终的结果是，大家的办法都不能得到施行。我知道，并非所有的人都认同我对平等合并的负面评价。我的朋友比尔 · 哈里森，摩根大通银行与波士顿第一银行合并时的 CEO 将告诉你，在金融产业，主要的资产是那些骄傲而自信的银行家们的大脑，因此平等合并是一个必要条件，“否则大家都会走人”。

在这个例外上，他或许是对的。他会考察新的并购是否进展良好，其伙伴是杰米 · 戴蒙——在 2006 年之后成为了新公司的 CEO。而他本人的并购经历也支持了他的观点——从他的化学银行与汉华银行的平等合并，到大通曼哈顿银行与 J. P. 摩根银行的合并。

尽管有这样的成功范例，我还是确信，在工业领域，除了银行和咨询产业以外，平等的合并注定是不好的。

戴姆勒 – 克莱斯勒就是我能想到的最能说明问题的案例。还记得，1998 年，大家都在议论，从各个方面来说，这两家公司都可谓棋逢对手，它们只是出于全球化的需要而进行合并的。两家公司都急于声明，这次合并并不是一个高端的、业务多元化的德国企业（戴姆勒 – 奔驰公司）收购了一家低端的美国汽车公司（克莱斯勒公司）——没有这回事！而是两个工业巨人步入了天作之合的婚姻殿堂。

当然，这些宣传部分是为了帮助并购交易获得监管部门的批准，但部分恐怕也是出于自我陶醉。克莱斯勒董事会的成员当然不会承认他们被一家外国公司购买了，而他们的德国对手也不再那么害怕将来会被一帮美国佬吃掉。

于是，两家公司试图开始平等合并，结果却是混乱不堪！在两个痛苦的年份中，新公司的大批人员乘坐空中客车 A318 飞机在美国底特律与德国斯图加特之间穿梭，每周要往来好几次，以设计令大家都满意的运营计划，包括新公司的文化、财务体系、制造地点和领导团队等。同时，“合并”后的组织在喧闹中跌跌撞撞，而经理们则不知道前进的方向，股东们怀疑地等待那些承诺的全球化、整合和成本节约目标的实现。

故事的结局出现在 2002 年。报纸上报道说，很多人长久以来都怀疑，所谓的平等合并实际上只是一个简单而纯粹的收购而已。等这个事实最后澄清以后，戴姆勒公司终于可以如自己长期以来所设想的那样进行表演了。它建立了统一的管理团队、统一的企业文化和经营战略，公司的业绩也从过去平等合并的低迷中复苏了。

这个故事的要点不在于戴姆勒－克莱斯勒公司本身——那几年这方面的研究已经做得很多了。我想揭示的是，两家有不同领导风格的公司，要想天衣无缝地合并成一个有着双重业务和人员的组织，其实是不可能的。

忘记它吧。旗鼓相当的公司在整合时，它们的员工可能比其他人更缺乏合并的准备。在交易的狂热中，他们或许会宣称，将建立一个完美而平等的联盟。但是当合并真正到来以后，谁来负责掌舵的问题必须尽快落实。必须有人做领导，有人做助手，否则两家公司都将原地踏步。

> 第二个陷阱是过分关注经营战略上的匹配，而忽略了企业文化的融合。实际上，相对并购成功的其他因素而言，企业文化即使说不上更为重要，至少也是同等重要的。

在这里，交易狂热又是导致许多并购发生失误的原因。在并购之前，我们需要谨慎地对文化融合的问题做出分析。

如今，大多数公司有相对明确的时间表来评估战略的协同性，大多数经理人（及其顾问和银行家）都有工具和经验来评价两家公司在地理、产品、顾客或技术（或者所有这些）上面能否相互提升，合并能否创造一个即使存在某些不可避免的重复，但仍然更强大、更有竞争力的企业。

可是，文化匹配的问题则更加玄妙。即使有着清醒的头脑，要比较两种价值体系的异同还是很困难的。许多准备合并的公司都声称，它们有着同样的“DNA”——都推崇顾客服务、决策分析、学习型组织和透明度，它们重视品质、协同等价值观，它们的文化是高业绩、结果驱动的等。

实际上，每家公司都有自己独特的、彼此差别巨大的经营方式。但在交易的热潮中，人们总是认为各家公司都是相匹配的，他们宣布文化相互认同，合并将继续推进。

GE 购买基德公司就是这样的典型，我在“危机管理”那章已经对此做了介绍，并且在我的上一本书里也详细谈到过这件事情。这里只是简单总结如下：一家有 GE 的核心价值观（“无边界运动”、团队精神和坦诚态度）的企业，不能与另外一家有自己独特价值观的投资银行成功合并，因为它们所追求的完全是“我的利益”。

对我来说，不客气地讲，直到问题完全暴露出来的那一天，我才意识到企业文化不匹配所造成的严重影响。那是在 1994 年 4 月一个星期天的下午，GE 和基德公司的一群高管从星期五晚上起已经连续奋战了很久，他们想弄清楚为什么利润减少了 3 亿美元。当时已经很清楚，基德公司的一位交易员乔 · 杰特做了虚假交易。但是我们觉得需要弄明白，为什么这样的行为能躲过银行的监控，同样重要的是，它对企业文化有什么影响。

那天我也加入了团队，讨论报告的内容。在接下来的几个小时里，我们开始明白情况究竟是什么样的，以及对公司的影响。令我印象深刻的是，在那天下午和晚上，两次在走廊，一次在洗手间，同样的事情连续发生了三次：一位基德公司领导团队的经理人靠近我，一脸焦虑地用不同方式询问：“这件事情会对我们今年的奖金有什么影响吗？”

多年之后，我对此事依然记忆犹新。最终，我们把基德公司卖给了佩恩韦伯公司（Paine Webber），后来又卖给了瑞士银行（UBS），对股东来说终于有了一个好的交代。但实际情况是，我们根本不可能使组织从并购导致的创伤中恢复过来。等事情完全结束之后，我曾发誓，我再也不会购买一家价值观与 GE 不匹配，或者不能轻易被 GE 同化的公司了。

在 20 世纪 90 年代，我放弃了对几家西海岸公司的并购，就是出于对文化匹配方面的担心。我绝对不能再走上价值观不匹配的道路了。那些在加州崛起的新技术公司有自己的文化——充满了自吹自擂、虚张声势以及高得吓人的回报许诺。

相反，我们在辛辛那提和密尔沃基的软件部门则是由那些努力工作、脚踏实地的工程师们组成的，大多数人都是中西部州立大学的毕业生。这些人的水平并不比西海岸那些天才们差，他们的待遇也算不错，但并不像那些人那么夸张。

坦白地说，我不想因为并购而有损我们自己固有的健康文化。因为每次并购也必将在某些方面影响收购方的企业文化，所以你必须考虑到这一点。被收购方的企业文化有可能完好地与你自己的企业融合，那是最好的情况。但有时，被收购企业的某些坏习惯也会渗透进来，破坏你已经建立好的氛围，那就够糟糕了。而最坏的情况是，被收购企业的文化还有可能在各个方面取代你固有的精神，无限期地损耗交易的价值。

所以，要想让合并发挥作用，就不要只考虑战略问题，文化的匹配同样重要。

第三个陷阱是反被别人当成了“人质”。也就是说，收购方在谈判中让步太多，最后让被收购方操纵了全局。

有时你是那么渴望拥有那个公司，但结果却是那个公司拥有了你！

这种结果是交易狂热的真正的副产品，很常见，也很可怕。每当我与一位有经验的并购老手谈到企业并购时，就会说起类似的故事。

我第一次遇到这样的问题（很不幸，并不是最后一次）是在1977年，我成为CEO的前几年。当时，我已经参与过数十次并购了，因此我本应该更有经验，但我那时对于购买一家位于加州的半导体公司Intersil极其狂热，对于他们的任何要求都来者不拒。那家公司的CEO确信，他的公司运营良好，他明确表示，尽管他们需要GE的钱，但并不需要更多的建议。

在了解谈判的真实情况之前，我就不停地从各个方面追捧这个家伙了。他要求我们为他本人和手下准备一个特殊的（过分的）补偿计划，声称这是该行业的惯例，我同意了；他说我们不能在他的规划会议上安排GE的人，我也同意了；他说不允许我们要求他的财务人员改变报告体系，以满足我们的要求，我说一切OK。

我迫不及待地付给了他们3亿美元。

我究竟在想什么？

当然，我什么都没想。这就是狂热的力量。

在接下来的几年中，我们艰难前行，试图与Intersil“合并”。通常，当我们提出建议，让CEO改进其运营体系，例如有关人力资源管理的时候，他会把我们扔在一边。“你们不懂这个行业，让我们自己干吧，你们只需要关心季末的利润就行了。”

在名义上，我们拥有这家公司，但是该公司的意志和目标却是完全独立的。

客气点说，这种态度并不让人愉快，对经营也没有帮助。我发现，虽然可以从他们的总部要到信息，但是我必须把问题提得非常确切，否则得到的必然是一团乱麻。GE 的经理人也不再访问该公司了，因为总是受到冷遇。在名义上，我们拥有这家公司，但是该公司的意志和目标却是完全独立的。

最终，我们把该公司卖掉了，价格基本持平。我们从交易中得到的唯一收获就是重要的教训：永远不要购买把你变成“人质”的公司。

事实上，我对 Intersil 公司无能为力。我们并不具备关于半导体的充足知识，也没有在这个领域拥有足够背景和经验的经理人能够取代那位 CEO，更不用说他的整个管理团队了。

10 年之后，当我们要购买 NBC 公司时，又出现了类似的情况，但我们早有准备。从谈判中我们得知，NBC 的负责人格兰特 · 廷克打算离职。我们当然不具有经营电视网络的直接经验，但我知道鲍勃 · 赖特有潜在的实力，他当时是 GE 资本的 CEO，足以在格兰特离职后迅速取代他的位置。我尽力挽留格兰特，但最后没有成功。此后，鲍勃接手。直到 18 年之后，他还在负责 NBC。

两年以后，NBC 的新闻部门又遇到了要把我们“绑架成人质”的情况。该部门的领导者公开地，甚至可以说厚颜无耻地质疑 GE 管理一个新闻企业的能力，并开始建立信息防火墙，这是典型的绑架行为。该部门的经理人拉里·格罗斯曼领导了这次抵制，他拒绝提交一个合理的预算——关于我们如何能挣到钱的预算。我们只好让他走人，并请来了迈克尔·加特纳，此人有丰富的新闻和商业经验。迈克尔在开始驾驭 NBC 时遇到了很多挑战，他都应对得很好。但是不幸，由于任内所发生的一场危机，他也被迫离职。（当时，NBC 新闻的短评栏目中播放了一辆通用汽车被引爆的镜头，以测试汽车的安全性。我们后来为此事进行了公开道歉。）接下来，我们邀请有丰富新闻从业经验的 CBS 制片人安迪·拉克出马，他让 NBC 新闻真正成为高度正直、赢利的企业。

最后再说两句关于被当成“人质”的话。在交易狂热的最后时刻，公司经常会向被收购企业的创始人或者 CEO 支付过高的价码，希望他们会留任，扮演重要的角色，并做出好的业绩，但得到的往往是冲突。

原因在于，过高的价码往往会刺激接受者把任何事情都维持原状。他们会要求你继续让他们照过去的样子来经营企业——因为他们知道如何能够取得成绩。一有机会，他们就要阻挠人事变化、会计系统整合与薪酬计划改革等。

如果有人，特别是以前的老板出面阻挠变化，那么合并就不会真正发生。

你又能做些什么呢？好，如果你出于保持业绩或者延续性的考虑，希望把以前的 CEO 或者创始人留下来，那就不要考虑支付过高的价码，终止自己的损失。相反，你可以提供一个合理的留任计划——在留任期间给予对方一定的报酬。这会给你建立一家新公司提供所需要的自由和手段。

过高的价钱只是人质陷阱中的一个方面。当然，有时你面对一家真正需要购买的企业时，也必须做出某些让步，但不要做得太过。因为那样的话，当交易完成后，你所收购的企业将把你“劫持”——用的正是你自己的武器。

> 第四个陷阱是整合行动显得太保守了。如果有出色的领导者，并购行动应该在 90 天内完成。

让我们再回到大多数并购发布会，回到那些节日般的新闻见面会上。即使在单方面收购的情况下，双方的 CEO 也会承诺建立新的伙伴关系，两家公司将会合作，达成共识，平稳地合并。

但是很不幸，如果建立伙伴关系的进展不理想，就会导致合并瘫痪。双方就文化、战略、运营、企业名称、信笺抬头以及其他一切不断进行讨论——而真正的融合还为时尚早。

对于变革而言，狂热却不是什么坏事。相反，这还是更值得钦佩的，是考虑到被收购方感情的礼貌表达。没有人希望做令人讨厌的赢家，不经过任何讨论就推行改革。实际上，许多收购方都希望把在谈判最后阶段抱有的积极心态维持下去，他们认为谨慎一点的行动或许更好。

不确定性会让组织陷入恐惧和迟钝。目标需要让每个人都清楚，全部合并应该在交易生效的90 天之内完成。

我不是说，收购方不应该就两家公司如何进行业务合并的问题开展讨论——那当然是需要的。实际上，最好的收购方总是伟大的倾听者。他们会提出许多问题，把可以搜集到的所有信息和观点都记录下来，这些内容是很多的。但是在那之后他们则必须尽快行动，他们必须就组织结构、人事、文化、方向等迅速做出决策，并且不遗余力地把决定贯彻下去。

不确定性会让组织陷入恐惧和迟钝。唯一的办法就是公布清晰的向前走的合并程序，让每个人都心如明镜。这项工作可以由CEO 亲自负责，或者请主管合并的经理人——最高决策层的、众望所归的收购方代表负责，并得到 CEO 的授权。这个过程应该有严格的时间表、目标和相关的责任人。

目标需要让每个人都清楚，全部合并应该在交易生效的 90 天之内完成。

每耽误一天都是浪费。

我们来看一个典型的谨慎过头的例子以及为此付出的代价，那是 1999 年 11 月新荷兰公司（New Holland）对凯斯公司（Case Corporation）的收购。

新荷兰是一家荷兰公司，总部在伦敦，是意大利汽车巨头菲亚特（Fiat）的分支，农业和建筑设备行业的第三号公司。从战略考虑出发，该公司的经理人提议购买该行业的第二号公司——位于威斯康星的凯斯公司，并使自己取代行业老大强鹿公司（John Deere）的地位。收购以 60 亿美元成交。

考虑到产品与市场的接近，你或许认为这两家公司的合并将进展得很顺利，特别是将显著地降低成本。但是，新荷兰是由欧洲母公司控制的一家企业，其领导者对于在美国收购一家本土公司非常谨慎。还有，菲亚特已经为凯斯支付了大笔资金，这更增加了新荷兰的担忧。我的老朋友保罗 · 弗雷科，GE 的前副董事长，当时任菲亚特的董事长，还记得那笔交易的压力："我们不希望捣乱，不希望造成太多的变化，以致把该公司弄垮——我们付了太多的钱，绝不能发生那样的事情。"

菲亚特让凯斯的 CEO 做新公司的负责人，还有，大多数职位都由凯斯的高管担任，包括 COO（首席运营官）和 CFO。

不用说，这个合并是困难的。合并后的领导团队的确做出了一个重大决策——保持两家企业各自的品牌和销售体系，但是其他大多数事情都被抛在了脑后。

当设备市场在 2000 年陷入低迷后，合并也停滞了，新公司随之沉沦。在危机状态中，菲亚特派来了一个新的 CEO 保罗 · 蒙菲利诺。他到美国上任后，让合并的事情重新转入了正轨，这其实是合并第一天就应该采取的态度——快速和决断。原来的 CEO 琼 – 皮埃尔被任命为董事长。很奇怪的是，菲亚特原本担心这样的人事变化会造成什么问题，但没想到任命之后，他们的高管很快发现琼 – 皮埃尔非常适合新的职位，而且他自己也很乐意。他很善于同顾客打交道，是出色的工业政治家。以前所有的谨慎小心原来都是大可不必的！

当美国国会在2002年通过《农业法案》之后，农业市场复兴，最终合并成功的CNH Global N.V.公司（新企业的新名字）在市场上也占据了很好的位置。但是，正如保罗·弗雷科所言，“由于企业文化的不确定性，我们至少损失了一年的时间”。

凯斯与新荷兰合并的故事并不是唯一的。

在2000年，GE就试图购买霍尼韦尔（Honeywell）——这个交易，据有的人回忆，永远不可能获得欧盟的批准。但是在我们等待监管部门批准的7个月中，双方的管理团队花了很大的力气来推动合并。

其中的部分过程与霍尼韦尔公司1999年与联合信号公司（Allied Signal）的合并密切相关。当时，那两家公司完成合并已经有一年的时间了，因此我们都期待有显著的进步。

然而，我们吃惊地发现，联合信号和霍尼韦尔的高管还在“讨论”合并后公司的价值观与行为方式的问题，而双方也都还在按照自己原来的方式行事。联合信号的人有一种积极的、注重数字的文化，但霍尼韦尔的高管却喜欢自己的公司更注重合作的精神。合并后公司的CEO迈克·邦西格诺不愿意在两种工作方式中做出选择。于是，在合并协议签署之后，两家完全不同的公司仍然各行其是，没有进行实际的合并。

按照合适的速度合并，力度也要恰到好处，这需要掌握平衡的艺术。在了解这个陷阱之后，你至少应该知道，什么时候自己可能出轨了。如果交易完成后已经过去了90天，人们还在有关战略与文化的重要事务上讨价还价，那你就过于谨慎了，应该立刻行动。

> 第五个陷阱是“征服者综合征”，即收购方接手后，在各个位置上安插自己的经理。其实，任何收购的目标之一都是寻找更好的人才。

如果说在文化与业务的合并方面，收购者经常是过于小心，那么在人员选择方面，他们则往往过分狭隘。

这种狭隘，我是指收购方往往假设自己的人要更加优秀，他们或许的确优秀，但也许不是。在并购中，你应该这样来考虑新的人员安排：就仿佛猎头公司刚刚给了你一个名单，对于你所有的岗位而言，来的都是新的候选人。如果你只是依靠自己的队伍来运营，那你就必然要毫无理由地丢掉更好的员工。

当然，这种行为其实有自己的理由，但并非好的理由——不过是亲疏有别而已。你自己人的底细如何你是清楚的——他们对你也同样如此，他们懂你的业务和文化，知道如何让工作适应你的要求。

还有，让朋友下岗总是要比让陌生人下岗更困难一些。你认识他们的家人，你们一起走过了愉快和艰苦的岁月，你曾经告诉他们，留在公司会有长远的发展潜力。有的人还参加了并购的工作。

因此，你很难对他们说：“你不再那么优秀了。”

但你只需要记住，合并最大的战略收益之一就是让收购方有更丰富的人才库来组建队伍，这是你不能忽略的竞争优势。因此在人员去留方面必须保持非常公平，要对事不对人，即使要对“自己的人”开刀也在所不惜。

无疑，要避免这个陷阱是相当有挑战性的。

我已经记不清楚有多少次，我们卷入了并购，在每个领导位置上都安排好了 GE 的经理人。大多数时候，我们并不知道自己会因此失去多少潜在的人才资源，但是有一次，我们却不能再熟视无睹了，那次的代价是非常高昂的。

事情发生在 1988 年，GE 从博格华纳公司（BorgWarner）手里收购了西弗吉尼亚的一家塑料企业。那是个很有把握的交易，我们这样认为。我们收购的企业包括一条 ABS 工程塑料生产线，而我们自己也有工程塑料业务，生产高端产品 Lexan 和 Noryl。GE 的塑料团队看到，并购立刻就能带来成本效应，他们认为自己唯一要做的事情就是裁减博格华纳原来的销售队伍，用 GE 自己的渠道来推广其产品。

但是这个计划却有个严重的问题：我们的销售队伍习惯做技术性的销售，能说服工程师们从金属材料转向塑料材料；然而，博格华纳的销售队伍却完全不同，他们卖的是更便宜、更大众化的产品，用的是老式的、与客户交心的办法——依赖个人关系和庞大的费用支出。

我们的人对此并不擅长。

结果是灾难性的。由于自己的成见，我们削减了博格华纳销售队伍的 90%，导致自己在 ABS 的市场份额降低了 15%。合并遇到了挫折，没有发挥应有的潜力。ABS 最后成为 GE 塑料产品组合中的一个部分，但是并没有产生真正的价值。

我们本来是清楚这一点的，在两年前，当我们收购 RCA 时，人事安排就处理得很恰当。

在各个层次上，收购 RCA 的交易都是赢的结果。例如，收购 RCA 强化了我们向服务业转移的战略目标，同时，这笔交易增强了我们的制造业基础，对于我们现有的三项业务——半导体、航空和电视机业务都有好处。

在以上三项业务的案例中，我们都充分利用了并购所带来的人才资源增加的优势，挑选了 RCA 的人来领导合并后的组织。

我们要与“征服者综合征”做斗争，要把并购想象成获得人才宝库的机会。

例如，GE 的电视机业务在合并时是由一位聪明的年轻人负责，他是从我们的业务拓展部门过来的，MBA 毕业后做过咨询专家。尽管他有点傲慢自大，需要加以引导，但总的业绩还是很不错的。很多人都认为，他具有成为领导者的长远潜力，这点我们也不止一次地跟他本人谈到过。

同时，RCA 的电视机业务也有一位非常出色的 CEO——他是位工业界的老手，其见识和经验是我们的人所欠缺的。他也有出色的业绩，是负责合并后的更大的电视机部门的当然人选。这两个人都可以担当 CEO。

不过我们还有里克 · 米勒，他是 RCA 的 CFO，是一位重要的盟友——聪明、敏捷、充满创造力和能量。可是GE已经有一位出色的CFO了，看来结果会让里克走人。

我们原本想帮助自己的经理人取得新位置，结果没有成功。最后我们建议，GE和RCA原来的两位CEO都在未来几个月里自己去找新的工作，而把位置交给里克。当然，两位离任者都在别处找到了很好的归宿。

关于人事选择的问题，我想最后再说两句。在最有效率的合并中，人事安排实际上在谈判中就开始了，也就是在交易达成之前。例如，在摩根大通银行和美国第一银行的合并案例中，交易完成的同时，25名最高级经理的人选也已经确定了。那是最杰出的实践，也是值得争取的目标。

要点在于，我们要与“征服者综合征”做斗争，要把并购想象成获得人才宝库的机会——这种机遇是难得的，在其他情况下，你需要经过多年的寻找，向猎头公司支付无数费用才能得到。因此你就不该浪费它。做出困难的决定，选择最好的人手——不要管他们原来属于哪一方。

> 第六个陷阱是代价太高。这不是说只高出了5%或者10%，而是付出的成本根本不可能通过并购收回来。

这个陷阱与市场一样古老。人毕竟是人，当他们想获得其他人也希望获得的什么东西时，一切理性都消失了。这里，我们又要怪罪对交易的狂热心理。这样的情形会在小摊儿上出现，华尔街也同样不能避免。

请注意，我所说的价格过高不是说只多了几个百分点——在一次执行良好的企业并购中，这点溢价是完全可以的。而且实际上，在桌子上留下一点儿小钱可能还是有用的，它可以缓和那些阻挠业务合并的尖刻心理。

相反，我所说的出价太高，是指高得你永远都赚不回来。

在这方面，最为恶劣的例子就是时代华纳与美国在线的合并。一个媒体巨人，拥有无数有真实价值的资产和产品，却多花了数十亿美元，去购买销售渠道和不明显的竞争优势。更让人惊愕的是，当时的人们对于这个虚幻的所谓“协同效应”的说法却有如此高的热情，几乎每个人都参与了鼓吹。只是在并购已经明显失败之后，泰德·特纳，推动合并交易的一位重要董事，才在全美电视节目中承认，他一开始就并不喜欢那场交易。但那时，对于时代华纳的股东而言，头脑的冷静来得太迟了。

如果你由于价格原因而放弃了某次并购的机会，生活还将继续。没有终极的完美交易。

当然，在 2000 年时，每个人都为一切东西支付了过高的价格。例如，在出版产业中，德国媒体巨人古纳亚尔（Gruner+Jahr）为购买《公司》（*Inc.*）杂志和《快公司》（*Fast Company*）杂志大约支付了 5.5 亿美元，当时，这样的收购让其他商业杂志感到万分恐惧。但在随后的衰退中，那样的高价恢复了自己的本来面目——太离谱了。世界上已经没有其他合并可以作为补偿，那些遭到罢免的古纳亚尔公司的经理人想必不得不承认这个事实。

要想避免过高的报价，并没有特别的窍门，也没有什么拇指定律可以帮助你轻松地计算价格是否太高。但你只需要知道，除了极少数的业务整合案例之外，如果你由于价格原因而放弃了某次并购的机会，生活还将继续。

没有终极的完美交易——只有对交易的狂热才会让你这么认为。

第七个陷阱是被收购方从上到下的人员都将体会到痛苦并予以抵制。在并购中，新的所有者总是不愿意留用带有抵制情绪的人。如果你想继续待着，就要克制自己的焦虑，学会尽可能地热爱合并交易。

2004 年 10 月，在我家乡的报纸《波士顿邮报》上出现了一篇引人注目的文章《关于一个“兴旺发达的幸存者”》。文章所报道的人名叫布赖恩 · T. 莫伊尼汉，他在福力特银行（Fleet）的并购部门开始自己的职业生涯，在以后的 15 年里逐级晋升，负责企业的资产管理业务。但在2004 年4 月，美洲银行收购了福力特银行。

并购宣布后的几个月里，许多与布赖恩同一级别的经理被扫地出门。但他没有，他反而获得提拔，开始负责美洲银行的全部资产和投资管理业务。实际上，美洲银行对莫伊尼汉是如此信任，甚至把 100 名左右的资产管理经理从北卡罗来纳调到了波士顿，以方便他的领导。

“还不清楚，为什么莫伊尼汉做到了高层的位置，而他的同事们却失败了。”该报纸说。

对于我而言，答案却并非不清楚。你只需要看看同样一篇文章里阿尔瓦罗·德莫利纳（美洲银行负责国际公司和投资银行业务的总裁）所说的话就知道了。

他说，布赖恩“是一位现成的合伙人”。

这让我想到，在那些被收购的公司中，存在着一个很普遍的巨大陷阱——抵制。不管你有多么害怕、疑惑和愤怒，抵制企业的合并对自己的职业生涯往往等于自杀，更不用说对你的情感危害了。

不管你有多么害怕、疑惑和愤怒，抵制企业的合并对自己的职业生涯往往等于自杀，更不用说对你的情感危害了。

现在，我并不知道布赖恩本人对于自己原来的银行与美洲银行的合并是否也感到过害怕、疑惑和愤怒。在某种程度上，由于他并没有把所有这些感情因素表现出来，因此那并不重要。相反，他的例子恰好显示，如果你希望在合并后生存下来，你需要的是热情、乐观和支持。

为什么？因为对于收购方而言，最恼火的事情莫过于为一家公司花了大把金钱，而走到大门口的时候却被员工们以冷漠的苦脸相待。

谁想要那样呢？

是的，对于变化有些抵触是自然的，但如果你想在一个突然增大的人才库中保留自己原来的工作，或者更坦率地说，如果你还想享受工作，那就不要表现得像个受害者！接受企业合并的现实，想办法让它运转起来，表现出你希望尽可能把事情做好的态度。告诉你自己，过去的好时光已经结束了——而最好的时光还在将来。

我明白，对于这个建议，不是每个人都能同意。但如果你不这样做，必然会付出代价。

比尔·哈里森就记得，他与一位来自摩根大通银行的天才经理会面的情形。此人是并购交易之后他遇到的“苦脸”之一。

“朋友，你非常优秀，我们真的希望留住你，”他说，“但是如果你不能更积极地行动，拥护现在的改革，恐怕不能继续留在这里。”

这个故事令人遗憾的结局是，正如比尔所言，那位经理“与大多数人一样，不会掩饰自己的感情”。几个月之后，他离开了。

在并购结束后，经理人会挑选那些为交易欢呼的人，即使他们并不如那些叹气的人聪明、有见识。当你有两个人做同一件事情时，如果他们的能力在其他方面都很相近，则态度更积极的、支持合并的人会赢。

我有位老朋友，他几乎毕生都在为一家大型保险公司工作，在市场、公共关系和社会关系方面担任高层职务。他与公司的CEO关系很好，这可以让他超越自己的职位，参与各种总裁决策会议。他是CEO的臂膀、教父和伙伴。

可是，就在几年前，我朋友的公司被一家相距遥远的金融服务公司收购了。他的好朋友CEO被“提升”为董事长，并将在两年后彻底退出。

一个月之后，我的朋友来电话，邀请我喝一杯，越快越好，我对此并不感到惊讶。当我几天后见到他时，他完全是一副失魂落魄的样子。“我对公司没有价值了。他们把我的老板一脚踢开，他出局了。我的新老板远在总部，他和我都不清楚谁应该做什么。我憎恨这种混乱的状况。”

长话短说，我建议这位朋友与他的新老板建立好感，尽可能让合并成功走下去。如果他像自己声称的那样在工作上很出色，那么新的 CEO 将很快注意到他。陷入生气状态的做法是愚蠢的。

我提出的主要建议是：“抛弃过去的傲慢，证明自己的价值，从头开始。”

一年过去了，我的朋友在职业生涯中从未如此得意过。他为自己找到了一个新的职位，负责监督三个重复部门的组合，并承担了为新市场总监提供建议的职责，最后他与组织的新顾问们合作，在品牌推广工作中扮演了重要角色。

“我不知道自己为什么如此投入，”他说，“我总是告诉别人，变化是件好事，并且要让变化改造自己。当初最艰难的事情是把自己从困境中解救出来，老实说，一开始我必须伪装自己，但直到有一天，我最终战胜了自己，不再愚蠢地继续痛苦了。”

下一次，当你想咒骂合并交易、新老板和自己命运的不公时，这可是个值得借鉴的好建议。你和你的恶劣态度都是可以被替代的——而且，如果你没有学会向收购者那样去热爱合并，这种事情就一定会发生。

并购意味着变革。

而变革并不是坏事。通常来说，并购都是好事。它不但是商业生活中不可或缺的组成部分，还能带来高速增长的潜力。它能把你推到一个新的、激动人心的战略位置上，有一种有机成长所不能比拟的速度。

是的，并购也有自己的问题。所有的研究成果都告诉你，超过半数以上的企业合并没有带来价值的增加。但这并不等于说，你必然会成为统计数字中倒霉的那一部分。

不要让并购的热情灼伤你，避免那 7 个陷阱——在“1+1=3”之后，收获成功的果实吧。

第 15 章

六西格玛

它并没有你想象中那么复杂、可怕

在之前的两章里，我们审视了商业生活中最令人激动的一个部分——成长，既有从新业务中获得的成长，也有通过兼并收购获得的成长。

本章，我们要简单地（我保证）谈谈企业最厌烦的事情之一——六西格玛。

现在，我依然是六西格玛计划的狂热信徒。它是 1995 年时 GE 从摩托罗拉公司借鉴而来的质量改善计划，一直推广应用至今。

在改进公司的运营效率、提高生产率、降低成本等方面，六西格玛所带来的效力是无与伦比的。它改进了设计程序，让产品能更快地走向市场，减少质量缺陷，建立顾客忠诚。然而，也许六西格玛计划最大和最未被宣传的好处是，它能帮助建立伟大的领导团队。

简单地说，六西格玛是过去20多年来最伟大的经营创新之一，是提高公司竞争力最有效的一种方法。在这些日子里，随着六西格玛被世界各地越来越多的公司所采纳，你不能不去理解它、实践它。

做得好，六西格玛将令人振奋，起到良好的效果，甚至可以是非常有趣的。

然而，六西格玛也会造成严重的焦虑和混乱。过去，在各个国家举行的历次讨论会上，都会有听众问我一些关于六西格玛的痛苦的问题。你可以看出听众们对此的浓厚兴趣，他们圆睁双眼，仿佛在听一场漫长而紧张的技术讲座，需要许多图表才能理解。

当然，我有点夸张了。公平地说，对于许多人而言，提到六西格玛的概念的确感觉像是去看牙医。但是，六西格玛计划确实与做一次“根管治疗”[①]或者其他什么可怕的治疗无异，做得好，那将令人振奋，起到良好的效果，甚至可以是非常有趣的。

你必须明白，六西格玛最本质的含义是什么。

在我要讲的内容里，不会有任何技术性的东西。如果你想了解基本概念之后的统计原理，或者实现六西格玛具体需要做些什么，那么研究一些书籍、录像和培训计划是必要的。

① 根管治疗是针对牙髓病和根尖病的国际上最常用的有效治疗方法。——编者注

但就本章的目的而言，我将非常简单地介绍六西格玛是什么以及我们要做什么。我要讲的是一个“大众化的六西格玛版本”，其对象是这样一些人——他们都与我相似，希望听所谓的“电梯演讲”，简明扼要地说明六西格玛是什么、为什么那么重要。这样的解释科学家和工程师可能不会满意，他们需要知道六西格玛的统计学基础，并把它融合到复杂的实验设计和装备之中。

我的定义是：

六西格玛是一个品质改善计划，它的宣传和执行可以改善顾客的产品体验，降低你的成本，培养更好的企业领导。

六西格玛所采取的办法是减少浪费和避免低效率，完善公司的产品和内部流程设计，让顾客得到他们需要的东西，并且在他们需要和你承诺的时候得到。显然，大家都希望顾客对自己的东西更满意，觉得比其他对手的更强，不管你是在经营 Upper Crust 比萨店，还是制造功率最大的飞机引擎。在“战略”那章中，我们谈到了顾客忠诚，我们用“黏性”这个词来描述你的愿望。好，要让你的顾客保持黏性，一个主要办法就是满足和超越他们的期望，这就是六西格玛要帮助你的地方。

要让你的顾客保持黏性，一个主要办法就是满足和超越他们的期望，这就是六西格玛要帮助你的地方。

相反，如果在服务和产品上不能保证品质始终如一，必将扼杀顾客的忠诚。

我们举例来说明，假定你需要为别人供应配件，承诺10天交货。

在三次交货中，顾客分别在第5天、第10天和第15天得到了货品。平均来说，的确是10天交货。

在后三次交货中，你的顾客分别在第2天、第7天和第12天得到了货品，平均是7天。表面看起来，你在顾客体验方面取得了巨大的改进，其实不然——你或许在内部流程和成本的某些方面进行了改善，但顾客得到的却还是你的服务质量不一贯！

用六西格玛的办法，将使你的顾客在约定的第10天得到他们所要的全部三次交货，或者在最坏的情况下，分别在第9天、第10天和第11天得到。

换句话说，六西格玛不是关于平均数的问题，而是关于方差或波动的问题，并且要在你与顾客的界面上进行改进。为了改进方差，六西格玛要求公司拆解自己的整个供应链、销售链以及产品设计，其目标是消除一切可能导致浪费、无效率或由于你的不可预测性而导致顾客恼怒的因素。

所以，这就是六西格玛——消除令人不愉快的意外和食言的情况。

简单、复杂，或者都不是

大体说来，六西格玛有两项主要的应用。首先，它能用来改进日常的、相对简单的重复性任务的方差，适用于不断发生的行为。其次，它可以用来保证大型的复杂项目在第一时间里取得顺利进展。

第一种类型的应用案例不胜枚举。从美国南达科他到印度德里的呼叫中心都在利用六西格玛，以保证对每个打进电话的询问者而言，铃响多少次之内，电话就能被接听。信用卡机构也在利用该计划，以确保人们会在每个月的同一天收到准确的账单。

第二种类型的应用涉及一些大型项目，有时需要花费数年时间和多方努力才能完成，那是工程师和科学家们所擅长的领域。如果你要在新型的飞机引擎或者汽油涡轮机上花费数亿美元，你就必须保证，不能在项目进展和设计方面出现自相矛盾。要想在模型推演或者计算机屏幕上发现它们，六西格玛将是最有效率的办法。

显然，需要参加多少六西格玛培训取决于具体的应用地点和形式。

对第一类应用（简单的重复性活动）而言，你所需要的培训教育水平当然是有限的。为了发现产生不一致性的原因，人们需要知道应该得到哪些信息、如何进行分析。另外，这种培训的严厉性会产生一个有益的副作用，它能帮助人们形成严格的思考习惯和纪律。这也是为什么我们注意到，每当某个公司开始执行六西格玛计划之后，不但其财务业绩会变化，经营水平会有所改善，领导者的素质也提高了。

第二类应用就不同了，它要求更深入的培训和统计分析。我自己从来没有参加过这类培训，但是我从 GE 在飞机引擎和涡轮机业务的正面经验中知道，这是有效果的。

请不要搞错，六西格玛并不是针对公司所有活动的灵丹妙药。在一些注重创造性的工作中（如撰写广告文案、策划市场活动或者投资银行之类的一次性交易），应用六西格玛是没有什么意义的，只能浪费许多精力。六西格玛计划对于重复性的内部流程和复杂的新产品设计才是最有意义的。

那么人们为什么恐慌呢？

此时，你或许感到疑惑，如果六西格玛如此简单明了，那为什么会有那么多人感到焦虑和混乱呢？

> **“我们有个很好的开端，”他说，“我们从卡内基－梅隆商学院这样的地方雇用了几名统计学家，我们还在继续寻找。”**
>
> **我则想：“这个可怜的家伙正准备为信念而牺牲呢！”**

这也许要归因于它最开始被推荐给大家的方式。在许多情况下，公司领导都是聘用外面的专家——科学家、统计学家、工程师或者六西格玛咨询专家——来传播新的福音。这些专家们虽然用意良好，但他们所讲解的复杂的幻灯片往往让大家发蒙，恐怕只有麻省理工学院的教授们才能理解。更糟糕的是，他们还常把六西格玛当成解决公司一切问题的万能药，以为放之四海而皆准。

几年前，一位知名消费品公司的 CEO 来拜访我，聊起六西格玛咨询计划。“我们有个很好的开端，”他说，“我们从卡内基－梅隆商学院这样的地方雇用了几名统计学家，我们还在继续寻找。”

我则想：“这个可怜的家伙正准备为信念而牺牲呢！”

当然，我没有这样对他说。我所说的是，这些统计学家或许很出色，但是对于他正在实施的相对简单而直接的项目而言，他应该将重点放在让公司里的每个人都理解六西格玛的基本含义上。那些大名鼎鼎的专家们只会把大家都吓跑。

他说，他会认真考虑的，但我认为他这么说只是出于礼貌。他把六西格玛纯粹看成专家的事，而没有考虑要将其融入自己公司的血液中。

如今，很多人都开始理解六西格玛，知道在一个组织中哪里可以应用它，哪里不适合应用。特别是，在行动之后的几个月，他们就开始体验到了其竞争力。那时，他们自己也成了六西格玛的传播者。

所以你下次听到六西格玛的时候，不要躲起来。一旦你明白了这句简单的格言——“波动是糟糕的”，你就是一个 60% 的六西格玛专家了。

剩下的 40% 就是去除那个糟糕的部分。

第四部分 WINNING

个人职业生涯如何才能赢

第 16 章

合适的工作

找到一份好工作，此后的人生不再是劳作

有人说，感受生活只能向前看，而理解生活只能向后看。职业也同样如此。

每次我问那些成功人士，他们的第一份职业是什么，其第一反应通常都是哈哈大笑。宝洁公司的 CEO 和董事长 A. G. 拉夫雷原本打算成为研究文艺复兴历史的教授，但是，他后来从研究生院辍学，在海军服役了两年时间，随后的六年住在东京的一个海军基地附近，经营杂货店和专业用品商店，以前的理想也就彻底破灭了。

再比如梅格 · 怀特曼，她最开始的职业是做管理咨询，接着加入了迪士尼公司，参与创办了该企业在日本开的第一批商店。随后，她来到新泰莱（Stride Rite）公司，重振其 Keds 品牌。她

还接管了业绩不佳的花卉公司FTD，不久又被孩之宝（Hasbro）公司请去负责PlaySkool和Mr. Potato Head分部。

最后的结果异常出色，梅格·怀特曼成了eBay（电子港湾）公司的CEO，那可是一家无所不包的零售商，不是吗？不过，梅格·怀特曼并没有做过什么特别的职业规划，因为eBay是1995年才成立的新型企业！

重要的一点是，你在未来会从事什么样的工作，这个问题几乎是不可能准确预测的。实际上，如果你的确遇到了某个长期以来一直忠实地执行自己职业规划的家伙，那可千万别在晚餐上同他坐在一块儿——多么乏味的人啊！

当然，我并不是要你听任命运的摆布。一份伟大的工作能让你的生活充满兴奋，富有意义，而不合适的工作则会让人的生命之水趋于枯竭。

那么，你怎样才能找到合适的工作呢？

答案很简单，首先，就是你要学会忍受，这是一个令人讨厌而又浪费时间的过程，有起有伏、反反复复。所有的上班族都有过类似的经历，人们先接受一个工作，看看自己喜欢什么、不喜欢什么，哪些方面擅长、哪些方面不擅长。接着，他们在合适的时候变更工作，更接近自己理想的职业。直到有一天，人们认识到——啊，我已经找到最适合自己的工作了，我喜欢自己正在做的事情，我所得到的平衡是自己心甘情愿的。

是的，一种平衡，因为没有什么工作是完美无缺的。你可以对自己的工作有发自内心的喜爱，但依然希望薪水能再高一些。或者你觉得工作本身只是马马虎虎，但你喜爱周围的同事。不管用什么标准，总有适合你的工作。

那么，本章的目的就是让大家在寻找合适的工作时，花费的时间更短一些，更加清楚明了一些。

具体来说该怎么做呢？

很幸运，大多数工作都会发出适合你或者不适合你的信号。不管是一个组织内部何种级别的岗位，也不管你是刚从学校毕业的青年，还是个希望得到升迁的中层经理，或者寻求领导岗位的高层人士，这些信号都是存在的。当然，寻找工作的过程本身也有各种不同的情况，需要给予特别的考虑——比如寻找人生的第一份工作、在困境中寻找工作，或者在遭到解聘之后寻找工作等。我们将在本章最后的部分来探讨这些特殊情形。

首先，让我们来看看那些关于工作是否适合你的信号——好的信号和糟糕的信号。

假设你在考虑一份新工作……		
	下面这些是好的信号	**下面的信号你要当心**
人	你喜欢那里的人——你能和他们很好地沟通，你真正喜欢他们的公司。可以说，他们的所想和所为与你不谋而合。	你感觉自己在工作时需要戴上面具。在拜访过那家公司之后，你会这样对自己说：“我不需要和那些人交朋友。”
机遇	工作将给你在人生和职业上获得进步的机会，你感觉能学到自己原来甚至都不知道应该学习的知识。	你一到那里就被当成技术专家，似乎马上就成了办公室里最聪明的人。

（续表）

假设你在考虑一份新工作……		
	下面这些是好的信号	下面的信号你要当心
未来	工作将给你一个表明自己能力的证书，让你终身受益。这是一个朝阳产业或新兴业务。	该产业或该公司已经过了巅峰期，或者财务状况比较糟糕。由于某些原因，不能为你今后的职业发展提供更多的帮助。
主导权	你自己能掌握这个工作，或者你知道自己在为什么样的人工作，同时对所得感到公平合理。	你选择这个岗位是由于其他原因，例如你的配偶不希望你出差太多，或者你六年级的老师说过，你永远都将一事无成。
工作内容	工作的内容令人着迷——你非常喜欢，感到有趣、有意义，甚至能触及你灵魂深处的感受。	工作给人的感觉只是工作而已，你对自己说，“这不过是权宜之计”，或者“我不得不向金钱低头”。

关于薪水

在具体讨论上面的每个信号之前，先说说关于钱的事，这是每次面试中最核心的话题。

世界上最糟糕的事情莫过于，那些讨厌的家伙一边挣着大钱，却一边大放厥词，说钱对于那些正在找工作的人来说并不重要。所以，我不会像他们那样做。而且我会告诉你钱当然很重要——非常重要。

在我考虑自己的第一份工作时，曾有好几个选择。GE 提供的工作比起其他地方，每年可以让我多拿 1 500 美元。从研究生院毕业的时候，我是一文不名。因此那 1 500 美元仿佛是个很大的数字，并对我的职业决定起了关键的作用。一年之后，我第一次在GE获得了加薪。但是我很快发现，自己部门里的其他人也都得到了同样的奖赏。此时，对按劳分配的强烈信念告诉我：“忘了这个鬼地方吧！”不过我并没有马上辞职，我在伊利诺伊州的一家化工企业得到了新的工作邀请，那里愿意给我高出GE 25%的薪水。拿着这个条件，我跟GE摊了牌，但最后还是听从公司的劝告留了下来。当然，达成的条件是GE需要把我的薪水涨到与竞争对手的开价同等的水平。

实际上，我们并没有什么好办法能把对待遇的考虑从关于工作或职业的决定中区分出来，因此，你能够做得最好的就是算清楚钱对于自己来说究竟有多重要。你只需要记住，说自己并不在乎财富，听起来的确很高尚，但要在今后的岁月里为职业决定的后果承担责任，则是完全不同的事情，特别是当你需要为家庭支付房款和学费以后。

在乎金钱，不在乎金钱，还是介乎其间，其实都没有什么错。但如果在职业生涯的最初几年里，你对自己的感受不诚实，今后或许会追悔莫及。

再回到有关好工作的信号上来，这些信号都是重要的，其排列次序没有什么特别的含义。

人

我想说，第一个信号与人有关。也许其他一切与工作有关的事情都很完美——任务、待遇和工作地点等——但假如你并不欣赏那些与自己朝夕相处的同事，那么工作仍然可能是一种折磨。

这一点看起来是很显然的，但我还是惊讶地发现经常能遇到一些人，他们并不认同自己所在组织的共同理念。这些理念是指一系列的价值观、个性特征和行为方式，从人们参与行动时的热情，到他们会面时的兴奋；从他们对工作业绩的坦率态度，到会场上发出的笑声。

如果加入了一个与自己的内心感受不相融合的公司，那你将发现自己必须戴上面具才能生存，每天都要做自欺欺人的事情，这对于职业发展是多么糟糕啊。

我认识一位女士——姑且称她为克莱尔吧——她作为 MBA 毕业之后，成为一家非营利机构的经理。开始时，克莱尔以为自己得到了最理想的工作，她可以利用自己的商业技能来改善该组织的运营，同时还能“让世界变得更美好”——这是她的原话。

几年之后，克莱尔已经无计可施。她的同事们做每个决定都像蜗牛一般缓慢。“无论我们是讨论到哪里去吃午饭，还是商量如何制订市场计划，情况都一样。”她回忆说，“每个人都必须发表意见，所有人的意见最后都必须完全统一，这真让人发疯！这个组织的宗旨都很不错，可是最后却一事无成。”

终于，克莱尔觉得自己无法再容忍下去，在一个非营利机构的环境中所感受到的理念与她本人存在严重冲突，她开始到私人企业中寻找咨询性质的工作。她找到一家非常注重社会公益事业的企业，并且安慰自己说，如果能到那儿工作，依然可以为公益事业尽点绵薄之力。

在职业生涯中，你也需要找到与自己志趣相投的人，而且越早越好。

问题在于，那家公司却不愿意聘用她。“你以前工作的效率和强度与我们的要求不符，”他们告诉她，“我们需要能高速运转的人，或者直说吧，我们需要那些跟我们相似的人。”

克莱尔目前还在那家非营利机构工作，她留了下来，尽力而为。不幸的是，她说，“我发现那些‘与自己志趣相投的人’都在咨询公司里”，但是为时已晚，“因为他们觉得我和他们并不一样”。

在职业生涯中，你也需要找到与自己志趣相投的人，而且越早越好。也许某个工作在其他方面看起来都不错，但如果你找不到与那里的同事一致的感觉，依然不能算理想的选择。

机遇

第二个信号是关于机遇的，即工作能让你获得多少成长和进步。

毫无疑问，就那些你认为自己做起来过于轻松的工作而言，这个问题是非常严重的。当然，傻瓜式的成功也能让人有所收获——包括在心理上和在金钱上。

然而，你要做的工作理应具有一定的挑战性，它要让你想到，“绝大多数任务我是能够完成的，但其中还包括了某些我尚未掌握的知识和技巧，我从中能学到些东西。”换句话说，任何新工作都应该让自己感觉有所发展，而不是刚刚够用。

为什么要这样？因为发展、成长、学习能让你全心投入、充满活力，让工作变得更加有趣，刺激你力争上游。

是的，一个有拓展性的工作更容易让自己振作起来。所以你应该确认，自己即将加入的公司是真正看重学习的价值的企业，它把每个人的成长当成自己的目标，可以容忍员工犯错误，有许多宝贵的人才，你在他们周围可以得到辅导。

顺便说一下，我所指的这种拓展并不局限于，也不应该局限于一个人的职业生涯的最初时期。

我们来看罗伯特·巴格比的例子，他是 A. G. Edwards 经纪公司的负责人。他遇到过两次真正有拓展意义的工作——其间相距 26 年。第一次是他最开始进入经纪人行业，为堪萨斯城的另外一家经纪公司工作的时候；第二次则是在 2001 年，他被提名为 A. G. Edwards 公司的董事长兼 CEO。

“最早是成为一名经纪人——上帝啊，我当时真的不知道这个工作究竟要做些什么，也不知道自己为什么选择它。”巴格比说，“电话仿佛成了一件很危险的武器，我甚至很害怕接触它。”但几个月之后，他学到了很多新的技能，工作开始冒尖。同时他也开始喜欢上了经纪行当，很快扩展了自己的业务领域，并得到提升。

任何新工作都应该让自己感觉有所发展，而不是刚刚够用。

同样，在 A. G. Edwards 公司的董事会选择他担任领导者的时候，他也并不懂行。

“我又有了类似的感觉，”他说，“担任 CEO 可没有什么岗前培训。你以前的全部履历、全部成就，都不再重要了，要想赢得尊重，就必须从头再来。”

他履新的时候，公司正面临空前的挑战：互联网泡沫破灭，“9 · 11”事件突发，股票市场大跌。他不得不进行公司历史上的第一次裁员，并重新塑造企业文化。

“必须承认，花费了一年的时间，我才站稳脚跟。”他说，“现在很多事情都重新回到正轨了——很有意思。”他的经历，与其他许多人的一样，告诉我们当面对那些一开始显得非常艰巨的工作时，你不应该害怕。如果你有某些长处——那正是你被别人聘用或者提升的原因，那么你就可以在工作中获得成长，并随着经验的累积而变得更加出色。

未来

如果说，有关机遇的信号，可以帮助你找到一份让自己获得成长和拓展的工作，那么有关未来的信号，则可以在你离职的时候提供有益的帮助。

到某些公司工作，就像赢取奥运会的奖牌一样，它将使你在今后的职业生涯中总是与成就和荣誉联系起来。最著名的例子有麦肯锡咨询公司，它雇用世界顶尖的 MBA 毕业生，让他们充分发挥自己的聪明才智，而且辅以有效的培训，它的员工在经理人市

到某些公司工作，就像赢取奥运会的奖牌一样，它将使你在今后的职业生涯中总是与成就和荣誉联系起来。

场上总能得到特别的青睐。同样，当我早年在GE的塑料业务部从事招聘工作时，我们也总是希望能找到从杜邦公司出来的人，一旦得手，那会让人非常高兴。事实或许并非如此，但我们心中确实以为，如果你有了一位来自杜邦的工程师，那你就得到了最先进的生产流程和技术知识。

微软、沃尔玛和强生公司也是知名的“员工品牌”，也就是说，只需要在那里干上几年，人的能力就得到了证明。不谦虚地说，GE也应该在其中。至2005年，有5位来自GE的人在“道琼斯30指数”系列的企业中担任CEO，还有更多的人在《财富》500强企业中担任CEO，有数千名从GE出去的人在世界各国的公司中担任高管。

显然，对工作的考虑不可能完全取决于员工品牌现象。你有可能去了一家深受尊敬的公司，结果却发现老板太可怕，或者担当的工作责任过于局限。但这样的情形在以上所谈到的那些公司中或许并不多见。

你或许认为，我的这项建议并不适用于那些小公司。其实并非如此，有的小企业带给人的经验和履历是无法比拟的。在小企业中，你能够在职业生涯早期就获得管理别人的机会，担任项目和部门的负责人，还能够参与收购谈判，与CEO和董事会建立密切的合作关系。这样，当你打算离开的时候，尽管没有在大公司工作过的显赫背景，但你有了更多的经历。而这些东西对于许多地方都是非常有用的——特别是其他的小企业、风险投资公司和创业型的企业。

还有第二种类型的未来信号。在选择公司的时候，有时要考虑它的声誉，另外一些时候则需要考虑它所处的行业。

在 20 世纪 60 年代，到塑料行业工作就意味着拿到了通向美好未来的车票。那时的塑料产业欣欣向荣，每天都有新技术、新应用。到了 70 年代，由于能源危机的爆发，对于那些有地质学学位或者相关工作经历的人来说，优越的工作机会无处不在。当然，到 80 年代后期和 90 年代，那些在高科技产业和金融产业工作的人则时来运转。

你所从事的每种职业都是一场赌博，它有可能开拓你未来的发展空间，也有可能缩小你的选择范围。

在演讲期间，总会有人问我，对于今天的大学毕业生或者 MBA 学员来说，哪些产业是值得推荐的。我告诉他们，应该多关注那些处在生物技术和信息技术交叉领域的产业，应该尽可能学习任何与中国有关的知识，因为这个国家将在他们的有生之年渗透到方方面面的商业生活中。

这还让我想起一位非常成功的企业家的话。这位先生曾在空军服役，然后开始商业生涯。他经常被猎头公司造访。在向猎头公司询问有关新工作机会的问题时，他总爱拿自己当年作为战斗机驾驶员的情形来做比喻。

“当我在执行飞行任务时，我总是要问，‘高度多少？前方天气状况如何？敌人在什么位置？’在商业竞争中同样如此。”他说，“你需要知道有关的工作或者有关产业类似的背景。你所选择的行业是在朝着好的方向发展吗？经济状况是否严峻？竞争是否激烈？该产业已经过了巅峰期，还是才刚刚起步？你的期望是合乎情理的，还是说，前方是颗定时炸弹？”

现在，你也可以向自己提出同样的问题，看看你所期望的工作是否藏有阴霾。例如，航空运输产业现在的经济状况就很糟糕，报酬也不行，特别是对管理层的职位而言。宾馆服务业和出版业情况也未见乐观。

当然，总是有人喜欢乘飞机遨游蓝天的浪漫，喜欢旅馆业的创新，喜欢出版书籍的兴奋感。如果你也是其中之一，那你还是应该进入这些产业，但是要注意保持开阔的眼界。要明白，你所从事的每种职业都是一场赌博，它有可能开拓你未来的发展空间，也有可能缩小你的选择范围。

主导权

几年前，我所认识的一位经理人在自己的办公室接待了一位特殊的客人，他是某位业务伙伴的儿子。这个年轻人即将从哈佛大学毕业，他来找这位经理听取一些有关职业发展的建议，特别是这位经理所熟悉的领域——投资银行和管理咨询。

那个学生头发梳得一丝不乱，身着笔挺的西服，并且带来了一系列精心准备的问题。他问那些大咨询公司相互之间有些什么区别，他在华尔街的第一年可能得到什么样的任务等等。

在加入消费品行业之前，这位经理曾经在咨询行业工作过，有许多在投资银行工作的熟人，因此对每个问题都给予了充分的解答。她看着那个学生认真地低着头做笔记，不过，她却看出他对于自己的话并没有真的在意。

结果，在大约半个小时之后，他礼貌地表示感谢，起身打算离开。

这时，他把笔记放到一个文件夹中。那位经理人注意到，文件夹上面贴满了精美的汽车画。

“哦，太漂亮了！这是谁画的？”她问。突然间，那个学生浑身充满了活力。“是我画的——我一直喜欢画汽车。在我的宿舍里，也都贴满了各种汽车的海报和图片——所有的汽车杂志我都订阅了！从 5 岁的时候开始，我就对汽车着了迷。我一直想成为汽车设计师，并且经常去看汽车展览和全美汽联的比赛。去年，我还去了印第安纳波利斯的 F1 赛场——是自己开车去的！”

那位经理不停地摇头，感到难以置信。

“你应该去底特律工作，”她说，“你怎么会考虑去做咨询或者投资银行的工作呢？”

那位学生马上又变得无精打采起来。“我父亲说了，我上哈佛的目的可不是为了去做汽车。”

在接下来的几分钟里，那位经理试图改变那个学生的想法，

在职业生涯中，我们对工作的选择往往都是为了实现其他人的理想。

但她突然意识到，自己是否卷入了别人的家务事中，那可管得太宽了。几个月之后，她碰到那个年轻人的父亲，他告诉她，自己的孩子已经开始了在华尔街每周80小时的高强度工作。这位经理并不感到意外。

看吧，在职业生涯中，我们对工作的选择往往都是为了实现其他人的理想——父母、配偶、老师或者同学对你的期望等。

并不是说这就绝对是错的，但如果你没有意识到自己在做什么可不行。为别人的需要或梦想而工作，这种念头总会萦绕着你。我认识一个人，他最后成了医生，唯一的原因就是在他幼年的时候，他的母亲——一位热爱美国梦的波兰移民——总是对别人这样介绍自己的儿子："看，这就是未来的大夫！"我的朋友并不讨厌自己的职业，但却总是渴望早点退休。

与此相似的是，有许多人之所以选择某个工作，只是因为他们的配偶希望自己少去外地出差。必然的一个结果是，那些妥协的人由于不怎么外出办事而丢掉了升迁的机会。有时，夫妻之间会因此相互责备。有时，人们则是默默地压抑了心中的不快。

更严峻的事实是，要想完全掌握对自己生活的主导权并没有什么简单的办法，特别是当人们的年纪更大一些，生活和人际关系变得更加复杂之后。很少有人在选择工作的时候有完全的自由和独立性。他们需要给子女支付学费，配偶也有自己的职业。是的，他们也听到自己内心的声音说：你应该为自己而生活，就像大学时代一样无所牵挂。

所以，在处理工作主导性问题时，唯一的方法就是要对自己诚实，要明白自己是在为哪些人工作。

在走上职业选择的十字路口时，你的“底特律之梦”也会在这个或者那个时点呼唤你。如果你义无反顾地去了，那将是个伟大的抉择。如果你不能去，也该把原因想清楚，保持内心的宁静。

工作内容

这是我们的表格中最后出现的信号，当然也很容易最早碰到。

每个工作都有它艰难的时刻，而且有时候你去工作只是为了赚钱而已。但对于最理想的工作而言，你应该是热爱它的——至少是热爱其中的某些部分，工作能让你感到兴奋。与顾客打交道、商务旅行、每周二上午销售会议上的友善气氛，或者无论其他什么——工作中总有些事情让你每天都渴望回到这里。也有时是工作中遇到的挑战让人兴奋。

例如乔尔·克莱因，他是纽约城市教育署的主任（我参加了当地教育系统新校长领导课程的培训工作，从而与他结识）。毫不夸张地说，乔尔如果愿意去做公司的顾问或者 CEO，会有数不清的高薪职位在等待着他。在 20 世纪 90 年代，作为掌管美国司法部反垄断局的助理部长，他与微软公司之间展开了令世界瞩目的诉讼大战，后来，他又成为世界媒体巨头贝塔斯曼美国总部的董事长兼CEO。

他在2002年开始接受的学校改革工作，相对而言却没有什么光环和亮点。不用说，成为公职人员，他的待遇大为降低。而且在接手工作之后，乔尔还需要对纽约州教育系统的庞大官僚机构动大手术，那可是一个包含1 300多所学校、100万名学生、150亿美元预算的巨型组织。他很快遇到了既得利益者的阻挠，包括那些激进的竭尽所能为维持现状辩护的工会领袖，在这些压力面前他表现得无比坚强。实际上，乔尔的名字几乎每天都要出现在纽约的报纸上——由于每个人对教育问题都有自己独特的看法，他经常成为社论的主题，毁誉参半。

乔尔最热爱的工作莫过于此。

“有时我问自己，‘我究竟在这里做什么？我完全可以在一家公司餐厅里享受丰盛美味的早餐，可实际上却要去一个犯罪率很高的学校，试图让所有事情都回到正轨，重新建立良好的纪律。’”他有一次对我说，“但我是在皇后区的公共住宅中长大的，并且由纽约市的公立学校培养成人。那些校长和老师们为这个教育系统奉献了自己的一生，他们改变了我的生活，为我创造了机遇，我欠他们很多很多。能够来到这个位置上，给他们一些回馈，乃是我的幸事。我并不想夸夸其谈，但这个工作确实比我以前做过的任何事情都更加重要。”

对于乔尔所说的工作的意义，我也深有同感，尽管那是在一个低得多的层次上。我觉得自己的工作也总是很有意义的，尽管回头来看实际情况或许并不是那样。我永远都不会忘记的一件事情，是我在伊利诺伊大学做助教的时候，系里要求我完成自己关于逐滴冷凝课题的博士论文，并提交给在科罗拉多州的博尔德举行的关于热传递问题的国际会议。我当时的表现，会让人以为我正在准备参加诺贝尔奖的颁奖仪式。在准备演讲的那几周时间里，我一直神经兮兮。终于那个重大时刻到来了，我发表了自己的演讲，并获得了礼貌的掌声。尽管如此，我还是兴奋地冲向电话，忙不迭地向母亲汇报。

告诉你，直到现在我还记得那天的兴奋！

幸运的是，找到一个能触动你内心的工作并不特别困难。这样的机会其实到处都有——许多工作都有这样的可能，只要你能感觉到它的重要性即可。

如果一份工作不能让你兴奋——只是由于工作内容乏味——那你就没必要再沉浸其中了。

从 GE 退休不久，我在蒙特利尔的一家法国餐厅吃晚饭，与那里的一位游客谈了起来。几分钟之后，我得知这位仁兄是“佛蒙特州奎奇镇第一位不用水银灯的牙医”。他对此拥有发自内心的自豪。虽然说我还不至于立刻就把牙医当成自己的第二职业，但那位大夫的热情确实有极大的感染力。

我以前也说过，每个工作都有起有伏，但如果一份工作不能让你兴奋——只是由于工作内容乏味——那你就没必要再沉浸其中了。同时，也不要担心自己什么时候才能找到一份有意义的工作。

因为你能感受到它的存在。

特殊情形

工作是否适合你的信号对于各种各样的情形都是适用的，但有些特殊情况还需要专门的讨论。

第一种情况是寻找自己第一份真正的工作。

对某些幸运儿来说，这个过程相对比较容易。他们在高水平的学校受教育，取得过出色的成绩，又有不错的工作经验。这些从大学或MBA课堂新毕业的人通常有许多选择，我也希望本章提供的建议能帮助他们做出明智的决定。

然而，对于其他许多人而言，找到第一份工作并不那么简单。他们的学习成绩只是中等，实践经验方面也没有什么长处。他们必须面对一群满腹狐疑，甚至怀有敌意的听众，来推销自己。

如果你是属于这个类型，那我的强烈建议就是要保持真诚和坦白。

对一位成绩平平的职位申请者来说，通过虚张声势和过分热情来推销自己是再有诱惑力不过的事情。但假的就是假的，有经验的经理人闭着眼也能知道。

最好的选择是讲出自己的真实情况。“我知道自己的成绩并不那么出色，”你可以这样说，“我花了很多时间参与校内的体育运动，老实说，还用了很多时间与朋友们交往。当然，我或许应该把更多的时间用来学习，但我还有其他的事情，尽管那也许不是最好的选择。不过你们应该考虑聘用我，因为我在挑战面前从不放弃，我工作努力，我信任你们的产品，欣赏你们的公司，我知道在你们这里我能有所作为。”

在讲述自己的真实故事时，你是在表现真实的自我。如果你平时很随意而有趣，那在面试中就不要过于拘束和严谨。如果你比较笨，也不要假装聪明。

真诚或许是你最好的卖点。

公司应该知道它要聘用的人是什么样子，而你应该尽量展示给他们，看他们的反应。我认识一位 MBA 学员，她去一家著名的咨询公司面试，三位高层经理在房间里等待着，可她却绊倒在门前。从地上爬起来之后，她大方地与对方握手，说道：“我叫格雷斯，芭蕾舞教师。”

他们都没有笑，也没有在那个尴尬的时刻之后说点什么来安慰她。过后，他们希望录用她，但她却拒绝了。

“他们看到了真实的我，我也看到了真实的他们。”她回忆说。

我想说的要点是，在寻找第一份工作时，要做真实的自己，要保持平静的心态。真诚或许是你最好的卖点。

第二种特殊情况是你陷入了困境，无路可逃。

在工作中陷入困境有各种情况，比如自己的老板没有得到提拔，导致你也无法升迁，同时他也没有兴趣把你推荐给其他部门；你又失去了一次晋升机会，别人安慰你，说你做得不错，但不会很快得到提拔；你的公司只是在一段时期之后才提拔干部——但不知道要等多久；你喜欢自己的工作，但待遇太差，或者待遇很好，工作内容却让人恶心。

这是个长长的清单，让人真想放声大哭。

陷入困境之后还会带来其他问题，人们容易变得灰心丧气，直到干出蠢事——离职、放弃。

千万别那样做。骑马找马要容易得多。我还想告诉你，不但要留守在自己的岗位上，而且你还应该更努力地去工作。如果你想寻找更好的工作，那么最快捷的方法就是在原先的岗位上干出出色的业绩。

格里·罗奇，海德里哲公司（Heidrick & Struggles）的董事长，美国最知名的猎头专家说，即使你感到自己身陷困境，如果你做得很出色，外面的观察者还是会注意到你的——他是指猎头公司和竞争对手。

“业绩出色的人就像大船的桅杆一样，”格里对我说，“我们很远就能看到他们，而且总是期盼他们能驶入我们的港湾。”

相反，最糟糕的求职者则是格里所说的“变色龙”。

“这类人从来不能雷厉风行，也不能坚持在自己的岗位上，他们总是带着自己的简历来找我们，怂恿我们和其他公司聘用他们。”他说，“这些人很快就会给自己贴上标签。”

显然，如果你陷入困境，你应该发出信号，让别人知道你打算另谋高就。但不要把那当成自己的生活目标，否则将迷失努力的方向。更糟糕的是，你会把注意力从最有效的挽救自己的方式上移开——那就是你的业绩。

第三种特殊情况是在你遭到解聘之后如何寻找工作。

2004 年，我与一位前 GE 的高层经理（姑且叫他查理吧）共进午餐，他曾在我手下的管理部门工作，后来去了业务部门。在几次晋升之后，他在一个职位上遇到了挑战，几年下来都在为完成任务而辛劳。最后，他在 50 岁出头的时候被公司解聘了。

但是，查理的职业生涯并没有就此结束。几个月之后，他成为一家高科技公司的合伙人，开始是兼职工作，很快就担任了正式职务。在那里，又有好几家公司邀请他加入董事会，他还开始在一所著名的商学院执教。

在遭到公司解聘 5 年之后，他告诉我，他的工作比以前充实多了。

我问他，他怎么会重新变得这样强大。

"是这样，我重新振作了起来，"他说，"在 GE 的时候，老板和我订立了清晰的目标，但我没有完成。我浪费了太多的时间，没有及时打发掉那两个不能完成任务的下属。在商业低迷期迫近之后，我又没有迅速削减成本，自己过分乐观了。但我对太太说，我一定要重新杀回来，结果做到了。"

查理那么理性的反应让我感到震惊，因为绝大多数人在遭到解聘之后总是为自己辩解。

辩解，会让自己陷入沮丧。

尽管这是自然而常见的，但这两种反应在你再次去寻找工作的时候都是杀手。老板很容易发现房间里的人显得不够自信，而人们总是想招到成功者。

如果你自我感觉是个失败者，又怎能表现得像个成功人士呢？

我也问了查理这个问题。

他说，他的方法就是到自己的“信心水库”去汲取力量——那就是稳定的家庭，以及他从自己身上以及过去的成绩中积累下来的积极态度。他利用自己原来的资本与商业上的同事们保持联系，寻找新的机会，还积极参加社会和社区活动。

“开始，由于我失业了，人们可能用不同的眼光来看我、谈论我。”他说，“我尽量不去注意这些。”

如果你也遭到解聘，那么一定要离开我所说的“失败的旋涡”，因为那只会使你在惯性和失望中沉沦。

人们经常被旋涡所吞噬的一个原因是，他们在开始寻找新的工作之前等待的时间太久了，这是件不容易处理好的事情。在被劝说走人之后，的确需要一些时间来抚慰自己，比如说一两个月来反思自我和平静心绪。另一方面，你停留的时间越长，你就越有可能开始对自己产生怀疑，未来的老板就越有可能觉得你哪里不太对劲。你恐怕也不想让自己简历上的空当时期太长了吧。

如果你也遭到解聘，那么一定要离开我所说的“失败的旋涡”，因为那只会使你在惯性和失望中沉沦。

当然，将来的老板会问你为什么要离开原来的工作。直截了当地告诉他，你是被解聘的好了。全世界的经理人都知道，“我是自己辞职的”或者“我是由于个人原因辞职的”这些说法背后的含义是什么。

> **全世界的经理人都知道，“我是自己辞职的”或者“我是由于个人原因辞职的”这些说法背后的含义是什么。**

同样重要的是，对你的离职要负责，就像我的朋友查理在我们的交谈中所说的那样。他对当时的经营环境所抱的责任心，比我听过的数百次辩解更令人感动。那些辩解包括，“我的老板遇到了困难”，或者“他们不像我那样关心顾客”，或者如我最爱用的，“公司里充满了政治斗争，你做得怎么样并不重要，重要的是你认识谁”。

相比之下，查理的办法是多么理性，甚至我都不得不承认他对自己过分苛刻了！回到劳动力市场之后，他只是责备自己。他告诉负责面试的人，他从自己的经历中学到了什么、将在新的工作中有哪些不同的表现。“我下定决心，从现在开始要更多地关注外面的事情，”他说，“我还要对业绩不佳的人更快地采取行动。我的目标之一就是证明自己不会再犯同样的错误。”

假如遭到辞退，你永远不要把自己变成爱说大话的人。然而，你的确需要表现得现实而乐观，到自己的“信心水库”里去汲取力量吧。把过去的事情讲出来，说说你学到的教训。不要害怕向别人请求：“给我一次机会。”

会有人给你的。

由于时代的关系，我是属于很特殊的那一部分人——那些终其一生为某一家公司工作的人。1961年，我从研究生院获得学位的时候，这种事情还很普遍。但今天的统计数字表明，大学毕业生在毕业后的第一个10年里会多次变更自己的工作，MBA毕业生也同样如此。

我不能断言这究竟是好事还是坏事，这只是事实。人们在寻找合适的工作时显得更加急迫了。

但我还是有些想法。

首先，寻找合适的工作需要时间、尝试和耐心。毕竟，你必须在某个地方工作一段时间之后，才能知道自己是否能做好，是否感觉合适。

其次，你越是优秀，找到合适的工作就越是容易。这话听起来刺耳，却是不争的事实。在交出业绩的时候，天才的人们将得到机会的垂青，合适的工作会自己找上门来。

所以，如果你真的想找到伟大的工作，那就选择自己喜欢做的事情，确信你在与自己喜欢的人一起工作，然后全心全意地投入其中。

这样，你就一定会找到伟大的工作——此后的人生就不再是劳作，而是享受。

第 17 章

晋升

很抱歉，没有捷径

上一章是关于如何找到合适的工作，本章讲的则是如何得到下一个工作。

虽然不能说商界中的每个人都渴望得到更高、更好的职位，但有此想法的恐怕还是大有人在。如果你是其中之一，那么本章的内容正是为你而作的，无论你是在期盼自己的第一次晋升，还是第五次。

我也曾有过那样的时刻。当时我 24 岁，刚刚开始自己的职业生涯，我并不知道自己将去向何方，以及如何去，但我依然充满了抱负。

使自己成为一个人物的念头很早就在我脑海中形成了。从 10 岁的时候起，我就开始了自己的第一份工作，在家乡马萨诸塞州塞姆勒镇附近的一家乡村俱乐部里当球童。在高中和大学时代，我也不断地参与过一些工作，从酒吧的侍者到学校的助教。1961年，我拿着化学工程博士的学位走出伊利诺伊大学的校门，非常渴望到真正的商海中一显身手。

GE 给我提供的职位看起来很理想，我将在实验室中工作，参与一种新型塑料的开发。成功之后，我还有机会出去做应用和销售。尤其令我满意的是，工作地点就在马萨诸塞州，而且 GE 付给我的薪水也是其他公司比不了的——足足 10 500 美元。

请相信，我当时所考虑的并不是什么职业规划。如果有什么规划的话，我肯定要选择去埃克森公司工作，因为在那里，化学工程专业的学位才真正有价值。但管不了这些了——埃克森是在得克萨斯州呢！要知道，离开家乡去伊利诺伊上学，已经让我饱受思乡之苦。

来到 GE 之后的 13 年里，我获得了 4 次提升，每次的感觉都很美妙。我喜欢承担更多的责任，做更大的生意，建造更大的厂房，管理更多的下属。但直到 1973 年之后，我才第一次意识到，自己有可能争取全公司的最高职位——而且我也期望如此。我陷入了狂妄自大中，以至于在填写自己的业绩评价表时，在有关职业目标的栏目中，我把以上的想法和盘托出。

8 年之后，我的梦想实现了。

那么，事情是怎样发生的呢？一个人怎样才能获得提升？

首先是运气

任何职业，不管看起来有多么一成不变，都要受某些纯运气因素的影响。

有时候，一个人在合适的时间出现在了合适的地点，他遇到了某个人物——比如说，在机场或者晚会上——于是，机遇的大门就向他敞开了。我们可能都听说过类似的故事。

有时候，直到事情都发生了很久以后，我们还不敢相信自己真的那么走运。我有一位高尔夫球友，佩里·鲁迪克。他还记得，自己刚刚去美邦银行（Smith Barney）工作不久，就有一次晋级的机会，那是负责法国的业务部门，可是他落选了。失败令人痛心疾首，他觉得自己失去了在公司扬名立万的最好机会，更不用说不能享受巴黎的奢华富贵了。

任何职业，不管看起来有多么一成不变，都要受某些纯运气因素的影响。

运气来的时候谁也挡不住。在佩里丢掉了去海外工作的机会两年之后，公司在纽约的一个重要职位又出缺了，这次他得手了。那时他 32 岁，走上了新的岗位，开始负责公司的投资银行业务，手下则有一群思想前卫的年轻银行家。他帮助公司成功地度过了一个颇具挑战性的行业整合时期。

长话短说，佩里在 1985 年做上了美邦银行的副董事长，直到 1991 年退休。

但是，人们也有运气不好的时候。有时，职业生涯的停滞并没有其他任何理由，而完全是因为运气糟糕。至少说，职业曲折发展的有些因素完全在你自己的控制范围之外，比如发生了企业兼并或者业务剥离，或者来了一位新老板，他对你的未来有着与过去完全不同的想法。偶尔，你还会由于办公室政治或者某些裙带关系的影响而失去晋升机会，而那样的打击可能是非常令人痛心的——甚至让你不禁自问："早知如此，我干吗要尝试？"

别那样想。

因为从长期来看，在你漫长的职业生涯里，运气所能起的作用要比那些你可以控制的因素更小。

我自己在工作的时候从未认真考察过这些因素。只是后来不断有听众向我提出关于职业生涯的问题，我才进行了很多思考。那些问题真是五花八门：

◎"我喜欢在总部做管理工作，但是更想去业务部门。我怎样才能说服老板让我进行这样的职位调换？"

◎"我对老板并没有什么特别的好感，但她在我们公司里非常重要。如果没有人肯拉我一把，那我还有可能在公司得到晋升吗？"

◎"我在制造部门工作，但我想去市场部门。怎样才能离开工厂呢？"

顺便说一句，对于职业发展的关心，并不局限于某个国家或者某个产业。中国的市场经济于20世纪末发展起来，其文化传统中也有许多“平均主义”的痕迹，可这里的商业人士却非常好学，他们不停地问：“如何才能走到别人前面？”而同样的问题在葡萄牙、法国、丹麦以及资本主义始于 20 世纪末的斯洛伐克也屡见不鲜。

我想，无论在哪里，答案都是相似的。

大致说来，要想获得晋升，有一个“要”和一个“不要”。

◎要交出动人的、远远超出预期的业绩；在机遇来临的时候，要敢于把自己的工作责任扩展到预期的范围之外。

◎不要麻烦你的老板动用政治资本来帮助你。

这些戒条当然还不是全部，另外还有四个“要”和一个“不要”，我也会逐一进行评论，但首先我们还是集中讨论前面两条最重要的戒条。

令别人叹服的力量

如果问大多数人，什么才是引人瞩目的业绩，他们所能想象的会是超出预期的成就。这样的回答非常好。

但是，要想获得提升，更有效的办法则是拓展你的工作范围，采取大胆和超出期望的行动。树立新的观念、采纳新的流程，那不但会提高你自己的业绩，还会对你所在的部门甚至整个公司的业绩做出巨大贡献。改变自己的工作方式，让你周围的人都能干得更出色，让老板更有面子。不要只是做那些期望之内的事情。

早年在GE工作的时候，我就获得了这样的经验。那时我还在实验室工作，负责开发一种名叫PPO的新型塑料。有一天，公司的某位副总裁来到我们所在的小镇，我的老板安排我向他介绍开发项目的最新进展。当时，我急于向他们证明自己的实力，所以提前一周加班准备材料。我不但分析了PPO的经济效益，还探讨了该产业中的其他所有工程塑料的前景。我最后提交的报告包括了一个五年展望计划，与杜邦、塞拉尼斯（Celanese）和孟山都（Monsanto）生产的同类产品的成本对比报告，以及一份GE应该如何争取竞争优势的大纲。

谦虚点说，我的老板和副总裁感到非常震惊。他们对此事的积极反应让我明白，向别人交出超过预期的业绩将产生很好的影响。

在此后的40年里，我还不断地看到这种积极的反应和影响。

又比如约翰的例子，他也拓展了自己的职责范围，使得他周围的人和顶头上司都对他刮目相看。

1997年，GE把约翰派到欧洲，管理那里销售额达1亿美元的硅酮业务。那算不上什么美差，但给了他一个展示自己能力的舞台。GE的这项业务虽然在全球市场上占据了第二的位置，但在欧洲的地区市场上只能排在第六名，主要原因是成本太高，因为我们的原材料必须从美国进口，难以与当地的企业竞争。

总部的人们在想，如果约翰采取通常的策略，给现有客户及时交货，再发掘一些新客户，开发点新产品，一年之后把销售额提高 8%~10%，那就该心满意足了。但是，约翰却有更大的野心，他建议在欧洲建立一个新工厂，生产主要的硅酮原料。

他的报价是 1 亿多美元，我们的回答是："没门儿。"

不过约翰坚持认为，一定有解决成本问题的方案，而且想出了一个颇有远见的方法。他拓展自己的工作职责，与几家欧洲的竞争对手举行了会谈，其目的是想找到一个合作伙伴，用该公司在欧洲本地的生产能力和技术经验来换 GE 的全球影响和渠道。

在长达一年的谈判之后，约翰得偿所愿。GE 与德国的拜尔公司合资成立了一家硅酮工厂，并且在新公司里占据了控股地位。

我向他请教了有关的经验。

"我想，纯粹是由于坚持，"他说，"我感到，我们必须变得更加自信。如果我们还是像往常那样循规蹈矩，即使能把生意做到一定的规模，也永远不会有大的突破。"

这家欧洲硅酮公司在当地市场上排到了第二名的位置。在一次收购行动之后，其销售额突破了 7 亿美元。

至于约翰，他在 1998 年被提升为 GE 运输公司的 CEO，到 2003 年时，则成为销售额达到 80 亿美元的 GE 塑料业务的 CEO。

你最大的敌人就是自己

如果说超出别人的期望是获得晋升的最有效的办法，那么有损你自己的最有效的办法就是在自己的组织里面当刺儿头。

当然，没有人愿意这样做。可一旦发生这样的事情——每次发生的时候——你都不得不麻烦自己的老板动用他的政治资本来保护你。

此时，或许大多数人会想："为什么我要去麻烦老板呢？我永远都不会。"

好，再仔细想想。

许多人可以做出非常杰出的业绩，但是如果你不认同公司的价值观和行为模式，那你就有让上述事情发生的风险。

例如有一位非常聪明能干的员工，我称他为詹姆斯。我们请他到 GE 总部的业务拓展计划中工作，这种为期两年的计划是专为那些 MBA 设计的，他们一般已经在咨询公司里工作了 3~4 年，现在希望转向实业部门。计划的结果是让他们得到提升，否则就要走人。为了测试他们的能力，我们会让他们承担一些短期的紧张的现场任务：到 GE 内部的某个业务部门去学习最优化的业务经验，然后介绍给另外一个业务部门。在多数情况下，我们的某个业务部门会在一年之内把这些 MBA 从该计划中"偷走"，让他们承担真正意义上的业务工作。

有损你自己的最有效的办法就是在自己的组织里面当刺儿头。

詹姆斯当时 32 岁，我们是从一家顶尖的咨询公司把他挖来的，他从商学院毕业之后就一直待在那里。他是欧洲血统，口齿伶俐，在我看来，他还非常聪明，有出色的履历，为好几个行业做过咨询。我们曾以为，在 6 个月之内，起码会有 3 个以上的 GE 业务部门为了争夺他而打起来。

可是一年过去了，却没有人搭理他。我也不知道为什么。直到有一天，我与他的老板和人力资源部门的人坐下来，为他做第一次业绩考评的时候，我才了解到，他每天都是上午 10 点或 11 点才来公司，当然下班也很晚，往往是 8 点左右。他投入工作的总时间并不少，而这样的时间表对于那些独立性很强的工作者而言也无可厚非。例如，在我们的研发部门，就有很多人喜欢在晚上工作，销售部门的上下班时间也是根据他们在不同时区的客户的需要决定的。

然而，詹姆斯的作息时间表对于他所在的那个公司而言却并不合适，因为那些生产线上的经理们通常都在上午 8 点甚至更早的时候上班，全天的会议和工作安排也都围绕那个时刻进行。

可惜，詹姆斯并不关心 GE 的行为习惯，他有自己的做事方式。

当他跟我的助理打电话，希望得到其他任命之后，我更是明白了其中的缘由。我们见面了，就他的职业未来做了一番讨论，然后他透露了自己真正的来访目的。

他问："我可以坐专机去参加一线的会议吗？"

我当场告诉他，他疯了。"你想跟所有的人决裂吗？"我说，"你现在的作息规律已经让别人怨声载道了。要是再炫耀自己，你只能是自绝于这个企业。这种做法不符合我们的文化。"

"我愿意自己掏油钱。"

"根本不是油钱的问题！"我说。

最终，詹姆斯还是离开了。而且，那时已经没有人愿意动用自己的政治资本来保荐他。

尽管詹姆斯并不认同我们的价值观，他还是在业务部门得到了一个职位。由于他的头脑、活力和背景，我让他负责一个小规模的部门，那是我们在欧洲收购的一个有点儿麻烦的企业，此前派去的两位美国经理也都没能做好。把他放到那里，是典型的“填鸭式”的职位安排，尽管我心存疑虑，还是强迫自己把他安插到公司的业务中了。

这一着依然没有奏效。与美国部门的文化习惯一样，GE 欧洲部门的企业文化也未能改变他。最终，詹姆斯还是离开了。而且，那时已经没有人愿意动用自己的政治资本来保荐他。

相反，我们再看看凯文的例子。与詹姆斯一样，他也参与了总部的业务拓展计划。

在加入 GE 之前，凯文曾经在美国海军学院获得航空工程学位，在核动力攻击型潜艇上服役了四年，然后他加盟麦肯锡公司，又工作了两年。毫无疑问，他也具有与詹姆斯一样的高智商，也同样勤奋、有抱负，而且更为成熟稳重。凯文明白，GE 向来重视团队协作，而他自己则是团队的成员。他很早上班，工作无比勤奋，从来不寻求个人表现。

凯文在业务拓展计划中工作了两年，此后三年去了业务部门。那时，他已经获得了普遍的认可，我们决定大胆提拔他，让他成为公司的 100 名副总裁之一，负责航海和工业涡轮机业务。

很不幸，就在我们打算通知他的那一天，凯文告诉我们，他打算离开公司，因为世通公司（MCI）正对他虚位以待。我们尽可能地挽留，但他去意已决。几年之后，他又离开世通公司，成为安进公司（Amgen）的 COO，并在 2000 年成为 CEO。自从他加盟安进之后，该公司的资本市值已经从 70 亿美元提高到 840 亿美元。

显然，凯文从起步的时候起就已经是明星了，他的一切事情都进展顺利，有强大的业绩作为基础。你可以确信，当人们谈论他的时候，没有人需要动用什么政治资本，所以他的职业生涯自然步步高升。

其他需要动用政治资本的情况

除了破坏公司的价值观以外，还有一些更过分的类似做法，可能会消耗你的老板的政治资本。这些行为都与个性有关——也就是说，如果你表现出这些举动，人们可能就不得不自问：“等一下，我真的可以相信这个人吗？”

例如，缺少坦诚的态度。在前面关于坦诚那一章里我讲过，所谓坦诚不是特指不说谎，而是包括所有隐瞒信息的做法。这种行为是非常普遍的，会让你的同伴和老板承受无尽的痛苦。

在 GE 最主要的某个业务部中，曾经有这么一位经理，他的业绩相当出色，但在早年的几次晋升之后，他就止步不前了。原因在于，每次请他做业务汇报或者提建议的时候，我们都被迫对他进行“狂轰滥炸”，要抛出好几十个问题，才能让他把真实的情况说清楚。即使这样，我们还是不能确信已经掌握了全部重要信息。他交代给我们的全部是兜圈子、边缘消息和模糊表述，例如“现在还不错”，或者“问题已经得到了控制”。

在每次人力资源评价会上，我都会问他的老板，这个家伙为什么显得那么谨慎多疑。“他本性如此。”这就是回答，“他不是个坏人，他只是不愿意对别人太开放罢了。”

我追问：“他究竟想隐瞒什么？如果他还是那样爱保守信息，那给人的印象就是他没有讲真话。我知道，别人也都这样看待他。”

“是的，的确如此。别人也对此不满，但他没有撒谎，他只是太保守。”

“可是，我们在谈工作的时候需要开诚布公的态度。”

“是的，我知道这很让人恼火。我会再向他重申的。”

结果还是一切依旧。

最终他的老板也不耐烦了，很快，这位谨慎过头的经理被降职。

关键点在于：别让你的老板非要追根问底，你才把情况讲出来。如果想表现出一种能让人接受的个性，想让你的老板更轻松一些，那就要开放一点，有话直说。

还有一种行为，它将令你和周围的人们疏远，从而迫使老板动用政治资本来保护你。那就是过分张扬你的职业目标。

对绝大多数人而言，有野心是件好事——那是胸中燃烧的火焰，是活力的源泉，是乐观主义的人生态度。它将推动你和组织前进，让大家都能赢。凯文就拥有这样的精神力量，大多数成功人士也同样如此。

但过强的职业欲望则是另外一种情况，那是阴谋诡计、投机取巧，诋毁自己周围的人，侮辱和贬损其他同事，只为自己一枝独秀。

但过强的职业欲望则是另外一种情况，那是阴谋诡计、投机取巧，诋毁自己周围的人，侮辱和贬损其他同事，只为自己一枝独秀；还有掩盖自己的失误，甚至嫁祸于人；在会议中夸夸其谈，把团队的成绩归功于自己，不断搬弄是非；把公司组织当成人事斗争的棋盘，公开地表示幸灾乐祸。

如果你也有这些毛病，那最好克制它、战胜它，把它逐出脑海。要是你不这样做，那么当提拔机会来临的时候，就不会有足够的政治资本来挽救你了。要知道，想在同僚们一致的反对声中推荐某个人将是非常困难的。

四个“要”和一个“不要”

我们刚才看了两个帮助你获得晋升的最大因素——获得出色的业绩，同时拓展自己的工作职责；不要麻烦老板动用政治资本。此外，还有四个“要”和一个“不要”，也会对你有所帮助。

这四个“要”是：

在处理与下属的关系时，要像对待老板那样认真。

要在公司的主要项目或者新项目上早点做出成绩，吸引大家的关注。

要学会寻找和利用良师益友，因为谁是有帮助的师友从表面上看不出来。

要保持积极的态度，并且感染他人。

一个“不要”是：

不要让挫折把自己打垮。

先看那四个“要”。

要管理好下属。

每一本经管书都会告诉你，要与自己公司及同行的人建立良好的关系，与老板之间建立相互尊重的纽带。这些都是非常好的建议，值得认真听取。

但如果你要进一步发展，还必须同样重视与下属之间的关系，关心下属。

老板与下属的关系很容易被忽视，因为人们往往把老板放在自己的前面，把同僚放在心上，但下属常常只是奉旨办事的角色。

你需要当心，因为处理老板与下属的关系很容易掉进两个陷阱，这有可能摧毁你的职业前途。第一个陷阱是最普遍的，那就是你对自己的上级所花费的精力过多了，结果，你太远离自己的部下，丧失了他们的支持和爱戴。第二个陷阱则相反，你与自己的部下靠得太近，跨越了边界，对他们来说，你的举动太像伙伴，而失去了老板的尊严。

老板与下属的关系很容易被忽视，因为人们往往把老板放在自己的前面，把同僚放在心上，但下属常常只是奉旨办事的角色。

这两种情况都是不利的。

因此，在处理与下属的关系时，你要学会在以上两种极端之间行事。这样，在晋升机会来临的时候，下属们对你的评价将是最为有利的：你很公正、很认真，你对他们是严厉的爱。

我自己就有过这样的亲身体会。在 GE 选拔 CEO 的最后时刻，有两位强势的副董事长坚决反对我，他们都有自己中意的人选。

我当时并不知道，自己的下属们在这个关键时刻帮了大忙。事后很久，我才得知他们曾不遗余力地向董事长雷吉 · 琼斯推举我，告诉他我对人非常严厉，但又非常公平，与其他 CEO 候选人相比，我更能有效和迅速地推动公司的发展。我不敢保证这些下属们都喜欢我，因为我做事太严厉，又很缺乏耐心。但是，我想他们一定很尊重我，因为我也非常尊重他们。我和他们之间建立了良好的关系，这并不是在有需要的时刻才刻意而为的，而是经过了多年的培养。

要争取受到关注。

如我所说过的那样，要想获得关注，最重要和最好的方法就是取得出色的业绩。

其实另外还有一个提高自己知名度的办法，那就是在公司号召大家参与重要项目或者新项目的时候，率先把手举起来，尤其是那些一开始并没有被大家所看好的特殊项目。GE 历史上就有过两次这样的项目，第一次是我们在 20 世纪 80 年代发动的全球化，其次是在 1995 年启动的六西格玛计划。

韦恩 · 休伊特就是一个典型，他的职业生涯从上面的项目中受益良多。那时的韦恩只有 35 岁，他一开始负责 GE 在太平洋地区的塑料业务，然后负责整个塑料业务的六西格玛计划。通过该计划的实施，他带领自己的团队大幅度降低了我们产品的不稳定性，并且在只追加了很少投资的情况下就把生产能力提高了 30%。三年之后，他被提拔为销售额达 20 亿美元的 GE 全球硅酮业务的 CEO。

丹 · 亨森又是一个典型。当时他在伦敦负责 GE 资本的贷款业务，他鼓足勇气，毛遂自荐，要在 GE 资本中推广六西格玛计划。那时，对于该计划究竟有多少价值，许多人表示怀疑。丹经过认真分析，弄清楚了哪些领域适用六西格玛计划，哪些领域不适合。在以后的两年时间里，他成功地降低了那些高度重复操作的差错率，特别是在信用卡和抵押保险业务方面成就斐然。今天，他已经成为 GE 资本最大的业务部门——商业金融理财业务部的 CEO。

GE 是个庞然大物，如果韦恩和丹不会自我表现，谁知道他们什么时候才能成为 CEO 呢？当然，他们也许还是能成功的，但绝不会有那么快。

在这方面，数字最能说明问题。今天，整个 GE 直接向杰夫·伊梅尔特报告的副总裁中，有超过一半的人曾经在海外业务中工作过，而公司将近 180 名高层经理中 1/3 的人有过实施六西格玛计划的经验。

要寻找导师。

第三个“要”与导师有关，无论是我在 GE 工作的时候，还是今天，这都是热点话题。

因为，人们总是希望找到一个合适的导师，以帮助自己前进。

然而在我自己的职业生涯中，这样的优秀导师却不止一位，而是有许多。我遇到了几十位非正式的导师，他们每个人都教给我一些重要的经验。在他们当中，有那些典型的、年纪较大、精明能干的经理人，也有许多比我还年轻的同事。

优秀导师不止一位，而是有许多。

有的师徒关系维持了一生的时间，有的只不过是几周。

我生命中最重要的导师之一从来不以我的老师的身份自居，甚至我自己也不那样看待他。这个人就是西·卡思卡特，他是GE的一位董事，担当我的导师有10年的时间，他也是我的挚友。令人万分悲痛的是，他已经于2002年辞世。

西具有人们希望寻找的导师的一切优点——他不停地鼓励我，也从不留情地挑战我。他对人的判断相当精确，在做重大的人事聘用决定之前，我总是要征求他的意见。

在职业生涯最艰难的时期，我面临一项艰巨的任务，那就是向董事会推荐自己的继任者。此时，西在5年里花费了700个小时的工作时间，去拜访所有的候选人，并与我分享他的感受。

作为伊利诺伊工具公司（Illinois Tool Works）资深的董事，西在我出任GE的CEO时也担任GE的董事。我们经常一起打高尔夫球、电话聊天，他利用这些机会让我思考那些从未探索过的小路，让我看到未曾留意的死角。“你能确认那个家伙不是在吹牛吗？”他会这样问。“在一切的喧嚣结束之后，你还认为那笔收购是件让人高兴的事情吗？”他总是能准确地提出问题。

我还有一位伟大的导师——丹尼斯·达默曼，他不但比我年轻10岁，而且还是我的下属。

我是在1977年遇到他的，那时我刚被提名为GE消费品集团的主管。走马上任的时候，我对于集团中GE资本公司的主要业务保险和金融知之甚少。而丹尼斯是我的财务分析师，他曾在那里工作过几年。

于是，他花费了几个月的时间，每天辅导我有关的知识，表现出了无与伦比的耐心。那时，他的老板请他解释的是再简单不过的基础概念，我甚至不知道公司债务有哪些种类。毕竟，我是从GE的制造业部门上来的，那里的人们如果需要资金，只需要向总部汇报就行了。如果建议书做得好，总部就会拨款。但突然之间，我需要处理复利、非流动性、杠杆租赁等业务了。

与其他的体育运动一样，商业界也有自己的运动员，有自己的语言、历史、规则、对手和独特的规律。媒体把这一切都覆盖了，而且是从所有角度。

丹尼斯基本上是把他的整个大脑下载给了我。他从来不自称为我的导师，但实际上一点不差。

在人生中，还有数不清的导师曾帮助我成长。在我26岁的时候，负责管理培训的教师辅导我如何在公共场合讲话；在我60岁的时候，公共关系部门的一位年轻女士教会我如何使用互联网。最后，我还要加上一位可以给每个人提供帮助的导师——财经媒体。

与其他的体育运动一样，商业界也有自己的运动员，有自己的语言、历史、规则、对手和独特的规律。

媒体把这一切都覆盖了，而且是从所有角度。我早年在塑料业务部工作时，就如饥似渴地阅读每份可能找到的财经报刊，认识到商业界山外有山。从那些报道中，我看到了成功与失败的案例，并知道了背后的原因。我追踪人们的轨迹，分析哪些战略措施招致了批评，哪些获得了认可。我还跟踪了不同的行业，从化工到医疗技术等。

对于自己所读到和学到的东西，我还尽可能付诸应用。例如，《财富》杂志刊登了有关百事可乐公司经理人培训计划的文章，我被该公司的模式所打动——该公司是把自己的高层经理人作为老师。接下来，我也把这种方式引入了GE在克罗顿维尔的培训计划中。

当然，我并不完全相信媒体，而且我了解的东西越多，就越认识到有的文章的分析并没有什么实际意义。但无论如何，我还是认为财经媒体是位优秀的老师，每当我遇到一位不关心财经媒体的年轻人，我都会感到诧异。请不要再有眼无珠了——导师就在那里等着你请教呢。

总之，导师无处不在。不要只局限于在正式的培训项目上给你指定的导师，那些人能教给你有关公司生活的基础知识，但那只是开始而已。而最好的导师是在没有任何计划和规定的情况下辅导你的人。不管是哪种形式，你都应该好好吸收他们提供的营养。

要保持积极向上。

帮助你获得提升的第四个也是最后一个办法既困难又简单——看你怎么对待，那就是保持积极的心态，并感染自己周围的人。

是的，没有比这更理所当然的事情了。要有点幽默感，在和大家的相处中感受乐趣，不要成为让人讨厌或者无趣之人，不要自以为清高或者华而不实。如果你太把自己当回事儿了，那就该敲敲自己的脑袋。

在美国政治生活中，人们会谈论每个候选人的可爱之处，那是关于“个人魅力”的另外一种说法。这两种提法指的都是某些无形，但却很重要的东西——在政治生活和商业生活中都是如此。

显然，成为一个随意而乐观的人，本身并不能保证你有远大的前途。你还需要拥有我们所讨论过的一切优点——优秀的业绩、勇于拓展职责、良好的品性、远见卓识、导师以及其他。但如果你不是一个乐观积极的人，那么要获得提升也将变得非常非常困难，原因很简单，因为没有人喜欢在阴云笼罩下工作，哪怕那片云可能很聪明、很能干。

没有乐观精神，你或许也会成功——如果其他的因素都恰到好处的话，但为什么非要那样呢?

我知道，要始终保持乐观并不容易，生活不总是如意。但是，每当你感觉自己在工作时发出消沉的信号时，就可以想想吉米 · 邓恩的例子。

吉米是桑德勒 · 奥尼尔公司（Sandler O’Neil & Partners）的一位高层经理，该公司是位于世界贸易中心南楼 104 层的著名投资银行。“9 · 11”事件突发那天，该公司的 177 名员工中有 68 人遇难，包括公司的创始人赫尔曼 · 桑德勒及其主要合伙人克里斯 · 夸肯布什。一夜之间，企业遭受重创，吉米临危受命，担任了公司的 CEO。

当然，吉米也为公司的惨状深感悲痛，为他的两位挚友赫尔曼和克里斯的厄运备感伤心。但是今天，他将告诉你，有一种东西可以避免公司的毁灭，阻止灾难的扩大，那就是“我能行”的精神。

“在‘9 · 11’事件之后，我能够做的事情就是到处走动，安慰每一个人，探讨我们应该如何生存和重建的计划。”他告诉我。

在选拔人才，以补充损失的员工时，吉米特别留意寻找那些乐观、积极、在“9 · 11”事件的灾难面前无所畏惧的人。技能是重要的，但理想更为关键。

“成功，”吉米说，“在很大程度上取决于态度。”

保持积极的态度并不那么轻松——就像吉米 · 邓恩在“9 · 11”事件之后的经历那样，有时还会出乎意料的艰难。

如果你天性开朗，那当然再好不过。如果不是，那你也应该为此而努力，让自己脸上始终浮现出自信的笑容。

没有乐观精神，你或许也会成功——如果其他的因素都恰到好处的话——但为什么非要那样呢？

不要惧怕挫折。

最后一个“不要”与挫折有关。

可能会有一次、两次甚至多次，你失去了得到提升的机会，但千万不要让自己泄气。

当然，你会感觉很糟糕，甚至苦涩和愤怒。不过，你应该更拼命地工作，让那些感觉消失。

首要的一点是，不要让你的挫折在办公室搞得人人皆知。如果那样的话，周围的每个人——你的老板、同事和下属——恐怕都不得不疏远你。如果你想就自己的遭遇发点牢骚，那就到家里，到偏僻的酒吧或者任何你喜欢去祈祷的地方发泄吧。单位里的同事们尽管知道你的许多事情，但你却不应该把他们卷入自己的感情经历中。

更重要的是，即使你打算离开现在的公司，也应该尽可能优雅地接受自己的挫折，甚至把它当作是需要重新证明自己的挑战。这样的态度对你才是有益的，无论你是去是留。

在这方面，做得最好的人莫过于马克 · 利特尔。

马克是 GE 动力系统公司负责工程的副总裁，为人平和、自信，受人欢迎。1995 年，他们的业务遇到了严重的质量问题，马克说："我刚接手那份工作，突然之间，我们在世界各地的涡轮机的叶片纷纷爆裂，情况糟得一塌糊涂。"

马克拼命工作，试图让业务重回正轨，但是当鲍勃 · 纳德利负责掌管整个动力系统集团之后，他觉得马克既没有危机感，也缺乏必要的工程经验，于是把业务分拆了，让马克只负责规模较小也不太重要的蒸汽涡轮机的工程业务。马克所管理的人一下子变得只有原来的 1/3，负责的产品也属于古老、呆板、增长缓慢的类型。

"我当时感觉仿佛世界末日来临了一般，"马克之后对我提起，"我认为那种安排太不公平，气得发疯。我认为并不是自己制造的麻烦，而且还尽了最大的努力来消除影响，结果我却遭到了重创。我感到生气，受到了伤害，甚至认为这将是自己在 GE 的职业生涯的终点。”

但是他做出了让人惊讶的事情，他忍着不快，重新回到工作中去了。

“我只是觉得，我应该向大家证明，他们的处理是错误的，”他说，“我希望向世界证明，我们能做出什么样的成绩。”

此后几年，马克带领自己的团队重振蒸汽涡轮机生产线。他引进了新技术，建立了流程纪律，把成本压缩到新的水平。

“我下定决心，不要让别人以为我被打倒了，这样我会发疯。我将照常上班，为我自己、为周围的人们、为 GE 做最应该做的事情，那就是重振我们的业务。”

到 1997 年，马克已经交出了骄人的成绩，自信心也得到了完全恢复。当一个负责全部涡轮机生产业务的更高层职位即将出缺的时候，他主动找到鲍勃·纳德利，要求担当大任。

他的要求得到了批准。

“我想说，我获得晋升的主要原因是我用自己的业绩、态度和坚忍打动了每一个人。我从来没有放弃。”

之后，马克不但是负责整个涡轮机业务的生产经理，而且还掌管了 GE 的水力和风力能源业务，那可是一个销售额达到 140 亿美元的大产业。

要想获得晋升，你首先要有渴望晋升的欲望。

有些提升的机会纯粹是由于运气，但很少如此。事实是，在职业生涯中，你的运气往往是由自己创造的。在工作中，你或许会多次更换公司，甚至职业，但是有些事情是你可以做到的，这对保证自己的提升有益，包括交出超出别人预期的业绩，拓展自己的工作范围，不要劳驾老板动用政治资本来保护你，认真管理好自己的下属，勇于承担能获得大家关注的业务，寻求导师的帮助，保持和散发进取精神。然后，在不可避免的挫折来临的关头，昂头迎击。

说起来，仿佛有许多事情必须去做。但是，成功的道路没有捷径。

在职业旅程中，未必每次晋升机会都能够如愿，然而如果你坚持自己的“长征”，最终——有时甚至比你期望的还快——你将抵达自己的目的地。

第18章

糟糕的老板

遇到这样的上司，你该怎么办?

我所认识的人，都能回忆起自己曾经有过一位真正伟大的老板。理由很充分：伟大的老板可以成为自己的朋友、老师、教练、盟友，甚至灵感的源泉，或者集各种角色于一身。他们可以在你从未想到的方面改变和推动你的职业生涯，甚至有时可以扭转你的人生。

完全相反的是，一个坏老板却可以扼杀你。

虽然说，所谓扼杀并不是真的那么可怕，但是糟糕的老板确实可以在一定程度上扼杀你的灵魂，而扼杀的正是你的积极、动力、承诺和希望。日复一日，一个坏老板让你深感愤怒、受伤、苦闷，甚至会真的病倒。

与大多数人一样，在40年左右的职业生涯中，你可能会遇到几位堪称伟大的老板，许多不错的老板，也有一两位古怪的——总是很讨厌，你简直想甩掉他，一走了之。

糟糕的老板有各种类型，有的缺乏能力，有的笑里藏刀，有的欺凌弱小，有的喜怒无常，有的吝啬小气，有的言而无信，有的任人唯亲。

偶尔，有的坏老板同时拥有上述的多个毛病，那么这些人是如何爬到高位的呢？

其实，他们中的很多人也是非常天才的人物，他们或者有优秀的业绩作为基础，或者充满创造力；或许他们有精明的政治盟友，甚至在高层有亲友关系。

世界上总有一些乖僻古怪之流，有的或许就能当上老板。

顺便说一下，在某些行业中，坏老板的职业生命可以比其他行业的更长。在有的创造性比较强的行业，那些知名的作家、艺术家和制作人霸占着某些位置，同时别人还不得不容忍他们的坏习惯，只因为他们是“天才”。华尔街也是坏老板的避风港。那些最善于赚钱的人常常被视为不可替代的，而他们自己也清楚这一点，于是更加肆无忌惮。

但即使不考虑行业的特殊性，我们也该认识到，世界上总有一些乖僻古怪之流，有的或许就能当上老板。

本章要介绍的内容就是，如果他们中的某一位成了你的老板，那该怎么办。不过，本章所提供的并不是现成的答案，因为每个坏老板的情况千差万别。但我们将带你一起考察某些问题，希望给你在处理坏老板的问题上提供正确的思考办法。所谓正确，意思是对于你完成自己的生活和工作目标有所帮助。

在开始考察这些问题之前，我先阐述本章的内容中最重要的原则。不管遇到多么糟糕的老板，你都不能让自己表现为一名受害者。这个主题我们在前面曾阐述过——比如关于并购的那一章，基于同样的原因，这里也适用。

我知道，一个坏老板（与自己的企业被兼并一样）会让你想在同事面前咒骂他，向家人申诉他，让你一拳打在墙上，或者手里拿着酒不停地看着电视。他也许让你希望不停地上网冲浪，或者给猎头公司打电话，随便找一个工作就走人。总之，他会让你感觉自己非常委屈。

别这样！

在任何情况下，把自己当成一个受害者就完全等于把自己打败了。在设计你的职业生涯时，这种心态将毁灭自己的更多选择，甚至让你开始一个自暴自弃的循环。我有位朋友，他曾是华尔街一家公司的金融分析师。后来，他与一位糟糕的老板吵翻，一怒之下挂印而去，然后就在几个不令人满意的工作之间折腾。在寻找工作时，他没有任何推荐信，能够给未来的老板讲述的只是他如何被人伤害的凄婉故事。最终，在5年之后，他找到了一个与他当年的起点相同的职位，不过这次所服务的公司更没有名气，薪水也只有原来的60%。

不管遇到多么糟糕的老板，你都不能让自己表现为一名受害者。

显然，你碰到糟糕的老板之后未必非要留下来不可，有时你的确需要另谋高就。但无论你如何决定，都不要被受害者的心态所吞噬。你应该明白我的意思。在我们所生活的这个社会里，父母们控告快餐店，指责它们提供的食品让儿童发胖；市政府每年要耗费数百万美元，只因为人行道上有所谓的不平整和坑洞，导致行人受到伤害而引发诉讼。

拜托！

与自己生活中可能遇到的其他一切不幸或者不公平的事情一样，为某个难处的老板工作是你面临的现实问题，而你必须解决它。

要做到这样，首先需要问自己如下一系列问题。对它们的解答将帮助你处理那些的确让人痛苦的情况。的确痛苦——但你的选择只能是接受、改变或者终结。

第一个问题是：

为什么我的老板为人如此古怪？

有时，这个问题的答案无须思虑。你的老板为人古怪，因为他本性如此。他对顾客可以满面春风，对他自己的老板和同僚也很会处事，但他对待自己的下属却是同样的坏习惯——同样的胁迫、好战、骄傲自满、目中无人、躲躲藏藏或者挖苦讽刺。

但是如果你的老板只是给你一个人穿小鞋，那就是完全不同的情况了。

假设如此，那你首先要问问自己，是否做过什么样的事情让

一般说来，老板们对于他们所喜欢、尊重和需要的人态度并不差。

他对你心怀不满。是的，你应该在自己身上找找导致老板行为古怪的原因。一般说来，老板们对于他们所喜欢、尊重和需要的人态度并不差。如果你的老板对你不好——主要是对你，那你应该确定他对你抱有成见，而他的成见可能与你的态度或者业绩有关。

你必须找到问题出在什么地方。

首先是向自己提问题，但是要知道，有自知之明并不容易。即便你有丰富的阅历和成熟的心态，人们在看待自己时也很难同他人的看法一样。

我知道有一位人力资源经理，她在南方的某个培训中心花了10年时间做“360度反馈”调查，她会把有关被评价者的最后结果递交到他们本人手中。“在10个人里面，大约有7个对他们听到的结果会非常震惊，”她说，“他们得到反馈的时候，会以为我把表格搞混了。他们坚持认为自己的同事评论的是另外一个人。”

那位人力资源经理说，问题在于，人们对自己的成绩和自己在团队中受欢迎的程度通常估计过高——经常要高两倍以上。

知道这个结果之后，你在做这个艰难的“镜像测试”时，就要认真考虑一下自己的业绩，在那些做得不够好的地方逼迫自己改进。要想想，自己的同事为什么不把你当成团队的成员。要在这种强迫自己的、不情愿的状态下，评估你的个人生产率，你在办公室里工作的时间，你对销售额及利润的贡献。也许你能签下许多订单，但从来未曾完成；也许你完成了许多业务，但太喜欢吹嘘自己；也许在你几个月前挥霍掉一大笔资金的时候，人们并不真的“同意”。

最后，检查一下你对待权威的态度。也许在内心深处，你就厌恶权威，而这就是你和自己老板之间关系紧张的根源。

厌恶权威者真有其人。对于这些人而言，为谁工作并不重要，他们对待所有的老板都抱着玩世不恭的态度。谁知道为什么呢？也许是由于教育、工作或者家庭中养成的成见、政治倾向，这些都有可能。厌恶权威的人经常会流露出对“体制”的不满，而当他们这样做的时候，老板就会有感受，并且有相应的反馈。

我自己就永远也不会忘记，我们 GE 在康涅狄格的费尔菲尔德的总部里，就有一群仇视上级的人——他们大约有六七个人，每天都在公司餐厅里共进午餐。他们自称为“幻灭团队”。其实，他们都很有天分。有一位是语言天才，曾经在某家报社供职，做公关工作——幸运的是，那家媒体发现他的愤世嫉俗很有卖点。另外一位是劳动关系专家，非常有团队亲和力，他天生的同情心让他在处理一线工人的谈判时游刃有余。

在“幻灭团队”餐桌吃饭的所有人在自己的本职工作上都很出色，但他们中间没有人做管理者，所以他们对公司的抱怨嘲讽并没有其他不良影响。我把他们当成没有大的破坏力，但非常乖戾的家伙，他们对任何工作条件都会感到不满。

但是，公司对这种情况并非只能容忍。许多时候，领导们会对下面那些消极抱怨和侵蚀活力的厌世者的行为感到恼火，并把他们打入另册——让他们知道一个真正糟糕的老板的本来面目。

也许这些对你而言并不熟悉——你对上司还不错，在自己身上也找不到其他什么特别的问题，那么该怎么办呢?

这就要想想你的老板究竟在考虑什么了。

但是，任何形式的面对面都可能是非常危险的。你的老板或许正在等待着一个好的机会，以便把你清除。实际上，他可能希望他的负面感应最终将把你带到他的办公室里，你会问："我究竟哪里做错了？"他会回答："这里面的事情就太多了。"

而你必须要找他谈，因为没有其他途径可以绕过去。只需要记住，在你前去会谈之前，应该做好准备，一旦遭到解聘，你能有其他的选择。

然后，就去吧。不要太为自己辩护。记住，你的目标只是找出那些你的老板基于某种原因而没有公开告诉过你的东西。也许他对你有抵触，也许他只是太忙。无论如何，你的目标是找到他对你的态度和业绩的疑问。

如果走运，老板将明确指出你的缺点，那么你就可以制订一个计划来改正，让自己的业绩和态度转入正轨。理想的情况是，随着你尽力去改善自己，他对你的态度也会随之发生变化。

如果不幸，你发现那个坏老板对你的业绩还算满意，那么唯一可能的情况就是他只是不怎么喜欢你而已。

在这种情况下，你就如同在那些对谁都十分刻薄的老板手下工作一样，因为这些人本性如此。

总之，对你而言，下一个问题将是：

坏老板会有什么样的结局?

有时候很明显，一个糟糕的老板将会出局。他自己的老板已经给组织发出了明确的信号，或者他自己也明示，他已经迫不及待地要离开了。在这两种情况下，生存就是一个等待游戏。那你只需要继续做出好的业绩，保持乐观的态度，直到有希望的时候。

可是，如果你的坏老板在短期内哪儿也不会去，那就是另外一条路了。

十多年以前，我画了如下一张表，以区分不同类型的领导，帮助我判别，哪些人应该留下来，哪些应该走人。

在该表中，领导者之间的区别有两个标准，其一是业绩（好还是坏），其二是他们是否符合 GE 的价值观，例如坦诚、倾听、尊严和“无边界行动”等。

在左上角是类型 1 的老板，你希望褒奖和提升他们，并且希望他们成为公司其他人的榜样。在右上角是类型 2 的老板，他们必须走人，越快越好，实际情况也是如此。

左下角是类型 3 的老板，他们真正信仰公司的价值观，也在尽力付诸实践，但他们并没有良好的业绩。这些人可以得到培训和指导，在公司的其他部门给他们一两次新的机会。

类型 1	类型 2
好的价值观 好的业绩	坏的价值观 坏的业绩
类型 3	**类型 4**
好的价值观 坏的业绩	坏的价值观 好的业绩

大部分坏老板都在右下角，处理起来也最为棘手。他们通常可以在自己的位置上待很长的时间，尽管举止不那么友善，却有出色的业绩。

绝大多数好公司都知道这号人，并且最终还是会请走他们。

但是每家公司，哪怕最好的公司，都还是会让一部分这类经理人在位子上待得比应该的时间更长一些。对于各个层次的老板来说，这都是一个两难。他们听到了下面的抱怨，但是也看到了面前的骄人数字。

最后，这将成为一种组织惯性。

例如我所认识的一个人，称其为李先生好了，他在某家国际通讯社负责一个 30 人左右的部门。此人以前是个成功的作家，他给办公室创造了一种充满竞争，甚至有些疯狂的气氛，使得自己部门的稿件比人数超过他两倍的其他部门的稿件还要多。同时，他的团队也表现出了高水平的创造性，在总部的眼里又获得了加分。

然而，李先生却有很恶劣的一面。他的幽默可能过于残酷，对待那些年轻、没有经验的员工尤其过分。对于自己部门里参加了工会的员工，他也表现出特别强烈的不友好，这给部门气氛蒙上了阴影。

李先生的领导是一种可怕的奴役，许多人喜欢在他的高效部门里工作，享受由此带来的荣誉，但是又讨厌他在日常管理中的恶劣一面。那些业绩最好的人待的时间往往不到一年，但他却受到了该行业的供求规律的保护，因为总是有另外的年轻而有野心的作家或者艺术家申请加盟。

因此，尽管员工流动率很高，但该组织的高层管理者还是让他接着干下去——直到他的心脏病发作。在他去世之后，一位前手下说："感谢上帝让他去了。"

通常，一位业绩出众的坏老板并不需要等到去世，才能让高层人士裁撤他，但是启动这样的事情通常也需要契机。

又如卡伦的例子，她是一家资金管理公司的高层人士，下面有 15 名基金经理及其团队——总人数将近 200 人。该公司以不讲情面、难以驾驭的企业文化著称，而卡伦本人则是这种文化的典型。她每天工作 18 个小时，公开蔑视那些业绩不佳的基金经理，偶尔还会在会议上把别人训哭。她总是看不起管理部门，因为那里有许多中年女性，她们常常在午休时分阅读流行小说。但是，当她本人的老板来视察时，她的表现就显得深思熟虑、富有同情心。由此，她得到了"女巫"的绰号，那是一本畅销书里的主角，有多重混乱的个性。

十多年来，她手下的经理们获得了出色的业绩，远远超过了竞争对手。但是当互联网泡沫破灭之后，她的管理方法的高成本开始暴露出来。因为那些基金经理们在高成长性股票上投资过多，而这样做是为了争取业绩，免受卡伦的训责——其实，他们最大的投资都在安然、世通和泰科公司（Tyco）。

在卡伦被解聘之后，高层经理们开始大肆抨击她的经营风格。她手下的许多人则惊讶地摇着头——事情已经出现了许多年，但是必须要等灾难发生之后，管理层才会认真面对它。

你所工作的公司也许不会这样，听任一个坏老板胡作非为下去，非要等到问题一团糟之后才出来收拾。尽管这样，出色的业绩还是有可能让一个老板无限期地干下去。

如果你看到的情况果真如此，那你接下来要问的问题则是：

> 如果我继续交出好的业绩，也继续忍受糟糕的老板，那自己会得到什么?

如果你认为自己的组织，特别是你的老板的老板，或者人力资源部门的什么人能够理解你的难处、同情你，那你就应该相信，总有一天自己将获得提拔，或者另有任用，作为你坚持下去的奖励。在你等待的时候，则应该继续努力，为工作贡献自己的所能。

我自己是非常幸运的，在职业生涯中遇到了许多伟大的老板。他们鼓励我，保护我，帮助我树立自信，给我能拓展自己能力的挑战。鲁本·古托夫，我刚起步时的老板，在十多年的时间里给了我这一切帮助。当我在实战中学习如何从无到有地发展一项新业务的时候，他把 GE 庞大的官僚程序都挡在了我的身后。这使得我在 20 多岁的时候，就能够到世界各地去，参与创建合资企业，进入小规模的收购项目。

17 年之后，我遇到了一个坏老板。不过，戴夫 · 丹斯，GE 的副董事长，并不是真的很坏，而是因为在我角逐 CEO 职位的时候，他坚决支持了另外一位候选人。那时候我的感受真是度日如年。不管我做什么，我都觉得戴夫在想办法让我倒霉——如果你的老板不支持你，那是多么糟糕啊。所以，我尽量不去招惹他——尽可能不在总部多做停留，把时间花到业务现场那些我喜欢的人身上，去做自己喜欢做的事，去关注业务。

与许多人相比，我的处境要好得多。我知道当时的情况持续不了几年，我知道自己坚持下去可能得到的回报——那会是很高的回报。而你可能无法奢望这样好的运气。

但是也要当心。由于对未来的回报感到不确定，你可能做出蠢事来——那就是孤注一掷。你或许有这样的冲动——悄悄跑到楼上，把情况向你的老板的老板汇报，那可能等于自杀。90% 的结果是，对老板的老板提出抱怨最终将伤害你自己。大老板或许会把你的汇报记在心里，批评你的老板的行为。但是你以后一定会发现，自己的日子将更加难过。这或许就是正派人一般不与恶棍计较的原因。很不幸，办公室里也是同样的规则。

这或许就是正派人一般不与恶棍计较的原因。很不幸，办公室里也是同样的规则。

在忍受一位坏老板时，总要面对某些不确定的因素。你可以猜测会有好的结局，或者别人会给你什么承诺，但是这些都难以打包票。在这种情况下，你能够确定的就是每天的工作并不令人愉快。

所以，你还需要问自己如下的问题：

我为什么还要在这里工作呢？

请回忆一下，在关于如何寻找好工作的那一章里，我们已经谈论了不可避免的利弊权衡。人们很难找到一个在各方面都十全十美的工作，有时你为了金钱或者朋友而留下来；有时你放弃了金钱和朋友，只为自己所热爱的工作本身、工作的地点或者不用出差的便利；有时你继续工作只是因为公司有特别的好名声，那将帮助你在积累了几年的经验之后能找到一份更好的工作。

如果你发现自己面对的是一个坏老板，而且不会很快有改变，你就需要重新权衡一下自己的选择："这样做值得吗？"

如果你的回答是不值得，那么就该着手准备一个退出计划，让你的离开尽量不造成更多的损失。另一方面，如果那个讨厌的老板能够给你带来某种长期的利益，你也理解并且接受，那就不用其他选择了。集中考虑一下你为什么要留下来，正确地看待你的老板。他并不是你生活中的全部内容——他只是你所从事的职业或者生活中的一个消极方面而已。

不要考虑太多，你只需要理解，自己是经过了权衡之后决定与一个坏老板待在一起的。这也就意味着你已经没有了抱怨的资格。

你不能再把自己当成受害者。

一旦你拥有自己的选择，就要同时承担后果。

在完美的世界中，所有的老板也都是完美的。

这是那样罕见，因此所有的电影和书籍都在描写有关坏老板的故事，更不用说众多的乡村小调和西部歌曲了。

如果你也遇到了一位坏老板，那首先要看看自己是否出了问题，这并不容易。但在很多情况下，所谓的坏老板不过是对你有些失望罢了。

如果你确信，问题不在自己这边，那么请接着问问自己，公司是否愿意留下一个脾气不好但业绩出色的老板。如果答案是肯定的，那么你所能做的事情就是再审视一下自己的取舍：你的工作所得是否值得让你继续忍受一位坏老板？如果是，那就闭上嘴，好好工作。

如果你权衡的结果发现并不可取，那就有风度地离开。

在你开始自己的下一份工作时，要记住原来的老板为什么让你讨厌，你对他的感受如何——有朝一日当你成为老板，就要引以为戒。

第19章

工作与生活的平衡

照我说的那样做，但不要学我

如果我说，“照我说的那样做，但不要学我”，那么本章就是这样的。从来没有人——包括我自己——把我当成处理生活和工作的平衡关系的权威。41年以来，我奉行的原则就是好好工作，好好享受，花一点时间来当父亲。

如果那时也有这个概念，我肯定会把自己的生活描述得非常平衡，一切都仿佛应有尽有，而且恰到好处。

在我成长的那个时代，主流的文化是你应该争取上大学，获得宝贵的学位；在学校里或者毕业不久，就结婚生子；然后找到一个好工作，忘我地投入其中，因为那是通向美好未来的车票。

我并没有多想，就遵循了这个模式。幸运的是，我发现工作是非常有意思的。我把周末用来打高尔夫球，与其他年轻人开派对。

但是回头看去，很显然，我所选择的平衡对于我家里和办公室的其他人都有不利的影响。例如，我的孩子们主要是由他们的母亲卡罗琳独自带大的。

同样，从早年在 GE 塑料业务部的工作开始，我就习惯在星期六早上去公司加班。不令人意外的是，我的直接下属也都来了。就个人而言，我认为在周末加班是非常惬意的，我们可以用更加轻松的方式来总结一周的成果，同时闲扯一些有关体育比赛的消息。

可我从来没有问过谁："你其实更愿意，或者说更需要，到别的什么地方去吗？比如说和家人待在一起，或者去满足自己的爱好，或者其他？"我甚至从来没有想过，别人也许应该去其他的地方，而不是继续回来工作。

如果我有什么借口，那就是当时是属于另外一个时代。在 20 世纪 60 年代和 70 年代，我的直接下属都是男性，许多人虽然做了父亲，但那时的父亲却扮演着不同的角色。大致说来，他们不需要在星期四下午出席学校的芭蕾舞表演，也不用担心由于妨碍自己孩子的运动"事业"而拒绝调换工作。他们中多数人的妻子不需要从事工作，一般来说，人们认为妻子应该留在家里，把一切都安排好。

当然，这一切在 80 年代之后发生了变化。女性开始加入职业大军。到 80 年代末，我开始听到许多关于工作与生活的平衡的讨论。最开始是，我们在克罗顿维尔举办的多期管理拓展培训班上出现了这样的苗头，有经理人描述自己遇到的压力，如何在夫妻都工作的家庭里处理好出差、调换岗位这类关系。到90年代早期，GE内部对这个话题的讨论更加热烈了，在克罗顿维尔的会场和“GE非洲裔美国人论坛”上屡见不鲜，在我与公司“女职员网络”的成员们举行的会议上则提到了更高的层次。

这些对话迫使我直面一些我自己从未真正面对过的问题（在处理两种完整的生活时必然要爆发的冲突）：一种是职业生活，另一种则是业余生活，无论是在家照顾小孩，到无家可归者救助中心去做志愿者，还是跑马拉松。

尽管工作与生活的平衡问题在90年代已经越来越成为前卫和核心的话题，但似乎直到我2001年退休之后，它才真正热门起来。今天，已经没有哪个公司或者哪位CEO能够忽视它。例如，在2004年秋天，《纽约时报》就在头版刊登了一篇由三个部分组成的关于工作、生活平衡和工作压力的文章。同一周，《快公司》的封面故事也是《还担心工作与生活的平衡吗？忘记它吧。生活不管怎样还要继续》。甚至出现了完全为这个问题服务的咨询产业，出版了许多书籍，有关的网站也为数众多。

因此，不足为奇的是，在去世界各地的时候，我遇到了许多这方面的问题。最常见的是：“你怎么会有那么多的时间去打高尔夫球，还能继续干好CEO的工作？”还有其他各种各样的问题，比如有一次在北京，一位30岁左右的听众问我：“在管理GE的同时，你是如何管理好自己的孩子们的？”

我确信，自己对这些问题的回答能起的帮助有限。我说，我能够有时间去打高尔夫，是因为自己在业余时间里并没有做别的什么事情。至于我的孩子们，我并没有“管理”他们，除了关注一下他们的学习成绩之外，就是在每年三个星期的假期里充当他们的社会实践导师。他们今天所拥有的幸福生活，绝大部分应该归功于他们的母亲，而不是我。

所以，在个人应该如何排列生活中各部分的优先次序的问题上，我显然不是专家。何况我一直以为这些选择应取决于个人。

但是，作为一名经理人，我处理过数十个关于工作与生活平衡协调的难题，作为经理人的经理人则处理过数百个。在退休之后，我还从许多人那里（既有老板，也有员工）听说了有关这个复杂问题的许多故事。

从所有这些经历中，我找到了一些感觉——关于老板们如何看待工作与生活的平衡，不知道他们是否告诉过你。

你或许并不喜欢他们的论调，但你必须了解。关于这个平衡关系的话题，有许多好听的理论，也有很多严肃的现实。为了做出对你最有利的选择，采取最合适的行动，你需要了解这些现实：

1. 你的老板最关心的事情是竞争力。当然他也希望你能快乐，但那只是因为你的快乐能够帮助他的公司赢利。实际上，如果他的工作做得好，他就可以让你的工作变得很有吸引力，使你的个人生活显得不那么拖后腿。
2. 绝大多数老板都非常愿意协调员工的工作与生活的矛盾，

如果你能给他出色的业绩。这里的关键词是“如果”。

3. 老板们很清楚，公司手册上面关于工作与生活平衡的政策主要是为了招聘的需要，而真正的平衡是由一对一的谈判决定的，其背景是一个相互支持性的企业文化，而不要总是强调：“但是公司说过……”
4. 那些公开为工作与生活的矛盾问题而斗争、动辄要求公司提供帮助的员工会被当作动摇不定、摆资格、不愿意承担义务或者无能的人，或者以上全部。
5. 即使最宽宏大量的老板也会认为，工作和生活的平衡是需要你自己去解决的问题。实际上，绝大多数人都知道，的确有一些策略能帮助你处理好这个问题，他们也希望你能采用。

管理的优先次序

我们将逐一来分析这些要点，但是首先要谈谈所谓的“工作与生活的平衡”究竟指的是什么。

这个话题进入公众的视野，正是女性——特别是夫妻都工作的家庭中的母亲们——大规模地开始工作的时代，这并非偶然。突然之间，许多人被迫在两个相互排斥、相互冲突的要求之间奔波：既要成为伟大的父母，同时又要做优秀的员工。特别是在工

> **工作与生活的平衡是一个交易——你和自己之间就所得和所失进行的交易。**

作的早期，对那些上班族母亲而言，周围的一切都要付出辛劳和努力，那将是十分疲惫而痛苦的，她们的故事中充满了内疚、彷徨和愤怒。

今天，工作与生活的平衡依然困扰着这些上班族母亲，因为她们每天都要面临众多现实的矛盾。但是毫无疑问，这个概念已经被扩大和深化了，它不光是关于母亲们如何在生活的各个方面中分配时间的问题，而是涵盖了我们所有人应该如何管理生活、支配时间的问题——关于优先次序和价值观的问题。

基本上，这个平衡是关于“我们应该把多少精力消耗在工作上”的讨论。

你既可以像我和我的同类那样，把工作当作自己的主业；你也可以按照字面上的平衡的含义去做，生活与工作各自分配 50% 的时间；或者你可以用 80% 的时间去上网冲浪，20% 的时间用来工作……可以说，有多少种人，就会有多少种平衡方程式。

不过，无论选择哪种平衡，你都必须有所取舍。毕竟，如我在本书前面所言，要想在一生之中，同时得到期望的一切，那是非常难得和幸运的。通常的情况并不是这样。例如，那些有工作的父母由于非常希望参加孩子们的活动，常常放弃了对自己事业的某些追求。相反，那些把商业成就放在第一位的人则往往要放弃与自己孩子相处的机会。

工作与生活的平衡是一个交易——你和自己之间就所得和所失进行的交易。

我记得，在澳大利亚墨尔本举行的一次有500名高级管理人士参加的讨论会上，我们请来了马克辛·麦丘——该国最有名的新闻播报员之一——担任主持。讨论先是集中在各种常见的商业话题上，进行了大约一个小时。接着，有一位女听众站起来说："韦尔奇先生，你能否谈一谈，为什么那些在商业上获得成功的女性都必须表现得像男人那样，顽固而自大？是否有那么一天，我们将会看到女CEO们是另外一种样子，而不必是撒切尔夫人那样的'铁娘子'？"

我已经记不起自己当时确切的回答了，但我知道自己当时说了些"政治上非常不正确"的话。我说，大多数女性都是因为生孩子而耽误了自己的职业发展，虽然我认为那是种值得做的选择，不过却不能让她们尽快获得董事会的席位。

我的答复显然激怒了提问者，她反问道："为什么女性就必须为了职业前程而牺牲自己的生活，而男性却不必呢？女性难道就应该做出所有的牺牲吗？"

听众中的一些男士开始抱怨，有一位大声说："我的妻子就心甘情愿。"另一位则说："哎，我们都做出了牺牲。"

在台上，我耸耸肩说："对于你的问题，恐怕我难以给出合适的答案。我不能确认，对于那些自愿做出选择的母亲们来说，在公司的层级晋升中暂时停下来是否就真的算一种'牺牲'。"

此时，马克辛插话进来。老实说，我本以为她会给我当头一棒，但她的回答出乎我的意料。

“既然我已经把事业放在了第一位，那我就不能因为自己在所得与所失之间做出的抉择而责怪其他任何人了。”

“女性的确是放弃了一些东西，这是生物规律。”她说，“让我来告诉你们我所放弃的东西。我希望获得职业的发展，为此没有要孩子。如果是在今天，我既可以要小孩，同时又可以获得自己的职业发展机会。但是在25年以前，在我刚刚进入广播行业的时候，这是完全不可能的，你不能既抚养小孩，又达到最高的职业位置。所以我做出了自己的选择。当然，我本来也希望能有孩子，但既然我已经把事业放在了第一位，那我就不能因为自己在所得与所失之间做出的抉择而责怪其他任何人了。”

当时的会场安静得连一根针掉在地上都听得见。在沉默了许久之后，有人举手，把话题转到澳大利亚经济上面去了。

我讲这个故事的意思是，在讨论工作与生活的平衡时，你必须承认，这个话题是非常个性化而又非常普遍的，因此必然充满争议。

今天，我们每个人都要在这个平衡之间做出抉择——从那些上班族母亲和父亲，到那些虽然单身，却希望把自己的时间用来写小说，或者去为人道主义中心提供自愿服务的人。

平衡意味着选择和取舍，并承担相应的后果。它很简单，却又很复杂。

但是你必须记住，你并不是唯一碰到这个问题的人，而你的公司也会感受到你的决定和行为的影响。

知道这个之后，让我们站到你的老板的视角上，换个位置对工作与生活的平衡问题做些思考。

1. 你的老板最关心的事情是竞争力。当然他也希望你能快乐，但那只是因为你的快乐能够帮助他的公司赢利。实际上，如果他的工作做得好，他就可以让你的工作变得很有吸引力，使你的个人生活显得不那么拖后腿。

显然，绝大多数老板都希望自己的员工有不错的个人生活，没有人希望自己的手下把家庭或社会上遇到的麻烦带进公司，因为这种情绪会渗透到办公室的气氛中，对提高生产效率毫无帮助。

还有留住人才的问题。对生活感到满意的人一般都愿意停留在自己现在的地方，以更大的热情投入工作。所以最要紧的一点是，好的老板并不希望自己的员工感觉失衡。

但除此以外，老板们还想“赢”，这是他们给你付工资的原因，这也是他们希望你贡献所有的一切——包括你的头脑、体力、活力和献身精神的原因。他们毕竟需要在一场商业竞赛中获得胜利，如果员工总是缺勤，那将是难以做到的——特别是当其他竞争对手正在从印度或者中国这些国家招募员工的时候，因为在这些地方，工作与生活的平衡还不是主要的文化议题。

实际情况是：工作与生活的平衡其实是件奢侈品——只有那些“有能力”用时间来换金钱或者用金钱来换时间的人才消受得

起。你一定不敢打赌，那位刚刚在纽约开店的韩国杂货店老板根本不会考虑自己是否要花点时间去健身中心的问题。你也可以确信，在中国那样激烈的劳动竞争环境下，99% 的创业者对于每天工作到很晚并不会捶胸顿足。

老板并不希望你放弃自己的家庭、爱好或者其他活动。他并没有那么邪恶，他只不过是期望你能把所有的能量、活力都给予公司的事业。

你的老板完全清楚，绝大多数全球市场上的竞争对手都不会聘用由于追求工作与生活的平衡而降低了生产效率的员工。

因此，当老板思考如何满足你的平衡要求的议题时，他主要是围绕以下的问题：我能否既满足此人的要求，同时又让他全心地投入工作？

真实情况是，如果你足够优秀，那么老板就希望你 150% 地投入工作，他愿意为此付出一切，即使你的家庭也需要你 150% 地投入。

我并不是说，老板希望你放弃自己的家庭、爱好或者其他活动。他并没有那么邪恶，他只不过是期望你能把所有的能量、活力都给予公司的事业。

在绝大多数情况下，老板们对于处理员工的生活要求有一个最好的办法，那就是让工作变得非常刺激、有趣，让员工们甚至都不想回家吃晚饭，更不必说玩国际象棋或者到阁楼上写伟大的小说了。

许多年以来，加里·赖内一直担任GE在费尔菲尔德镇的业务拓展部门的负责人，长期为我工作。尽管他从不张扬，但是很明显，在他的平衡抉择中与家人共处的时间占了重要的位置。每天他都很早到办公室，但却坚持在6点准时下班。工作时间里他也很少卷入可能降低效率的闲聊，他总是显得很酷、很有效率。

然而，加里在各个方面都是明星，他在公司年复一年的优异表现给自己开创了广阔的发展空间。但他总是说，他喜欢自己正在做的事情，需要出差的时候不是太多，因此不希望调换岗位。对我来说，这很好，我也喜欢他正在做的工作，同时那也会使整个公司受益。

不过我担心，我相信加里也担心，在这样的管理岗位上，一位员工能在多长的时间里保持新鲜感和投入精神。我可不希望他离开GE，或者在精神上开小差。

于是，在以后的10年里，每当公司发动一次重要的行动——从六西格玛到电子商务——我们都让加里负责委员会的组织。那里云集了各个部门的领导，其任务是总结最佳实践经验，并负责将其推广到全公司。在这样的行动期间，加里扮演了公司首席信息官的角色。他的正式职位并没有变化，但是每过一两年，他的工作范围就会有所扩展。他能够给GE创造更大的价值，同时又维持工作与生活的平衡。

加里的故事与成千上万人每天的经历一样——老板创造了机会，让他的明星员工保持了新鲜感和成就感。我知道加里需要什么，也知道公司需要什么，而且很幸运，我们找到了一个让大家都感到满意的办法。

所以每当你考虑工作与生活的平衡时，请记住，你的老板所想的是——如何去赢。你的要求他有可能知道甚至会帮助你成功地解决，但如果老板的需要没有得到满足，那也是不行的。

2. 绝大多数老板都非常愿意协调员工的工作与生活的矛盾，如果你能给他出色的业绩。这里的关键词是“如果”。

必须承认，有的老板会想：“在我自己的生活与工作的平衡问题上，谁又帮助过我呢？因此，我也不会给他们什么好处。每个人都该学会处理自己的问题。”

还有的人自己没有孩子，他们仇视那些成为父母之后，要求企业给予特殊照顾以承担自己家庭义务的人。我听到过这些人的话：“他们是自己想要孩子的，现在却要求我们给他们提供方便！”这些话听起来并不很友好，但我想可以理解。

其实，工作场所的现实情况是，很少有人真的得到特殊照顾。是的，老板会同意给一些人有弹性的上下班时间表，但前提是他们必须保证自己的业绩。

实际上，我倒愿意通过一个老式的积分系统来处理工作与生活的平衡问题。那些有突出业绩的人可以获得“积分”，用以交换自己工作的弹性。你获得的积分越多，你就越有权利决定自己什么时候去工作、去哪里工作以及如何工作。

但是，在讨论这个积分系统时，不能不提到“面对面”的时间。

在大多数公司里，人与人之间直接会面的时间是非常重要的。特别是，它关系到晋升问题。尽管我们已经开发了许多新技术，让虚拟办公成为可能，但大多数经理人还是对提拔自己在战壕里结识的人感到更有把握，也就是指，那些他们能在会议室或走廊上见到的人、一起经历了危机考验的人。你在家里完成的工作可以很出色，你可以是团队中最有效率的人，你当前的工作从技术上来说可以不要求你必须去办公室，但是，当晋升或者考评的时刻来临，老板们总是会把重要的岗位交给他所熟悉的人。而要想别人熟悉你，就没有比直接面对面更好的办法了。

我们看看苏珊·彼得斯的故事，那是个典型的积分制度的案例。

1979 年，苏珊年仅 26 岁时加盟 GE，成为设备部门的人力资源经理。很快她就展现出了巨大的潜力，几次调到其他岗位，迎接新的挑战。1986 年，她来到皮茨菲尔德工作。在她的女儿杰斯出生后的第三个月，她的老板需要做背部的大手术，得停工很长时间。她因此被特别提拔为人力资源部门的负责人。

接下来，苏珊的工作地点搬到荷兰，然后又回总部，再到皮茨菲尔德。两年后，我们又把她调到路易斯维尔，领导设备业务部的人力资源工作。在每个岗位上，她都表现得非常出色。

1998 年，当 GE 位于密尔沃基的医疗产业的人力资源部门需要补充人手时，我们知道自己应该怎么办，那就是把苏珊·彼得斯派去。我们找到她的时候，每个人都以为她会爽快地回答：“好，我们什么时候开始？”

然而，她却说：“我不能去——我在这里有些家庭事务，我必须解决。”

这回我们算是被及时地浇了一盆冷水。我们竟然从来没有考虑过苏珊的私人生活，而她本人也从未提起过。当年，我们曾派她去参加总共 8 个星期的长期培训课程——1992 年在日本，4 个星期；1993 年在中国，也是 4 个星期——她从来没有抱怨过需要远离自己的女儿。突然，她现在要求停止奔波了，这真让我们难堪。

天哪，我们想，会有多少人像苏珊一样，默默地忍受了工作与生活的冲突，而我们却不知道，甚至失去了他们？

我们立刻给了苏珊满意的答复。在那时，她辛苦积攒的积分远远超过了她要求提供的帮助。我们告诉她，千万别担心职位变动的事情，我们最关心的问题是她要首先处理好自己的家务事。

那用了几年的时间。当时，公司里从来没有人用消极的态度谈过苏珊的麻烦，谈过她职业发展的约束。2000 年时，苏珊告诉我们，她又一切正常了。我们立刻就把她任命为 NBC 的人力资源负责人。之后，她在费尔菲尔德工作，担任全公司负责高层经理发展计划的副总裁、GE 的第二号人力资源高管。

如果你向苏珊请教她对自己职业生涯的想法，她会说：“大体上，我认为如果你愿意要孩子，还是可以获得工作与生活的平衡。但我并不否认，将会有一段艰难的时刻，非常艰难。有一次我去中国时，我的女儿已经 7 岁了，她开始懂事，这更让我真正感觉到了内疚。我一路上都在偷偷地哭。但是，我对自己所做的决定是清楚的，而其中就包括出差。”

“我知道，假如自己真的需要，公司是能够给我一定的弹性安排的，那是我多年的出色表现和投入所取得的回报。”

与苏珊的故事相反，我还有一位朋友，她在一家高成长性企业，管理着 60 个人的大部门。

几年前，她的一位部下辛西娅来找她，这位员工刚有了自己的第二个孩子。辛西娅问，她是否可以每周五在家里工作。我这位经理朋友自己也是位上班族母亲，她马上回答说，好。她知道，辛西娅已经在公司工作了 8 年，她可以继续做出良好的业绩，因为她一向如此。事实上，辛西娅是该部门里工作最努力、最有组织性和效率的员工之一。

两个星期之后，关于辛西娅每周五可以在家里上班的消息传开了。很快，又有一位年轻的下属来找我的朋友——就叫他卡尔吧，他来公司刚好一年，并没有什么突出的业绩。但他也要求自己每周五在家里上班，其解释是：“我想让自己的瑜伽更上一层楼。”

当我的朋友拒绝之后，谈话变得让人尴尬。“你在用自己的价值观来评价我，”卡尔说，“你的意思是，做母亲要比练瑜伽更有意义。但是，我并没有打算要孩子。那你凭什么说，瑜伽对于我的生活而言就不像辛西娅的孩子对她的生活那么重要呢？”

“对不起，这事得由我决定。”老板厉声回击。

后来，这场冲突成了办公室里闲谈的话题，卡尔的同事们在以后一个星期中把注意力放到了关于公平和价值观的讨论上。我的朋友开始后悔，她觉得自己在回答卡尔时还不够直截了当。卡尔星期五不能回家工作的真实原因是，他还没有证明自己，公司不相信他回到家之后可以像周一到周四在办公室那样认真地工作。

尽管自己也是上班族母亲，但当我的朋友在做出决定时，她所考虑的因素并不是练瑜伽与照顾婴儿哪个更重要，那根本不关什么价值观的事。问题的关键在于业绩——卡尔还没有任何积分。

这对你来说有什么启发吗？这意味着在你考虑工作与生活平衡的问题时，要清楚在绝大多数公司里，你需要通过努力去赢得弹性，而这个过程要花费时间。

此外还有一点，对于那些刚刚加入团队的人来说，这种制度看起来有些不公平。他们会想，为什么必须经过等待，才能得到自己想要的自由和弹性呢？但是有更多经验的人则容易理解，实际上，很多人觉得这种付出与获得的交换非常公平。

最后，老板也欣赏这点。对他们来说，这是个双赢的交易。

3. 老板们很清楚，公司手册上面关于工作与生活平衡的政策主要是为了招聘的需要，而真正的平衡是由一对一的谈判决定的，其背景是一个相互支持的企业文化，而不要总是强调："但是公司说过……"

公司手册是件华丽的宣传品，有醒目的照片、多项终身福利的介绍，也包括倒班或工作弹性等。

然而绝大多数人都清楚，你最后一次阅读公司手册，就是你第一天来公司上班，在人力资源部门填写完保险单的时刻。实际上，许多聪明人很快就明白，手册上所列举的“工作与生活的平衡规划”主要是面向新人的招聘工具。

真实的平衡安排是在老板与员工之间就具体问题进行单独谈判得到的，使用的方法正好是我们刚介绍过的业绩与弹性交换的制度。

不过，采纳这种互换制度需要特别的环境，它要求一个相互支持的组织文化。老板愿意与表现好的员工商讨，给他们灵活安排工作时间，而优秀的员工也很愿意就自己面临的矛盾冲突征求老板的意见。

在这样的文化中，老板有权力用工作弹性来奖励优秀业绩，员工们不必给人力资源部门提供清晰、严格的工作安排报告，也不需要严格执行公司统一的工作与生活平衡政策。因为那样实际上会限制他们争取最好结果的能力，于事无补。

还记得上面的故事吗？员工来找老板，由于要练习瑜伽，他希望星期五在家里工作。最后，事情被最高层人士知道了，他们告诉那位老板，她应该同意该员工的要求，因为这是公司的政策。“在弹性工作的安排方面，你应该一视同仁。”那时，梅里特已经没有任何办法了。

后来的结局不令人奇怪，那位痴迷于瑜伽的员工没有能够在公司再干上一年。在每周只需要来办公室 4 天之后，他的业绩开始不断下降。而且更糟糕的是，他成了所有经理人眼中的坏典型：动辄以“但是公司曾经说过……”这样的借口来说事儿。

如果你真的需要工作与生活的平衡，就要找到这样一个公司，它会真正把这件事情当作自己每日业务的一部分。

你自己身边也应该有这号人：他们把休假日全都攒起来，他们递交的单据显示，自己在节假日里有多少个半天或者全天用来加班；他们提醒老板和同事，公司有关于加班的规定；他们是打小算盘的专家，用自己的表现一再证明，他们来这里工作并不是出于兴趣或者热情，而只是在记录工作了多长时间。

无疑，他们攒了许多积分。但他们不认同那种一对一谈判式的管理文化，而只会照本宣科地为自己争取“应有的权利”。

要记住，千万不要被公司手册里所宣传的所谓工作平衡政策和计划所左右，如果你真的需要工作与生活的平衡，就要找到这样一个公司，它会真正把这件事情当作自己每日业务的一部分。

4. 那些公开为工作与生活的矛盾问题而斗争、动辄要求公司提供帮助的员工会被当作动摇不定、摆资格、不愿意承担义务或者无能的人，或者以上全部。

2004 年 9 月，《金融时报》刊登了一篇关于维维恩 · 考克斯的报道，此人 45 岁，被任命为英国石油公司（BP）能源、天然气和可再生能源部门的负责人。报道指出，这个职位让考克斯女士成了当今世界最有权势的商界女强人之一。

文章还指出，她有两个很小的孩子，不过她从未谈过他们对她的工作有什么影响。报道说，维维恩·考克斯“属于目标远大、希望继续发展自己职业的新一代女性”。

无疑，我们的星球上有成千上万的维维恩·考克斯。有数以百万计成功的职业人士，他们是上班族母亲或者有其他的复杂身份，有着充实而忙碌的私人生活——而他们在处理这些事情时，并没有抱怨要取得平衡是多么艰难，或者要求自己的公司提供多少帮助。

想到这些人的存在，我们还有资格抱怨工作与生活之间的矛盾吗？

因此，那些消极抱怨的人最后总免不了被边缘化的命运。有时，公司会出于保持“政治正确”的考虑而不马上采取行动，他们不去招惹那些公开宣扬工作与生活的矛盾的人。但随着时间流逝，那些看起来不能很好地处理自己的生活矛盾，或者不断要求公司给予特殊待遇的人往往会落在后面，或者被排挤在一边。

一个不奇怪的结果是，那些抱怨者往往也是业绩不佳的人。

下面是我对此给出的理论解释。

在任何组织里，最优秀的20%的人几乎从来不会抱怨工作与生活的平衡问题。这个事实肯定与他们的本性有关。无论是在家里，还是在工作中，这些人都非常聪明、有组织、有能力，他们已经找到并实施了可以持续的解决方案。就像苏珊·彼得斯所说，他们建立了“家庭应急计划”，有后备资源和紧急方案，能够应付复杂情况所带来的不确定性。

相反，业绩不好的人在以下三个方面有不利因素。首先，他们在安排自己的时间和优先次序方面不够有效，这不但是指工作，在家庭中也是一样。其次，由于他们业绩平平，这些人会感到自己晋升的机会不多，自信心受到打击，加深了他们的疑惑。最后，与前 20% 的人相比，他们在个人财务上也不够宽裕，在处理平衡时能利用的资源也就更少，请不起保姆、私人教师或者其他。把这三方面综合起来，就很自然了，这些人会公开地为工作与生活中的两难选择而斗争，并时常要求援助。

有一家纽约公司的人力资源经理这样告诉我："总是那些业绩最差的人要求公司给予最大的弹性。客气点说，这也够让人厌烦的。"（不奇怪的是，他还说："如果你要引用这句话，千万别写上我的真名！"）

所以，在你第 5 次开口，要求公司减少你的出差，要求在星期四上午请假，或者希望回家去照顾小孩之前，你应该知道自己是在发表一项声明。而且不管你用什么辞令，你的请求在别人听来都似乎是："我对这里的工作并不真的感兴趣。"

> 5. 即使最宽宏大量的老板也会认为，工作和生活的平衡是需要你自己去解决的问题。实际上，绝大多数人也知道，的确有一些策略能帮助你处理好这个问题，他们也希望你能采用。

看，只有你本人才能确定自己的价值观和优先次序，只有你知道自己愿意做出什么取舍，只有你能够弄清楚这些选择的后果，只有你才能安排自己的日程和生活，安排工作和家庭，执行自己的选择。

这就是理由。归根结底，大多数老板都认为工作与生活的平衡是你自己需要解决的问题，而不是他们的问题。

现在，已经有经理人很善于帮助自己的下属设定优先次序和进行权衡取舍，甚至帮助他们安排工作时间表，以便同时保证员工和公司双方的利益。实际上，这些经理人已经把这些行动视为自己的职责之一。

但是，帮助人们取得平衡是项特殊技能，并非每个经理都能胜任，也不是每个经理都认为有必要。有的人会说：“我究竟该扮演什么角色呢？是做母亲还是做心理医生？忘了这些吧。”

也有很多人不是这样。在过去几年的演讲和咨询活动中，我感觉有一半左右的经理人希望主动采取措施，帮助自己的下属取得某种平衡，这要比 2001 年之前的情况好多了。

毫无疑问，谈判、协调这种平衡关系要给经理人的工作增加了复杂性。但是你的经理人应该欢迎这种挑战，因为这给他提供了另外一套工具，来激励和挽留优秀的员工。这套新工具与高薪、红利、晋升或其他所有形式的认可一样有效。

不过在此期间，你也可以并且应该学会帮助自己。有关工作与生活的话题已经讨论了相当长的时间了，也有不少好的经验被总结出来。那些非常老练的老板们都知道这些技巧，很多人自己已经开始采纳它们，他们也希望你能借鉴。

以下就是一些经验之谈：

经验 1：无论参与什么游戏，都要尽可能地投入。

我们已经陈述过，工作希望你 150% 地投入，生活也同样如此。因此做事时要努力减轻焦虑，避免分心，不管你在做什么，都要注意改进业绩，时刻提醒自己你在哪里，你是谁。

或者说，要学会分门别类、有条不紊。

如果你经常从办公室给商店打电话，为自己家里订购东西，或者经常在足球场给客户发电子邮件，那将很难获得成功。

显然，要掌握化繁为简的门道并不是那么容易。有时，你必须在体育馆给客户打电话，或者在会议中找时间去探望生病的孩子。但是，你越是把工作与生活混淆在一起，你的感觉就会越麻烦、越混乱、越难以收拾。

在这方面，技术将是一柄双刃剑。一方面，如果你可以在晚上 8 点到 10 点之间通过家里的电脑来检查电子邮件，那你每周就可以有三天早点下班，回家吃晚饭。另一方面，如果你鼓励自己的同事在你休假的时候打电话给你，那也等于是自找麻烦。

最理想的办法是在自己的行为之间划定一个大致的界限，这样，当你在工作时，就全心全意；当你回到家里，或者出去玩的时候，也能同样如此。我知道，这么说有点白日做梦的味道。不管你设定什么规律，总会有意想不到的压力。但是对规律的打断越小、越不频繁，你能体验到的平衡感就越强。

经验 2：对于你所选择的工作与生活平衡之外的要求和需要，要有勇气说“不”。

最终，大多数人都会找到适合自己的工作与生活的平衡位置，之后的窍门就是坚持。

这需要纪律。说“不”并不容易，特别是对于那些正是通过经常说“好”而得到晋升的商界人士而言。在这方面，比尔·伍德伯恩的故事最能打动我。20 世纪 90 年代，比尔负责 GE 的工业钻石业务。我们邀请他出马，负责另外一个规模要大出好几倍的部门。但是，尽管我们百般劝解，他对于自己的优先选择却非常坚定，拒绝了我们的提议。

原来，比尔当时有一个差两年就要上高中的女儿，他不想打扰女儿的成长历程。今天，比尔的孩子已经大学毕业很久了，而他本人也已得到了两次晋升，担任了 GE 基础设施业务的 CEO。

然而，在通常情况下，你并不需要为了自己设定的平衡而付出那样大的代价——谢绝晋升的机遇。你只需要婉拒一些小事就可以了——例如，邀请你再加入一家非营利机构的建议，或者给另一个小孩的球队当教练等。

如果你对什么请求都表示应允，你就不可能得到平衡，而必然会摔倒。

学会拒绝将给你带来巨大的解脱，因此，你应该力争对一切不属于你有意识的平衡选择之外的项目说“不”。

经验 3：确认你的平衡计划没有把你自己排除在外。

在处理事业与生活的平衡关系时，一件真正可怕的事情是陷入“为了他人而牺牲自己”的境地。有许多非常能干的人制订了完美的平衡计划，把自己的一切都贡献给了工作、家庭、志愿者组织。

问题在于，在这样的完美计划的核心，却有一个真空，那就是对当事人而言根本没有乐趣。

当然，工作与生活的平衡意味着做出取舍，而那些正直的人总是必须为家庭和工作承担责任。但是，如果你制订了一个让自己毫无乐趣的平衡计划，那恐怕你自己也将难以坚持下去。

你必须确认，在选择的计划中充满了自己的梦想和激情。如果那意味着忘我地工作，就请付诸实践吧；如果那意味着每天晚上按时回家，你也该照样心安理得。是的，你必须对周围的人负责，但是你不能假借平衡的名义而按照别人的观念去生活。

当然，你或许能够那样做，但你却不应该那样做，因为到头来受伤的总会是你自己。

我们都知道有些表面上非常开心的人，他们同时承担了巨大的事业和家庭的压力。可是有朝一日，他们却突然停了下来，然后使自己的人生轨迹来了一个大转弯。那时大家才发现，他们以前的表现完全都是勉强支撑。

我们在一个鸡尾酒会上碰到了某位女士，她是这样解释自己突然间“改头换面”的原因的：“15 年以来，我从未真正开心地笑

如果你的计划不能使自己快乐，有一天，你会清醒过来，发现自己在一种特别的地狱里：周围的人都很快乐，而自己却异常孤独。

过。我没有时间呷着咖啡读报，没有工夫逗小狗玩，不能给老朋友打电话。这种无奈的感觉无时不在，我挣扎在那种为了别人而牺牲自己的观念中。”

“名义上，我是优秀的妻子和母亲，在工作上的表现也非常出色。周围的人都过得非常好，只有我自己很可怜。我要么离开，要么就会崩溃。”

今天，这位母亲在自己家附近工作。她家里的收入减少了，而且她也会告诉你自己还怀念过去作为职业人士的生活，但是，她至少可以自由地呼吸和欢笑了。

工作与生活的平衡并非你独自一人就能做出的决定。你必须清楚，自己的选择将如何影响周围的许多人。

但如果你的计划不能使自己快乐，那么这个世界上所谓的平衡不过是尽义务而已。有一天，你会清醒过来，发现自己在一种特别的地狱里：周围的人都很快乐，而自己却异常孤独。

这对别人来说其实也不好。

在认真考虑这个话题的时候，你会发现，如果自己想追求平衡和完美，最关键的不过是明白几个道理。

除了工作以外，你要弄清楚，你还想从生活中得到什么。

在工作中，你要明白自己的老板需要什么，而且，如果你希望得到提拔，那首先得满足老板的要求。你最终可以得到自己需要的工作弹性，但那需要商量，前提还是一样。

确认自己所服务的企业是否拥有一个相互支持的文化环境，在那种环境中，大家都关注业绩，你可以用自己的出色业绩来换取工作的弹性。

争取业绩积分，根据自己的需要来兑换弹性，再不断补充它。

寻求平衡将是一个过程，找对感觉需要反复实践。在获得经验和思考之后，你可以做得更好。最终，在一段时间过去之后，你会发现事情并没有那么艰难，不过是平凡的生活而已。

第五部分 WINNING

有关赢的其他问题

第 20 章

问题无处不在

五花八门的其他问题

在本书的前言部分我曾说过，创作本书的灵感，来自退休后几年里我在自己的环球旅行中所听到的各种问题。其中的绝大部分，以及我相关的回答，组成了此前 19 个章节的内容。

然而，还剩下这样一些问题，它们难以归结到单独的某一个题目——例如领导力、招聘、变革、战略或者工作与生活的平衡之中。这些问题要么太宽泛，要么太狭窄，既特殊又不常见，不符合通常的分类标准。

但它们又关系到几个贯穿全书的主题——例如，企业中坦诚精神与积极行动的重要性、有效的业绩考评、倾听的作用、实事求是的态度与精英文化的威力、变革的绝对必要性，以及永远不要把自己当作受害者。

所以，我将以“五花八门的其他问题”来结束全书，希望这部分内容覆盖了前面所忽略的某些方面，也希望能帮助你回顾我们曾经探讨过的话题和得到的主要教训。

下面这个问题是我在墨西哥城举行的一次工作午餐会上听到的，与会者是来自不同行业的大约 30 名 CEO：

> 在过去 10 年，我们在员工培训和流程改进方面下了很大功夫，改善了公司的经营面貌。加上这里的劳动力成本优势，我们已经非常有竞争力了。但现在来自中国的竞争正在排山倒海地扑来，我们又该如何生存?

在其他地方我也听到过类似的疑问——当然，中国除外。

例如，2001 年我来到都柏林，几个月以前，捷威公司（Gateway）刚宣布它将关闭设在当地的工厂。一位负责技术工作的爱尔兰经理忧心忡忡地问我：“这是否意味着，我们的长期繁荣已经走到了尽头？”2004 年，在米兰，我与一位来自德国的经理交谈，他似乎认为，自己公司唯一的希望就是出售给某家看中了它的欧洲分销能力的亚洲公司。同年，在芝加哥，一个位于克利夫兰的机械配件制造商也痛苦地向我描述，中国人如何不断压低竞争产品的价格。“他们还会给俄亥俄州留下一星半点的制造业吗？”他问。

关于中国的这个问题，答案可不简单。是的，你也听说过，中国有它自己的难题——例如缺少合格的中层经理人；他们还有大量的贫穷农村家庭，需要向缺乏准备的城市迁移，难以找到足够的就业机会；笨拙低效、官僚习气的国有企业依然占据着经济中的重要部分；银行也为大量的呆坏账所困扰。

但是对中国而言，这些困难都并非高不可攀的大山，这个国家强劲的经济发展推土机可以轻松铲平前方的小土堆。20 世纪 80 年代至今，该国经历了令人炫目的经济增长和繁荣，这给当地人带来了超强的自信心。此外，中国还有很多优势：大批廉价而勤奋的劳动力，受过良好教育的工程师队伍也在迅速扩大。

还有，这里有出色的职业道德，而这可能是最大的竞争力。企业家精神和竞争意识正在被中国文化所吸收。2004 年，我对上海和北京进行了为期一周的访问，由当地的一位经理人做东。她说，自己每天在办公室从早上 7 点工作到下午 6 点，回家与丈夫和儿子吃饭，晚上 8 点钟又回去工作，直至午夜。“这种情况很普遍，”她说，“每周 6 天。”而且她是在为一家美国的跨国企业工作！

所以，面临中国的现实攻势，你该怎么做呢？

首要的一点是，从沮丧中走出来。从米兰、墨西哥城到美国各地，许多人的这种凄凉心态也许是可以理解的，但是这并不能帮你什么忙。

实际情况是，世界上的发达经济体并没有都陷入举步维艰的境地。发达国家有着巨大的消费品和工业品市场，人们渴望优质的产品，也拥有自己强大的名牌企业和销售渠道。这些经济体拥有开放而成熟的司法体系、透明的社会组织、民主的政府、良好的教育和社会体系。它们的企业也有非常完善的经营体系。另外，美国还拥有其他一些独特的优势，例如庞大、兴旺的风险资本市场，它愿意不拘一格地为任何优秀的商业创意提供种子资本。

发达国家还有许许多多的竞争优势，不胜枚举。

所以，我们应该学会更积极地思考问题，而出发点则是一种“我也能做好”的态度。

读者们或许还记得，我描述过，在20世纪80年代日本就曾给西方带来威胁。当时我们工业界的感觉就像是病入膏肓了，其他很多人也一样。财经记者和政治学家们纷纷预测，GE这样的工业“恐龙”将很快灭亡。在当时的情况下，你无法指责他们的严苛。通货膨胀率高达两位数，银行的优惠贷款利率都突破了20%。GE在锡拉丘兹制造电视机，可是与两英里以外的商场里所销售的日本电视机相比，我们的出厂成本比人家的售价还高。

当时的感觉真是最糟糕的时刻。

但问题就在这里。商品价格的肉搏战，总是让人感觉到了最糟糕的时刻。低成本的竞争者其实并不是什么新鲜事物。中国的香港和台湾已经在这场游戏里玩了四五十年，墨西哥、菲律宾、印度和东欧也逐渐成为其中的角色。即使在20世纪90年代后期，当整体经济形势非常有利，赚钱似乎变得异常容易的时候，企业的工作其实同样艰难。大公司是出了名的“恐龙”，人们都在谈论，新技术公司很快将统治世界。甚至有人说，未来所有的产业都将湮没在互联网的汪洋大海之中。

接着，泡沫破灭了，那些号称要统治世界的小公司消失了。

可也有其他一些，例如 eBay 和亚马逊，不但存活了下来，而且生机勃勃。那些所谓的“恐龙”也在壮大，因为它们成功地进行了变革。借助新科技的力量，它们改造了自己，变得比以前更加强大。

现在，中国要求我们做的也正是变革。

那么该怎么做呢？

首要的一点，就是启动保证竞争力的三驾老战车——成本、质量和服务——并让自己的驾驭技术更上一层楼。你要让组织里的每个人都能正确看待它们，把它们当成生存的要素。

在成本方面，每个人都需要仔细检视公司内外的各个地方，寻找最佳实践经验。每个操作流程应该在哪里完成、如何完成，都要严格要求，以提高生产率。不要把自己的目标确定在使成本降低 5~10 个百分点，你必须找到能使之降低 30~40 个百分点的办法。因为在多数情况下，要想在中国商品的世界里获得竞争力，这将是唯一的办法。

首要的一点，就是启动保证竞争力的三驾老战车——成本、质量和服务——并让自己的驾驭技术更上一层楼。

在质量上，你也不能有得过且过的心理。95% 的合格率是远远不够的，不管是采用六西格玛计划还是其他你喜欢的办法，目的只有一个——杜绝瑕疵。

服务是最容易开发竞争优势的领域，因为在此中国与发达国家相距遥远。还记得Gary药店吗？它就在我们的住家附近，规模很小。可是那里的员工不但知道每个顾客的姓名，还可以在一个小时以内把你需要的商品送到家里去。对于它的中国式的竞争对手——三个街区以外、灯火通明的大型连锁药店而言，它丝毫不落下风。再回想一下本章开头时提出问题的那个墨西哥CEO的例子，他的国家邻近美国，这能够在市场反应时间上给他很大的优势。

同样，你所面临的挑战不只是变革。要想成功，你可能还得想办法打破自己所在行业或市场的传统服务模式，你要给顾客们提供的不仅是满意，而且是震惊。要让他们告诉街上的陌生人，你的服务有多棒。联邦快递公司与戴尔公司就是最好的榜样。

除了通过创新来改进成本、质量和服务以外，还要有所超越。你需要用新的、严肃的态度看待自己的市场，搜寻潜在的商业机会，发现新的赢利点，不要总是用过去的思路来看问题。

你所服务的市场或许看起来已经饱和，但消费者依然渴望出现新型的、让人好奇的产品、技术和服务。这也就是宝洁公司新近的发现。

宝洁可以说是最有自己传统的企业之一。但在2000—2005年，该公司却通过艰苦的创新努力，给自己输送了新的血液。它克服了自己的“大企业综合征”，在世界各个角落搜寻那些有新锐思想的“车库发明家”。他们还并不满足于此，在搜寻新创意的过程中，宝洁公司与其他企业、供应商、大学、研究实验室和风险资本建立了新的关系网。在确定某些新产品创意之后，他们开始进行调试，同时利用其他措施来改造现有的产品。带着这种崭新的“我也能做好”的态度，公司内部的研发也得到复兴，结果发明了佳洁士净白牙贴和“速易洁”静电除尘拖把这类清洁产品，创造了一个新的大众消费品市场。

最后，当你在追求改革，寻找新的产品、市场和环境的时候，要认识到一个事实：中国所扮演的，还不仅仅是竞争对手的角色。

你应该明白，中国也是一个市场、一个生产外包的备选地和一个潜在的商业伙伴。

与日本早期的发展不同，中国巨大的市场相对来说对直接投资是比较开放的。很多人能在这里做得很好：在中国市场上销售自己的产品，或者为自己母国的市场大量采购。

同样，你还可以和当地的企业合作。不用说，与中国搞合资生意并不轻松。以我自己的经验来看，你必须让中国的伙伴感觉到它能获得很多收获，甚至要比你自己得到的更多，合资才会成功。但也有实现双赢的办法。1991 年，GE 医疗事业部门在中国成立了合资企业，中方的合作伙伴带来了很多打开当地市场的窍门。正是由于他们的帮助，我们的新公司从 GE 引进的高端成像设备在市场上占据了第一名的位置。同时，合资公司的中国工程师们设计和制造了低成本、高品质的产品，并通过 GE 的全球销售网络向世界出口。

在有关中国的话题上，我并不想做一个盲目乐观的人。然而，中国如今的确是能够改变商业环境游戏规则的国家。采取贸易限制、要求人民币汇率升值、制定知识产权法规，以及其他政治解决办法都不能逆转它的增长势头。

但是，中国正是这样一个典型：在有些人眼中，下雨天是令人沮丧的，而在另一些人眼中，却是推销雨伞的好日子，不是吗？

在现状面前，你可以自我感觉是一个受害者，但你也可以看到有待征服的挑战和机遇，从而感到兴奋。

选择后者吧，痛苦和悔恨不能让你去“赢”。

后面一个问题是在伦敦遇到的，当时我正在出席一个有大约 3 000 名中高层经理人参加的大会：

> 挪威刚通过了一部法律，要求在每个公司的董事会中，有一半成员必须是女性，您对此的看法如何？

我认为那是荒谬的。

当然，我并不反对女性进入董事会。在世界各国成千上万的董事会中，女董事们做出了巨大的贡献。事实上，我所见过的最出色的一位董事就是女性，她就是 G. G. 米切尔森——GE 的董事，此前担任过 R. H. Macy 公司的人力资源负责人，哥伦比亚大学理事会的成员。在过去 20 多年的时间里，米切尔森的洞察力和智慧一直指引着我前进。

然而，我并不喜欢对董事会或者办公室的职务规定性别配额的制度。“赢”的公司是由精英人士把持的，他们有业绩鉴别力，非常清楚企业里谁的业绩突出，谁普普通通或者谁表现不好。这种评价体系是坦率而公平的，也是一个组织建立最佳团队的最有效的方法。

相反，配额制度将破坏精英文化，它会牵强地把某些人推向领导位置，而不顾当事人的实际成就。同时，它会使那些被配额制度所耽误的业绩优秀者感到气馁。把那些不能胜任的人放到重要的岗位之后，也不会给企业带来好的结果。

那我们应该怎么做呢？

请回想一下“晋升”那章的内容，那里提出的建议是不分种族和性别的。如果你希望得到晋升，最好的选择就是拿出更好的业绩，认真地管理好下属，同样认真地对老板负责，尽早参与公司的主要项目，争取大家的关注，珍惜许多良师益友的忠告。还有，总是对生活和工作保持积极向上的态度。同时，不要有劳你的老板动用政治资本来扶持你。即使出现难免的挫折，也不要动摇自己前进的决心。

在现状面前，你可以自我感觉是一个受害者，但你也可以看到有待征服的挑战和机遇，从而感到兴奋。

当然，我并不否认，妇女和少数族裔人士在商业界曾经面临更艰难的环境，他们需要某些机制安排来帮助自己获得更大的成功。

社团组织就是这样的机制之一。例如，GE 就有“女职员网络”和“非洲裔美国人论坛”。通过这样的团体组织，那些已经取得成功的妇女和少数民族经理人可以现身说法，给后来者树立榜样。同样重要的是，在这些社团中，人们可以讨论妇女和少数民族如何增进自己的经验、技能以及在组织中的影响力的话题。社团组织都强调，成功是一个函数，它的影响因素包括才华、活力和雄心——这都是精英人士的特征。

不过，有关社团组织的全部课题是非常微妙和复杂的，远远不只我所描述的这些。

GE 的“非洲裔美国人论坛”是在 1990 年发起的、由下而上的民间组织。几年时间里，这个论坛经受了各种挫折，成效不大。直到我们的一位高级副总裁劳埃德·特罗特重视起这件事情，并且为其提供了支持以后，该组织才真正热闹起来，讲座、讨论会和培训计划连续不断。在劳埃德的主持下，公司的每个非洲裔美国人都愿意加入进来，他的同事们也乐意提供帮助。这个团体逐渐起步，同时也促进了公司里非洲裔员工的职业发展。

唯一发挥过作用的配额就是我们在 GE 用过的“机会配额”。

另外一个组织也有自己的故事。90 年代中期，我每年会安排两次时间，同公司里有发展潜力的女职员共进晚餐，并讨论她们在工作与生活中遇到的各种问题。到 1997 年，经历了漫长的辅导期之后，我给这个团体提出了新的挑战，要求她们仿照“非洲裔美国人论坛”的形式开展自己的活动。女职员们表现得很有热情，但出乎我意料的是，在接下来的几周里，我发现在公司最高层任职的某些女经理人却反对这项提议。她们认为，开展这个活动不需要什么标签，她们不想被别人当作成功的“女性”，她们只想被当作成功的“经理人”。不过在几年之后，这种抵触心理大部分消失了。当初最不情愿参加该组织的人也为自己做的辅导工作感到高兴，看到社团对提升公司女性地位带来的积极影响，她们非常欣慰。

再回到挪威制定的配额规定的问题。

在我的记忆中，唯一发挥过作用的配额就是我们在 GE 用过的“机会配额”，即在公司每次为最高的 2 000 个重要职位选拔人才的时候，我们必须确保，名单上至少有一名女性或少数民族“候选人”。这能够让每个经理人都看到，候选人有多元化的来源，不同背景的人都有机会。

在担任 CEO 的第一个任期里，我主要致力于改变资产结构和提高竞争力的工作，直到 90 年代以后，才开始重视起文化多元化的问题。

但今天，如果你要建立最佳的领导团队，就不能再等待那么长的时间了。

从纽约到悉尼，听众们多次向我提出以下的问题：

你是如何选定自己的接班人杰夫 · 伊梅尔特的，你认为他目前的表现如何?

对于问题的后半部分我总是感到很激动——我们的交接太出色了。杰夫的表现无可挑剔，甚至超过了我对他的领导才能的预期。他接任以后的工作让我感到无比自豪。

杰夫是在 2001 年 9 月 10 日正式成为 GE 的董事长兼 CEO 的，第二天，我们就遭受了史无前例的恐怖袭击，它彻底改变了每个人的生活。面临商业环境中新出现的不确定性，杰夫用自己特有的深思熟虑和坚强决心来应对。尽管航空、能源和再保险行业出现了滑坡，但他还是让公司在 2001—2004 年取得了不错的业绩。

同时，杰夫对 GE 的资产组合进行了重大调整，为今后的发展做了充分准备。他在媒体、医疗、金融服务和基础设施领域进行了大手笔的收购，而放弃了增长缓慢的部分工业和保险资产。他重振了 GE 的研究开发，在慕尼黑、上海、斯卡奈塔第和纽约进行了大规模设备投资。他非常强调 GE 的文化多元化，并取得了迅速而积极的成果。

在本书的好几个地方，我都说过，变化是件好事，杰夫的表现为此做了证明。

至于我们是如何挑选杰夫，以及为什么的问题，我想自己永远不会给出答案。当时，我们有三位出色的候选人——杰夫、鲍勃·纳德利和吉姆·麦克纳尼，今天再对那时的挑选过程进行公开分析似乎没有必要了——过去的就让它过去吧。如今，鲍勃和吉姆都在各自的新岗位上取得了辉煌的业绩——鲍勃成了家得宝公司的 CEO，而吉姆则领导着 3M 公司。

我要说的是，在那天结束的时候，董事会和我选出了我们心目中 GE 的最佳领导者，而杰夫的表现证明了我们的明智。

下面的问题是我在冰岛首都雷克雅未克举行的经理人座谈会，以及在伦敦举行的一次有 12 人参加的商业晚餐上听到的：

欧盟的未来如何？

长远地看，非常有前途。

与对中国的担心和愤怒相反，有人把欧洲看成一个巨大而笨拙的官僚机构，由于集体行动的不便，它从来不曾充分发挥出对世界经济的影响潜力。也许在短期内的确可以这样说，但假以时日，欧盟将证明这是错误的。

请记住，欧洲经济联盟的建立不过15 年[①]，而它已经取得了不小的成就。想一想，如果美国今天的 50 个州在过去的好多个世纪里都有自己独立的政府、法律、语言、货币和文化，就像欧洲的成员国一样，那么整合的难度会有多大。欧盟在这样短的时间里能做得这样好已经够让人惊讶了。

毫无疑问，欧盟在实现其创建者的经济梦想之前还有很长的路要走。但是，现有的统计数据已经足以给人一种关于它未来潜力的印象：欧盟 25 国加起来有 4.5 亿人口，比美国多 50%；国内生产总值达到 11 万亿美元，与美国相当，为日本的 2.5 倍，中国的 7 倍。

---

① 本章统计数据截至 2005 年。——编者注

这些数字使人印象深刻，如果考虑到欧盟新成员国的影响，包括波兰、匈牙利、斯洛伐克、捷克和其他“新欧洲”国家，那会更加辉煌。在过去10年，从布达佩斯到布拉迪斯拉法，从布拉格到华沙，我看到的是兴奋、乐观与巨大的成就。新一代企业家和小生意人正在追求机会和成功，他们的政府表现良好，削减了税率，采取了其他促进工商业发展的措施，结果导致了经济增长率的显著提升，尤其与现在的“老欧洲”国家相比更是出色。

不错，老欧洲有着许多根深蒂固的问题：布鲁塞尔设立了太多的官僚机构，许多国家的政府还在竭尽全力维护自己原来的主权；由于自己久远的文化传统，法国和德国对欧盟的建设尤其三心二意，还经常有自私的行动。

不过，这些问题都不是不可克服的。华盛顿、东京和北京也都是官僚机构林立。随着欧洲各国的新一代领导者掌握权力，随着欧盟自己的领导地位逐年提高，那些狭隘的、为旧经济秩序服务的政府将逐渐被取代。例如，法国政府就开始放松了对于每周35小时工作制的机械支持，并建议企业直接与员工就工作时间表的问题进行谈判。

很快——也许比许多人预期的还要快——全球竞争的压力和新欧洲的能量将产生有力的共同影响。传统的平均主义思潮所造成的巨大束缚将被解放，欧盟将稳步前进，人们将更热情地拥抱自由市场经济。

下面的问题来自一次在拉斯韦加斯召开的技术与创新大会。

那次会议持续了三天，我是 20 位发言人之一。

> 您认为，由于《萨班斯－奥克斯利法案》，公司董事会将发生哪些改变？

这个问题我在不同场合听到过不同的版本。无论是在澳大利亚还是在欧洲，人们都越来越关心公司治理的问题，而不像以前那样局限于股东大会和商学院的教室里。

因此，在股票泡沫破灭和公司丑闻暴露之后，人们不免提出质疑："在这样混乱的局面中，董事会究竟在干什么？他们为什么就没有发现优秀的业务？"

很快，政府通过了新的法律和监管规定，要求董事会和高层经理人对于他们应该监督到的任何腐败事件负责。一般来说，像《萨班斯－奥克斯利法案》这样的举措是件好事，对于重建经济信心是必要的。

但是法律自身永远不能保证良好的公司治理。

在有的企业的董事会中，财务委员会是由一名财务教授、一名会计师与几位繁忙的 CEO 组成的。他们都来自遥远的地方，绝对不可能每月花上几天的时间去仔细研究一家公司的账本，证明所有的事情都越来越好。设想一下，你如果担任一家跨国银行的董事，就需要面对做各种交易的人，无论是伦敦市场上日元与欧元的掉期交易，还是美国商品期货市场上的卖空行为……即便对于许多小公司而言，要让委员会跟踪的事情也太复杂了，每天都有数百笔交易，到处都是。

尽管董事会并不是警察，但他们还是必须保证公司有公正的审计人员、严格的内部流程、精密的控制和为这些目的服务的企业文化。

董事会还有其他任务，如选择 CEO、任命高层经理。事实上，他们需要认识高层管理团队中所有的人，以及自己的同事。董事会还监督着公司的宗旨：它是否现实？人们是否能理解？是否得到了执行？是否取得了成果？

董事会还需要把公司上下团结在一起，这也是至关重要的。他们必须访问业务现场，与各个层级的员工进行面对面的、有意义的谈话。这是一种微妙而重要的看门人式的角色，而董事会能通过它为公司做出实质性的贡献。

对于某些董事会来说，《萨班斯－奥克斯利法案》要求他们有真正的行为转变。他们不能再把自己的工作等同为一年 8 次、10 次或 12 次的闭门会议加丰盛午餐。

对于其他一些人，这个法案不过是强化了他们现行的做法而已。

现在，为了应付丑闻带来的压力，《萨班斯－奥克斯利法案》的有些部分可能规定得过头了。例如，法案赋予独立董事高于与公司有利害关系的其他董事的权利，其中包括投资人、供应商以及其他形式的商业伙伴。

对于这条新规定，我们需要从常识的角度进行重新审视。

其实，董事在游戏中有自己的利益，这一点并没有什么错。

董事会成员也永远不能忘记，他们的主要职责是让公司更好，他们本来应该帮助那些经理人，而不是卷入你死我活的斗争。

从股东的利益来考虑，董事们的确应该关心公司的经营水平。但是，有关独立董事对公司更有利的说法可能导致意料之外的后果，例如，在企业最需要的时候把拥有良好判断和经验的人士排斥在外。

例如萨姆 · 纳恩——来自佐治亚州的前美国著名参议员，以及罗杰 · 彭斯科——汽车业的知名企业家，他们都被要求脱离 GE 董事会中的关键委员会。为什么呢？因为在离开参议院之后，萨姆加入了 King & Spalding——一家与 GE 有着数十年生意往来的律师事务所，而罗杰则在一家小型的做卡车租赁的 GE 合资公司中有点小股份。此外还有沃伦 · 巴菲特的例子，激进人士要求他脱离可口可乐公司的审计委员会，因为他持有比较大的股份。

除了这三位人士之外，谁还能够在这些关键的委员会中更好地代表股东的利益呢？一位教授？会计专家？慈善基金会的负责人？股东们真的希望，公司的总裁们对那些拿董事的薪水来弥补自己财务缺口的人负责吗？那种类型的董事通常不会去挑剔什么毛病——他们往往躲避尖锐的问题，只希望自己能够重新获得任命。

我们不能忘记，董事会的存在是为了支持、引导和挑战管理层。假如《萨班斯 – 奥克斯利法案》最后会让董事会充满了敌意，那将是不幸的。董事会成员也永远不能忘记，他们的主要职责是让公司更好，他们本来应该帮助那些经理人，而不是卷入你死我活的斗争。

最后要说的是，优秀的董事应该满足四条简单的原则：良好的品性、常识、正确的（特别是对于人的）判断，以及大胆直言的勇气。

法律都是好意的，但是要把法律的精神输入到公司自己的血液里，就需要人、文化、程序、控制和强大的董事会。

在哥本哈根举行的欧洲经理人早餐会上，我与30名来自斯堪的纳维亚地区的跨国企业的人士会面，有人提出：

> 我要调到西部非洲的业务部门去，但别人告诉我，在那个地区，有40%的员工或者他们的家人染上了艾滋病。我该如何处理这样的问题？

老实说，我还没有遇到过如此为难的问题。

不仅如此，另一位与会人士、来自某消费品公司的总裁随后直说："我刚从我们在非洲的业务部门回来，那里的感染率接近60%。"

在这种情况下，公司领导应该怎么做？公司又该怎么做？

正是在面临社会问题的时候，公司的赢利及良好的文化能够联合起来，真正发挥作用。在本书开篇，我就讲过，赢是伟大的，因为它能给人们带来快乐、创造力和慷慨大方。

那只是泛泛而谈，现在的问题才是现实的。

这位提问题的经理人是为一家非常赚钱的石油公司工作，我也能感受到，他其实是想做些事情的。他也有这个能力去做，因为他的公司在赢利。他可以给员工开办有关艾滋病知识的培训，提供医疗设备，为病人补贴昂贵的药费。他能够改善数百人的生活，我也敢打赌，他的确这么做了。

赢的公司总是在回馈社会。

在 GE 的全部员工中，有 5 万多名积极的社会志愿服务者，他们每年要参加 4 000 个项目，给世界各地的学校当辅导员，为穷人提供义务服务。由于 GE 志愿者的努力，匈牙利的某些小镇、雅加达的贫民区与辛辛那提的市区学校都出现了喜人的社区服务项目。这些事情不但对那些受到帮助的人有重大意义，对那些做好事的人也同样有益。在街区参与志愿者服务以后，他们感觉自己在办公室里的工作变得更有动力和意义。

在斯洛伐克，美国钢铁公司收购了一家位于科西策、有 1.6 万名员工的企业。2002 年，克里斯 · 纳维塔接手管理工作。那个城市位于该国的贫穷地区，失业率高达 23%。克里斯及其团队所继承的是一家严重亏损的国有企业。然而，在输入了 6 亿美元新投资和艰苦的努力之后，他们把那家工厂变成了高度赢利的企业。同时，他们还把自己的时间和金钱献给了科希策，参与了许多的捐助项目，包括在当地的儿童医院建立肿瘤治疗部门、改造小学教室、给学生们提供计算机、援助几家孤儿院以及为盲人提供便利设备等。

2004 年年底，亚洲国家发生海啸之后，世界各国的企业界提供了大量帮助。几天时间里，许多优秀的企业及其员工捐出了数十亿美元的现金和物资，帮助受灾地区的人民重建家园。那是最伟大的慷慨。

我不是在这里宣讲母爱或仁慈，或者朗读公司的年度报告。这只是那些优秀企业实际上正在做的事情——他们回报社会，让每个人都能受惠。

下面的问题是在伦敦举行的 3 000 名经理人大会上，主持会议的记者先生给我提出来的：

你打算参与政治吗？

简单地说——永远不会。

这倒不是说我不感激政府。我们都应该感谢那些公务人员，他们保卫了国家的安全，以自己毕生的力量抗击着恐怖主义。此外，政府还提供了一个健康社会所必需的各种服务机构——学校、医院、警察等。

但是，政府尽管有这么多优点，却也同商业界一样被许多问题所困扰，而且似乎没有人知道该如何处理。

例如，政府总是纠缠在官僚主义、浪费和低效率当中。在公司里，你比较容易解决这些问题，而且必须解决。然而在政府里，问题可能永远存在。

为什么呢？原因之一可能是缺乏良好的评价传统和体系。绝大多数政府机构都没有像样的业绩考核制度，你可以连续工作 40 年，从来没有做出特别的成绩，却依然可以年年涨工资。另外一个原因是，在政府里，你无法真正坦率地说话和做事，否则就会遭到仇视——那个世界里充满了妥协、庇护和交易。

是的，这些举动在商业界也是存在的。不过优秀的经理人能够凭借自己的力量来反抗它们，或者另外加入一家有理想的公司。

最后，政府之所以能继续保持官僚作风，因为他们没有竞争的压力。在上次选举中，印第安纳州的州长曾大肆宣传，他打算撤回一个已经准备外包给印度的服务项目。许多人把他的言辞看成是爱国主义的典范，实际上不过是徒增笑料而已。因为对于州长来说，放弃印度的外包项目是非常容易的——在公共部门里，你并不需要提供最有价值的产品，或者寻找最低廉的成本渠道，以保证利润的增加。你只需要提高税率，就可以为政府的服务买单了。

所以，尽管政府是非常重要的，但它却不适合我。本书所强调的一个主题是，做你自己喜欢做的事情才是最好的。

我也正是这样做的。

如下一个问题也是我到处被问到的：

> 你还打高尔夫球吗?

哦，人们这么喜欢高尔夫吗？也许是因为我在上一本书的一章里讲到了高尔夫，所以无论我走到哪里，总是有人关心我的身体，问我在退休之后是否有所改善。

答案是：我已经不再打球了。

而且，大家也许不信，我并不是那么想去打。

我对高尔夫运动的迷恋持续了将近60年，从我10岁左右开始当球童和打球开始，直到2002年我第一次接受背部手术为止。在那以后，我又接受了两次背部手术。感谢上帝，现在我的脊背好多了。不过我还不想通过打高尔夫球来检验疗效。假如你也得过背部疾病，也许就能理解我的处境。

而且在离开高尔夫之后，一些新的兴趣爱好又萌发了。我简直不敢相信，不再打球之后，自己的时间变得多么充裕。我在给几家公司和他们的CEO做顾问，这很有意思。我发现自己对现代艺术着了迷，而且，除了有生以来就形成的对波士顿红袜棒球队的热爱以外，我还开始尽可能多地参加各种家庭游戏。我开始与妻子和四个继子一起去环游世界，学会了欣赏会场和工厂以外的风景。我还能够与许许多多有趣的人物会面，并把他们的问题收录到这本书里。

我非常热爱自己的新生活。向前看、学习、成长，对我来说总是很好的。打高尔夫是很不错的运动，它给我带来了多年以来保持交往的朋友，以及与他们打比赛的快乐。

但是当你不能再打球后——很奇怪，世界末日并未到来。

最后这个问题是我在法兰克福遇到的，那是一次有2 500人参加的经理人会议，一位听众问我：

> 你认为自己能上天堂吗?

在几秒钟瞠目结舌的沉默之后，我脱口而出：“啊，我希望那是个远期规划！”

但当听众们停止哄笑之后（他们与我一样，对那个问题完全没有准备），提问题的那个人澄清，他是想问，我认为自己能给这个世界留下什么遗产。

不过，我首先不喜欢“遗产”这个词，因为这听起来很傲慢。总统与首相们或许有自己的遗产，而我不过是经营了一家公司，写了两本书而已。

但是本书已经接近尾声。既然提出了问题，我也就尝试着做出回答。

假如说，未来的人们能够记起有关我的什么事情，那我希望是，我曾帮助人们认识到，优秀的领导可以为其他人的成长和成功助一臂之力。再重复一下，领导者不应该只管自己，而是要影响其他人。

我还希望人们能记住，我是个坦率精神与精英品质的积极倡导者，我相信每个人都应该有机会，我试图让大家明白，永远不能把自己当成受害者。

现在，我身上的许多缺点已经不再是秘密了。在职业生涯中，我也犯过无数的错误，进行了一些糟糕的收购，聘用了错误的人，在大好的机遇面前行动迟缓。而这些还只是一小部分。

对我的个人生活而言，我有 4 个出色的儿女和 9 个可爱的孙子孙女，我对他们的爱和欣赏难以言传。他们今天幸福而充实的生活给了我无尽的快乐。此前我曾有过两次婚姻，最后都没有成功延续。尽管生活还在继续，而且多数时候是越来越好，但是，两次离婚的经历总不是让人骄傲的事情。

因此，是否能上天堂，谁又知道呢？我当然并不完美，但如果考虑到自己在人生中曾竭力关心过别人，并且把自己的所得都用来回报了生活，倘使这些善举能够给我加分，那我想自己还是有希望的。

当然，如果真有希望上天堂，也不要太早发生！因为我还有太多的事情要做。

致谢

WINNING

商业是由人组成的。实际上，生活也是由人组成的——家人、朋友、同事、上司、老师、教练、邻居。归根结底，人是最重要的。

铸就这本书的，也是人。首先，就像我在前言中写的那样，世界上有成千上万的男士和女士，他们关心商业生活，勇敢地举起手，提出了本书中所回答的各种问题。我真的很感谢他们真诚地与我分享了自己的故事，坦率地谈论了工作中遇到的挑战，帮助我整理了关于如何做对事情的思路。

我还非常感谢那些花费了一小时、两小时甚至更多时间，与我谈论他们自己的经历的人，是他们让本书充满了鲜活的故事：J. P. 摩根银行的比尔·哈里森和杰米·戴蒙；西北纪念医院的史蒂夫·克里姆考斯基；克杜瑞公司的合伙人乔治·塔姆克；百胜餐饮集团的负责人戴维·诺瓦克；家得宝公司的鲍勃·纳德利；A. G. Edwards 公司的罗伯特·巴格比；美邦银行的前任董事会副主席佩里·鲁迪克；澳大利亚广播公司的马克辛·麦丘；安进公司的凯文；桑德勒·奥尼尔公司的吉米·邓恩；我的老朋友保罗，他也是 GE 的前任董事会副主席以及菲亚特的前任 CEO；海德里哲公司的格里·罗奇；纽约城市教育署的主任乔尔·克莱因；3M 的吉姆·麦克纳尼；凯斯–新荷兰的保罗；Expedia 公司的达拉；美国钢铁科西策公司的克里斯；GE 的比尔·康纳狄、加里·雷纳、苏珊·彼得斯、丹尼斯·戴默曼、马克·利特尔、约翰以及查理·贝格利。此外，还有鲍勃·尼尔森，我在 GE 多年的财务分析师，同时也是位优秀的读者。

有些人的名字并没有在这本书中出现，但他们也对本书的内容构思发挥了重要作用：琳达·戈斯登·鲁滨逊，Robinson Lerer & Montgomery 公司的董事长，在“危机管理”那章中与我们分享了她的丰富经验；在“工作与生活的平衡”那章中，我要感谢沃顿商学院教授斯图·弗里德曼，亿康先达国际咨询公司的克洛迪欧；关于并购的内容，则得益于我与麦肯锡公司的专家戴维·富比尼的深入交谈；至于我那微不足道的关于哲学的知识，完全应该感谢塔夫茨大学教授南希·鲍尔的帮助。

最开始的时候，我手中不过是寥寥几页关于主要构思的草稿。而读者面前的成品则要归功于一系列关键的人物，尤其是哈珀柯林斯公司有“4E”和“1P”的人士：我们的出色编辑利厄·斯皮罗，他对本书的敏锐思索和推动激情从来不曾消退；简·弗里德曼，从一开始就是狂热的信徒和坚定的支持者；马里恩·梅尼科，他的深邃智慧一直引导着我们。我们还要感谢为本书做宣传推广的杰出团队：乔·特斯托尔，他的聪慧、活力和毅力让本书找到了感觉，当然也有布赖恩·默里、斯蒂芬·汉塞尔曼、保罗·奥瑟斯基、基思·普费弗以及拉里·休斯的功劳。另外还有，本书的设计人利厄·卡尔森–斯坦尼斯克，审稿人安妮·格林伯格，助理编辑诺克斯·休斯敦。我们的代理人海伦·里斯是位很好的朋友和热心的支持者，而梅甘·拉穆斯则承担了核对事实的辛苦工作。

我的助理罗莎尼·巴多斯基阅读了本书的所有草稿，对内容提出了很好的建议，并把分散的部分重新整合，理顺了文体结构。她付出的细心和精力非常伟大，我也十分感谢她为这个项目花费的无数心血。

最后，对于我的妻子苏茜为本书所做的工作，我的感激更是难以言表。她不停地提问题，帮我把所有关于商业的思考都一一发掘出来。很多时候，她组织和整理了我那些零碎的观察，使本书的面貌焕然一新，远远超出我以前的梦想。我总是对别人说，苏茜是我遇到过的最聪明的人。在本书写作的最后一年里，她再一次明白无误地证明了这一点。读者所看到的每个章节，都是由她写下无数的草稿，同时，她还没有耽误教导四个孩子的职责。每一天，她都让我惊喜。

在最后一年中，我们夜以继日地享受着伟大的时刻，讨论、争辩所有那些进入本书的素材，这样的对话从未停止过。在我环游各地、会见他人、回答问题与请教他人的时候，苏茜都陪伴在我的左右，聆听、分析，在所有我熟悉或不熟悉的领域开阔我的思路。

这是艰苦的工作，也是无比的快乐。苏茜，是你让这一切成为可能。

杰克 · 韦尔奇

2005 年 2 月于波士顿